广视角·全方位·多品种

权威·前沿·原创

皮书系列为
"十二五"国家重点图书出版规划项目

中国社会科学院创新工程学术出版资助项目

城市蓝皮书

BLUE BOOK OF
CITIES IN CHINA

中国城市发展报告

No.7

ANNUAL REPORT ON URBAN DEVELOPMENT OF CHINA
No.7

聚焦特大城市治理

主　编／潘家华　魏后凯
副主编／宋迎昌　刘治彦　李红玉

社会科学文献出版社
SOCIAL SCIENCES ACADEMIC PRESS (CHINA)

图书在版编目(CIP)数据

中国城市发展报告. No.7,聚焦特大城市治理/潘家华,魏后凯
主编.—北京：社会科学文献出版社,2014.9
(城市蓝皮书)
ISBN 978-7-5097-6433-6

Ⅰ.①中… Ⅱ.①潘… ②魏… Ⅲ.①城市管理-研究报告-中国 Ⅳ.①F299.21

中国版本图书馆 CIP 数据核字（2014）第 201202 号

城市蓝皮书
中国城市发展报告 No.7
——聚焦特大城市治理

| 主　　编 / 潘家华　魏后凯 |
| 副 主 编 / 宋迎昌　刘治彦　李红玉 |

出 版 人 / 谢寿光
项目统筹 / 邓泳红　陈　颖
责任编辑 / 郑庆寰　陈　颖

出　　版 / 社会科学文献出版社・皮书出版分社（010）59367127
　　　　　 地址：北京市北三环中路甲 29 号院华龙大厦 邮编：100029
　　　　　 网址：www.ssap.com.cn

发　　行 / 市场营销中心（010）59367081　59367090
　　　　　 读者服务中心（010）59367028

印　　装 / 北京季蜂印刷有限公司

规　　格 / 开本：787mm×1092mm　1/16
　　　　　 印张：18.25 字数：293 千字

版　　次 / 2014 年 9 月第 1 版　2014 年 9 月第 1 次印刷

书　　号 / ISBN 978-7-5097-6433-6
定　　价 / 69.00 元

皮书序列号 / B-2007-072

本书如有破损、缺页、装订错误，请与本社读者服务中心联系更换

▲ 版权所有 翻印必究

城市蓝皮书编委会

主　编　潘家华　魏后凯

副主编　宋迎昌　刘治彦　李红玉

编委会　（以姓氏笔画排列）

　　　　　刘治彦　李宇军　李红玉　李景国　宋迎昌
　　　　　单菁菁　赵燕平　蒋建业　潘家华　魏后凯

撰稿人　（以文序排列）

　　　　　潘家华　宋迎昌　王业强　苏红键　单菁菁
　　　　　武占云　黄顺江　张海东　谭奕飞　刘治彦
　　　　　李宇军　蒋贵凰　罗　勇　李红玉　储诚山
　　　　　耿亚男　盛广耀　王　伟　叶　嵩　高　岳
　　　　　龚建华　李国庆　赵凌云

统稿人　（以姓氏笔画排列）

　　　　　马　啸　丛晓男　刘　利　刘治彦　李　庆
　　　　　李红玉　何　丽　宋迎昌　彭沛然　潘家华
　　　　　薛苏鹏　魏后凯

主要编撰者简介

潘家华 中国社会科学院城市发展与环境研究所所长、研究员，中国社会科学院可持续发展研究中心主任，中国社会科学院研究生院教授、博士生导师。国家气候变化专家委员会委员、国家外交政策咨询委员会委员、北京市政府专家咨询委员会委员、中国生态经济学会副会长、中国生态文明研究与促进会常务理事。国家"973 计划"项目首席科学家、享受国务院特殊津贴专家、中宣部"四个一批"人才、中组部"万人计划"首批哲学社会科学领军人才。曾任 UNDP 北京代表处高级项目官员、能源与环境顾问，联合国气候变化专门委员会社会经济评估工作组（荷兰）高级经济学家。中央政治局集体学习时（2010）讲解"关于实现 2020 年二氧化碳减排目标的思考"。主要研究领域包括可持续发展经济学、土地与资源经济学、世界经济、能源与气候政策等。主持完成了多项国际合作、国家自然科学基金、科技支撑"973 计划"项目，院重大、国家部委和地方省市委托研究项目，撰写和主编学术专著多部，在《科学》（2008.10，2012.6）、《自然》（2009.10）、《牛津经济政策评论》（2009.10）等国际刊物和《中国社会科学》（2002、2009）、《经济研究》（1993、2008）等国内刊物上发表中英文论（译）文 300 余篇。

魏后凯 中国社会科学院城市发展与环境研究所副所长、研究员，中国社会科学院研究生院城市发展与环境研究系主任、教授、博士生导师，享受国务院特殊津贴专家。兼任中国社会科学院西部发展研究中心主任、中国区域科学协会候任理事长、中国区域经济学会副理事长、中国城市经济学会副会长、中国城市规划学会区域规划与城市经济学术委员会副主任、中国地质矿产经济学会资源经济与规划专业委员会副主任，国家民委、民政部、北京市、山西省等决策咨询委员，十余所大学兼职教授。近年来，主持完成了 60 多项国家重大

（点）、中国社会科学院重大（点）及有关部委和地方委托研究项目，公开出版独著、合著学术专著 13 部，主编学术专著 20 多部，在《中国社会科学》、《经济研究》等发表中英文学术论文 300 多篇，其中 60 多篇被《新华文摘》和"人大复印报刊资料"转载。主持或参与完成的科研成果获 20 多项国家和省部级奖项，向国务院提交了 20 多项政策建议，多次获得国家领导批示。

宋迎昌 中国社会科学院城市发展与环境研究所所长助理、研究员，兼任城市与区域管理研究室主任。同时担任中国社会科学院研究生院教授、博士生导师。兼任中国城市经济学会常务理事、中国城市规划学会区域规划与城市经济专业委员会学术委员、中国行政区划与区域发展促进会专家委员会委员、北京市自然科学基金项目学科评审组专家、北京市委讲师团专家成员。近年来主持完成了国家社会科学基金项目、中国社会科学院重大项目、中国社会科学院网络中心项目、中国社会科学院基础研究学者项目共 6 项，主持完成地方政府委托研究项目 20 多项。出版个人学术著作 4 部，在《地理学报》、《地理研究》《城市规划》、《城市发展研究》、《经济地理》、《城市规划汇刊》、《人口学刊》等重要学术刊物上发表学术论文 50 余篇。

刘治彦 中国社会科学院城市发展与环境研究所党委委员、城市经济研究室主任、研究员，中国社会科学院城市信息集成与动态模拟实验室负责人，中国社会科学院研究生院教授、博士生导师。长期从事城市经济学理论、方法与应用研究，负责执行中国社会科学院城市经济学重点学科建设。为中国城市科学研究会、中国城市经济学会等学术团体理事，中国人民大学复印报刊资料《区域与城市经济》编委，国家社会科学基金项目、国家软科学研究项目评审专家。近年来主持完成了 40 多项国家社会科学基金、中国社会科学院重大（点）、国家部委和地方政府委托及国际合作研究项目。独撰、主编和参撰学术专著 30 多部，在 *Environment and Urbanization ASIA*、《城市发展研究》、《人民论坛》等发表中英文学术论文、文章及撰写研究报告共 100 余篇。主持或参与完成的科研成果获全国"五个一"工程奖、中国城市经济学会优秀著作奖等多项奖励，有关政策建议得到决策层采纳并取得良好经济社会效益。

李红玉 中国社会科学院城市发展与环境研究所城市规划研究室主任、副研究员，兼任城市政策与城市文化研究中心理事长，中国社会科学院研究生院城市发展与环境研究系副教授、硕士生导师。为中国土地学会理事、中国城市发展研究会学术委员。近年来主持和参与完成了国家社会科学基金、中国社会科学院重大课题、中国社会科学院交办委托科研项目、地方政府委托研究项目50多项。出版个人学术著作1部，参与撰写学术著作7部。在《城市发展研究》、《光明日报》、《城市建设理论研究》、《学习与探索》等发表学术论文30余篇。

摘　要

　　2014年发布的《国家新型城镇化规划（2014—2020年）》，对中国新型城镇化建设进行了战略部署。这是全面深化改革的一项重大举措，在中国现代化进程中具有标志性意义。规划对特大城市的发展十分关注，并特别指出部分特大城市存在诸如人口压力偏大、产业结构亟待优化、土地集约利用程度较低、空间结构不合理等突出问题，这进一步推动了中国城市经济学界对特大城市相关研究的关注。党的十八届三中全会决定明确要求创新社会治理体制、改进社会治理方式、提高社会治理水平，这为推动中国特大城市的平衡、协调和可持续发展提供了基本思路，即实现从城市管理向城市治理的转型。然而，特大城市的治理是一项极为复杂的系统性工程，对其治理的策略、模式、方法、有效性等问题仍有待进行深入研究。

　　《中国城市发展报告No.7》以"聚焦特大城市治理"为主题，紧密联系现阶段中国新型城镇化的客观要求，紧密联系党的十八届三中全会有关新型城镇化战略的科学论述，以总报告、专题篇、案例篇等形式全面分析了国内外特大城市发展的历程、现状和存在的不足，多维度、深层次地探讨了中国特大城市治理的思路与策略，特别是针对特大城市社会治理、交通拥堵治理、贫困问题治理、生态环境治理、功能疏解与人口治理、房价过高上涨过快治理、"城中村"与城乡接合部治理、公民参与特大城市治理等当前引人关注的问题进行了深入研究，对各地推动特大城市合理有序发展、推进新型城镇化具有重要指导意义和参考价值。

　　报告认为，中国城镇化进程的一个突出特点是大城市化，尤其是特大城市的快速、大规模扩张。中国特大城市具有数量不断增加、人口规模不断扩大、经济总量不断攀升、就业贡献不断提高、建设水平较高等特征，同时伴生着诸如二元结构加剧、环境质量下降、交通拥堵严重、房价上涨过快、城市脆弱性

凸显等问题。报告指出，中国已进入大城市病高发期，新时期加强特大城市治理势在必行。加强特大城市治理需要战略视野、全局意识、综合手段和针对性举措，要坚持"科学评估、市场主导、政府调控、综合配套、多元共治、多措并举"的方针。针对特大城市发展中遇到的具体问题，报告从以下方面给予重点关注。

特大城市的社会治理转型方面，报告认为城市产业结构、人口结构、社会结构、空间结构和治理结构等结构性问题相互关联，它们是倒逼中国特大城市社会治理转型的重要问题，同社会治理能力的提升密切相关，并认为改革城市治理结构、以需求为导向提高公共服务能力、提高公众的参与意识、培育社会组织是推动特大城市社会治理转型的主要策略。

特大城市功能疏解方面，报告针对中国人口治理模式及未来发展趋势，结合美国、日本等国家对特大城市功能疏解与人口治理的模式和经验，认为中国特大城市功能疏解应在去功能化、空间结构优化、人口合理疏解等方面进行治理，并提出适合中国特大城市功能疏解和人口治理的基本原则及实现路径思路。

特大城市的交通拥堵治理方面，报告总结了拥堵的各种影响因素及其类型，分析了国内外治堵主要思路、实施效果和难点问题，在此基础上，结合中国经济社会发展趋势，提出了大城市交通拥堵治理的创新性方案和政策建议，并对实施中可能存在的风险进行了评价，提出了相关应对策略。

特大城市雾霾污染治理方面，报告总结了中国主要城市在治霾方面的经验，提出了包括加快优化产业结构力度、加强环保执法监管力度、推进环境污染的第三方治理、推进大城市油品升级、研究探索区域联防联控合作机制等在内的六大治理建议。

特大城市房价治理方面，报告认为特大城市房价高上涨快的治理对策，首要在于稳。当前治涨最重要，治高要慎重。其次是顺，就是要顺应市场，顺其自然。好的房地产政策在本质上应该着眼于利用市场机制的修正。最后是调，原则应该是先顺后调，不能顺的领域才调，尽可能少调，而且多调顺少调逆。

特大城市贫困问题治理方面，报告认为未来随城镇化和城乡统筹的推进，需将扶贫重点由农村逐步转移到城市，特别是特大城市。报告剖析特大城市贫困产生的主要原因，并结合现行反贫政策存在的问题提出针对特大城市的反贫政策创新建议。

特大城市"城中村"与城乡接合部治理方面，报告在分析特大城市"城中村"和城乡接合部存在问题和产生原因的基础上，总结了北京、广州、深圳等特大城市的治理经验与利弊得失，提出"积极推动社会参与式治理"、"物质形态改造与社会形态治理相结合"、"妥善解决外来人口居住问题，避免出现新的城中村"等对策建议。

特大城市的治理主体方面，报告认为城市治理不仅需要政府参与，也需要社会和公众的广泛参与。报告分析了公众参与特大城市治理的作用和意义，对近年来中国公众参与城市治理的进展和不足进行了评价。在此基础上，针对公众参与存在的主要问题，提出转变城市管理理念、完善公众参与的法律体系、拓宽公众参与渠道、发挥社会组织作用等对策建议。

特大城市的边界与治理
（序）

进入20世纪90年代中后期，中国城镇化进程的一个突出特点是大城市化，尤其是特大城市的快速、大规模扩张。1978年，中国没有千万人口级别的巨型城市，2010年第6次全国人口普查数据显示，中国已有6个千万人口规模的城市，其中城区千万人口以上的有2个；1978年全国只有29个百万人口以上规模的城市，2010年则达140个[1]。大城市病日益凸显，发展中的不平衡、不协调、不可持续挑战加剧，显示出明确划定特大城市边界[2]、提升特大城市的治理能力的时代意义。本年度"中国城市发展报告"，聚焦特大城市的治理，试图就新型城镇化这一重大问题的解决途径，展开一些探索。

何谓特大？衡量一个城市的规模或水平，有许多指标。从行政级别上，有省级、副省级、地级（个别为副地级）、县级，有人甚至提出副县级城市。从政治地位上看，有首都、普通直辖市、省会、省辖市、地区及县行政所在地。尽管有地级以上城市的统计，但并不表明地级城市就是特大城市，甚至也可能不是大城市。辖区面积的大小和自然资源承载水平等自然属性指标也不是关键指标。尽管经济总量显示发展水平和市场引领能力，但城市规模的核心显然是人口数量（不是唯一指标）。国家新型城镇化规划按城区人口数量分为7个级别：千万以上，500万～1000万，300万～500万，100万～300万，50万～100万，50万以下及镇。按照市民化要求户籍放开程度，建制镇和小城市即50万人口以下的市镇全面放开；50万～500万人口城市分别为有序放开、合理放开、合理确定落户条件；500万以上人口规模的城市则严格控制。因而，按国家新型城镇化规划，城区人口规模100万～500万为大城市，500万以上

---

[1] 数据引自《国家新型城镇化规划2014—2020年》，2014年3月。
[2] 见2013年12月中央城镇化工作会议提出的任务。

为特大城市。从世界范围看，百万人口规模无疑是特大城市；但在中国则多达140个，似乎标准有些宽松。但事实上，百万人口规模的城市已经不是一般的大，因而本报告将特大城市标准定在100万，显然是客观的，具有世界可比性的。

城市发展有边界吗？经济发展的边界外延是市场竞争的张力所致。显然，这不是我们要控制的边界。城市各种功能的发挥，必然需要一定的空间，因而，城市功能如商务、文化、制造、教育、居住、休闲等功能拓展，意味着城市空间和人口规模的扩张。但是，一些城市功能如制造、教育并不必然要求集聚，可以分散或疏解；因而，功能并不能成为规模不可控或突破边界的理由。城市具有规模效益，也有规模负效益，当城市规模达到一定程度，城市交通拥堵，交通时间成本增加，自然资源更加稀缺，供给成本增加，环境污染加重，环境成本增加，这些成本不仅会抵消规模效益，还会有负效益。这就意味着，从经济视角看，特大城市应该有边界，就是规模扩张的边际收益等于零。在城市辖区范围内，自然资源环境的承载能力是一定的，例如土地面积、水源、蔬菜及能源等，不可能是无限的，有着自然的边界。当然，规模负效益和环境约束均可被技术进步所舒缓。例如，地上高楼营造和地下空间利用，可以缓解土地约束压力，快捷交通技术可以疏解交通拥堵。但是，我们也要看到，由于人的自然属性，宜居环境可能不需要这种技术的无限发展和利用，而且，技术也不可能是没有成本的，例如高楼需要能源运行电梯，地下空间需要能源提供人工光源。因而，特大城市可以有边界，而且应该有边界。

谁来划定特大城市边界？计划经济体制下，政府通过行政手段调整城市边界，现有的城市空间满足不了城市功能的需要，则通过征地兼并临近地段的村、镇、县的方式"摊大饼"扩展城市空间和人口边界；环境容量约束也是通过行政手段，例如限制上游地区用水，甚至远距离调水，以保障特大城市人口规模边界扩展所需的自然资源。为了控制城市的人口规模，中国的户籍制度应该说"功不可没"。"文化大革命"期间城市的劳动力供给超出了城市就业岗位数，数以千万计的知识青年"上山下乡"，也在一定程度上减缓了城市人口规模。这样一种自上而下的城市人口规模边界的管控方式，可以用来划定并控制特大城市的边界吗？靠行政权力运作的功能需要边界扩充的"摊大饼"

方式，只能是"水多了掺面，面多了掺水"，特大城市的边界不可能得到有效管控。过去的经验是，拓展功能划定新开发区、产业园区，然后再吸引各类人员入驻。实际上，以行政命令调用外地资源与环境容量来满足特大城市的边界扩张，不仅是一个不公平问题，更是增加了城市的脆弱性，不利于城市健康发展。户籍歧视和强制"上山下乡"，不仅是对公民正当权益的侵害，也是社会效率的损失，因为它妨碍公平竞争，使要素资源不能在市场上得到有效配置。

党的十八届三中全会决定明确要求加强社会治理，提升治理能力，特大城市的边界划定与管控，必须要实现从城市管理向城市治理的转型。城市治理，不光是政府的事，也需要社会的广泛参与，包括市民、企业、社团等。与其他城市或周边地区的关系，也是一种公平参与式的治理，不是一种自上而下的指令管制。例如京津冀大气污染联防联控，不是北京由于强势的首都地位强行要求河北保北京，而是协同控制，这就是从自上而下的管理到参与式的治理构架的一种转变。要实现这种转变，需要社会各方遵循的法制环境和生态环境。强势政府的城市管理，政府的条例就是法律；城市治理，则要求政府从立法执法的多重身份中解脱出来，在法律授权下行驶有限权力，例如城市规划，市长或政府不可随意修编，市民、社会团体也有发言权。生态环境是一种刚性约束，参与城市治理的各方，必须认识环境承载能力的有限性。这就要求提升城市治理能力，尤其是城市治理构架中各方的科学认知和法制规范的能力。这样，法律和经济手段就成为特大城市边界划定并管控的有效手段，城市规划不可随意调，生态红线不宜贸然破。特大城市各种服务、资源供给和社会保障的成本费用就是一个门槛。纽约曼哈顿的高额停车费，使私家车出行者望而却步；高昂的房价、水价、电价必然要排斥低效的产业和低收入人群。这也是为什么纽约没有户籍管理，城市的人口规模边界依然管控有效。

对于特大城市的治理，是一个十分复杂的问题，何谓特大？边界何在？谁来治理？如何治理？本年度报告的作者从不同视角进行了一些探讨，希望能够贡献于中国特大城市的边界划定管控与有效治理。

潘家华

2014/7/12

目 录

BⅠ 总报告

B.1 中国特大城市治理之路 …………………………… 总报告编写组 / 001
　　一 特大城市概念界定 ………………………………………… / 002
　　二 发展现状与特征分析 ……………………………………… / 005
　　三 中国特大城市发展面临的问题 …………………………… / 010
　　四 加强特大城市治理的思路与对策 ………………………… / 019

BⅡ 专题篇

B.2 中国城市健康发展评价 …………… 单菁菁　武占云　耿亚男 / 032
B.3 "大城市病"治理的国际经验 …………………………… 黄顺江 / 071
B.4 特大城市的社会治理 …………………………… 张海东　谭奕飞 / 107
B.5 特大城市交通拥堵治理策略 ……………………………… 刘治彦 / 125
B.6 特大城市雾霾治理对策 …………………………………… 李宇军 / 139
B.7 特大城市房价过高和上涨过快治理 ……………………… 罗　勇 / 151
B.8 中国特大城市功能疏解与人口治理 ……………… 李红玉　储诚山 / 160

B.9 聚焦中国特大城市贫困问题 …………………… 蒋贵凰 / 181

B.10 特大城市"城中村"与城乡接合部治理 ……… 单菁菁 耿亚男 / 195

B.11 公众参与特大城市治理问题 …………………… 盛广耀 / 207

BⅢ 案例篇

B.12 巨型城市交通可持续发展的上海经验

…………………………………… 王 伟 叶 嵩 高 岳 / 215

B.13 公众参与社会治理的深圳经验

——基层自治的制度建设案例分析 ……………… 龚建华 / 239

B.14 特大城市中心街区旧城改造的机制与经验

——以北京市东城区东四街道为例 ………… 李国庆 赵凌云 / 248

Abstract ……………………………………………………………… / 260

Contents ……………………………………………………………… / 264

总 报 告

General Report

B.1 中国特大城市治理之路

总报告编写组[*]

摘　要： 本文在对特大城市概念界定基础上，分析出中国特大城市具有数量不断增加、人口规模不断扩大、经济总量不断攀升、就业贡献不断提高、建设水平相对较高等特征，同时对中国特大城市发展中存在的诸如二元结构加剧、空气质量较差、交通拥堵严重、房价上涨过快、城市脆弱性突出等问题也进行了系统梳理，明确提出中国已进入大城市病高发期，新时期加强特大城市治理势在必行；加强特大城市治理需要战略视野、全局意识、综合手段和针对性举措，要坚持"科学评估、市场主导、政府

---

[*] 执笔：宋迎昌、王业强、苏红键。宋迎昌，博士生导师，研究员，中国社会科学院城市发展与环境研究所所长助理，主要研究方向为城市与区域管理；王业强，中国社会科学院城市发展与环境研究所副研究员，主要研究方向为区域经济、城镇化、城市管理；苏红键，中国社会科学院城市发展与环境研究所博士后，助理研究员，主要研究方向为城市与区域经济。魏后凯副所长、刘治彦研究员、单菁菁研究员、李红玉副研究员参加了讨论。

调控、综合配套、多元共治、多措并举"的方针。此外，本文还提出了特大城市治理九个方面的对策措施。

关键词：

特大城市　大城市病　城市治理　治理策略

一　特大城市概念界定

特大城市是对城市规模大小的一种分类。衡量城市规模大小的数量概念，包括城市人口规模与城市地域规模两种指标，人口规模通常是衡量城市规模的决定性指标。按城市聚居人口大小区分城市规模大小，各国对城市规模大小的具体分级标准不尽一致。联合国将2万人作为定义城市的人口下限，10万人作为划定大城市的下限，100万人作为划定特大城市的下限。

1980年，中国首次对1955年国家建委《关于当前城市建设工作的情况和几个问题的报告》中城市划定标准做出调整，将城市规模分为四个等级：城市人口100万以上为特大城市，50万以上到100万为大城市，20万以上到50万为中等城市，20万和20万以下为小城市。但并没有对城市人口做出清晰界定，实践中通常以市区（包括中心城区和近郊区）非农业人口替代。1984年1月5日国务院发布《城市规划条例》（以下简称《条例》）。《条例》第一章第二条指出："本条例所称城市，是指国家行政区域划分设立的直辖市、市、镇，以及未设镇的县城。城市按照其市区和郊区的非农业人口总数，划分为三级：大城市，是指人口五十万以上的城市。中等城市，是指人口二十万以上不足五十万的城市。小城市，是指人口不足二十万的城市。"1990年4月1日，随着《城市规划法》的实施，《城市规划条例》被废止。1989年制定的《中华人民共和国城市规划法》第四条规定，大城市是指市区和近郊区非农业人口50万以上的城市（非农业人口在100万以上的为特大城市），中等城市是指市区和近郊区非农业人口20万以上、不满50万的城市，小城市是指市区和近郊区非农业人口不满20万的城市。但这部法规已于2008年1月1日被废止，而同时实施的《中华人民共和国城乡规划法》中没有关于城市规模的条文。也就是说，目前中国尚未从立法层面对大中小等城市的规模进行界定。《中国城市统计年鉴2004》按城市市辖区人口规模将城市统计分组为：巨型城市1000万以上，超大城市500万~1000万，特大城市200万~500万，大城市100万~200万，中等城市50万~100万，小城市50万以下。《中国中小城市发展报告（2010）：中小城市绿色发展之路》认为，城市化的高速发展使原有的城市划分标准已经不适应现实需要，依据中国城市人口规模现状，提出新的划分标准：市区常住人口50万以下的为小城市，50万~100万的为中等城市，100万~300万的为大城市，300万~1000万的为特大城市，1000万以上的为巨大型城市。2014年3月16日，中共中央、国务院正式印发《国家新型城镇化规划（2014—2020年）》，将城区人口在500万以上的城市定义为特大城市，并提出要"全面放开建制镇和小城市落户限制，有序放开城区人口50万—100万的城市落户限制，合理放开城区人口100万—300万的大城市落户限制，合理确定城区人口300万—500万的大城市落户条件，严格控制城区人口500万以上的特大城市人口规模"。

此外，特大城市作为一个重要的研究对象，也受到广泛关注。但是关于特大城市标准的界定有着不同的版本（见表1）。

表1 国内文献研究中对特大城市的概念界定

标准	相关文献
城市非农人口在100万以上的城市	吴良镛、毛其智、张杰（1996）；李若建（1996）；张晓军、潘芳、张若曦、齐元静（2009）
市区非农人口100万以上的城市	郭腾云、徐勇、王志强（2009）；《人口研究》编辑部（2011）
市辖区人口规模200万以上的城市	国家统计局城市社会经济调查司（2005）；张星博、吴传清（2013）
城市人口100万以上的城市	郭鸿懋（1988）；杨金星（1994）；朱斌（1996）；周春山、叶昌东（2013）
市区常住人口300万~1000万	蔡寅寅、孙斌栋（2013）
城市常住人口1000万以上的城市	祝辉（2013）

可见，关于特大城市的界定存在较大的争议。一方面，对特大城市没有统一的人口统计口径。在国内，有按市区非农业人口、市辖区人口、市区人口（市区常住人口）、中心城区人口等多种不同人口统计口径进行划分。其中，

市区非农业人口是中国城乡户籍分离制下的统计口径,是当前衡量城市规模最多的一个统计口径。该统计口径的问题在于:第一,城市人口也应当包括城市周围参与城市生活的从事农业的人口,但这个统计口径将所有农业人口排除在外。第二,不能反映流动人口状况,因要按户籍人口统计,所以常年外出的人口亦统计进原户籍所在城市的人口,而一些大城市中大量的常住且参与城市生活的外来流动人口(包括户籍在农村的人口)被排除在外。第三,其范围仍是行政市区,对于某些行政市区远远大于地理市区的城市,尤其对中国某些由原来的县整体转为市区的市来说,这个统计地域远远大于实际城市范围,在这个范围上所做的统计,尽管是对非农业人口的统计,但对城市人口规模来说,仍可能导致较大的误差。另一方面,对于特大城市人口规模标准存在较大争议。随着城市经济社会不断进步,城市(城市群)在国民经济中的作用日益凸显,城市人口也面临着一个急剧扩张的过程。一些学者从城市发展现实管理的需要出发,认为应提高特大城市的人口规模标准,从而对特大城市进行人口规模控制。但是,人为提高特大城市规模标准,并不能遏制大城市盲目扩张趋势及由此带来的一系列城市问题。相反,统计上的改变将掩盖中国城市规模分布不均衡的问题,从而助长大城市规模进一步扩张的趋势。因此,本文建议在城市人口界定范围上与国际接轨,以城区人口作为界定范围;在人口规模标准上,参照联合国100万人口的标准,对特大城市实行分级管理。

为了系统研究中国特大城市发展现状,本文选择国际上普遍使用的特大城市规模范畴,即以城区人口100万的标准进行研究,以便于对国际国内进行比较分析。但受数据的限制,即2006年以后,《中国城市建设统计年鉴》才开始统计城区人口指标,2005年以前关于特大城市的界定,仍只能采用城市(市辖区)非农业人口在100万以上的标准。按照《中国人口和就业统计年鉴2013》中非农业人口100万的底线,可以界定我国有65个城市为特大城市;而按照2012年《中国城市建设统计年鉴》数据,则可以界定出66个特大城市,二者数量大致相同,城市略有变化(见表2)。同时,应该考虑增加特大城市层级(魏后凯,2014a),即将现有100万人以上的特大城市划分为100万~400万人、400万~1000万人和1000万人以上3级,其中400万~1000万人的特大城市为超大城市,1000万人以上的特大城市为巨型城市。

表 2　2012 年中国特大城市名单

城区人口等级	按非农业人口	按城区人口
1000 万人以上	上海、北京(2)	上海、北京、深圳(3)
400 万～1000 万人	重庆、广州、天津、武汉、南京、汕头、成都、沈阳(8)	重庆、天津、南京、广州、沈阳、武汉、成都(7)
100 万～400 万人	佛山、西安、济南、哈尔滨、杭州、深圳、青岛、大连、长春、苏州、石家庄、太原、郑州、昆明、无锡、长沙、兰州、合肥、乌鲁木齐、唐山、徐州、南昌、潍坊、淄博、临沂、贵阳、福州、湛江、厦门、宁波、南宁、江门、惠州、襄阳、烟台、常州、茂名、邳州、鞍山、大同、吉林、宿迁、邯郸、包头、抚顺、芜湖、洛阳、扬州、淮安、大庆、盐城、齐齐哈尔、保定、珠海、泸州(55)	哈尔滨、西安、郑州、长沙、青岛、长春、太原、济南、杭州、昆明、大连、乌鲁木齐、苏州、汕头、石家庄、南昌、洛阳、合肥、无锡、南宁、唐山、福州、兰州、东莞、贵阳、临沂、厦门、淄博、包头、鞍山、邯郸、徐州、宁波、烟台、淮安、抚顺、佛山、吉林、潍坊、呼和浩特、大同、温州、常州、南阳、银川、南通、大庆、柳州、保定、西宁、齐齐哈尔、淮南、自贡、芜湖、扬州、衡阳(56)

注：《中国城市建设统计年鉴》中有市区人口和暂住人口，其中市区人口相当于户籍人口加上6个月以上的流动人口。另外，市区有广义、狭义之分。广义的市区即市法定边界内直接管辖的地域，不包括市所辖的县、自治县、旗等。我们现在通常所说的市区，是指广义的市区，在中国一般由城区和郊区组成。狭义的市区即城区，城区是相对于郊区而言的，包括市中心和周围连片的城市区域。

资料来源：根据《中国人口和就业统计年鉴2013》和《中国城市建设统计年鉴2012》整理。

二　发展现状与特征分析

改革开放以来，中国城镇化率由 1978 年的 17.92% 提高到 2013 年的 53.73%，新增城镇人口达 5.59 亿人。在如此大规模快速城镇化背景下，中国特大城市的发展也经历了快速扩张过程。无论是特大城市的数量、人口规模、经济总量、就业、基础设施建设等都经历了一个快速扩张的发展历程。

（一）特大城市数量不断增加

新中国成立以来，中国城市尤其是特大城市的数量不断增加。1949 年，全国城市总数为 132 个，其中特大城市仅 5 个；1980 年，中国城市总数扩大为 223 个，其中特大城市达 15 个；2012 年中国城市总数为 657 个，其中特大城市为 66 个。从特大城市占城市总数的比重来看，1949～1963 年，中国特大

城市迅速增多，处于快速扩张时期。特大城市个数从1949年的5个，增加到1964年的13个。1965~1990年，虽然特大城市的绝对数不断增加，由1965年的13个增加到1990年的31个，但特大城市占城市总数的比重基本保持稳定，处于均衡发展时期。1991~1995年，中国城市总数由479个增加到640个，而特大城市数量基本不变。这一时期受邓小平"南方谈话"的影响，特大城市人口的扩张集中在少数东部沿海城市，特大城市发展处于规模扩张时期。1996~2012年，中国特大城市无论是数量，还是所占比重，均不断提升，处于稳步发展时期（见图1）。

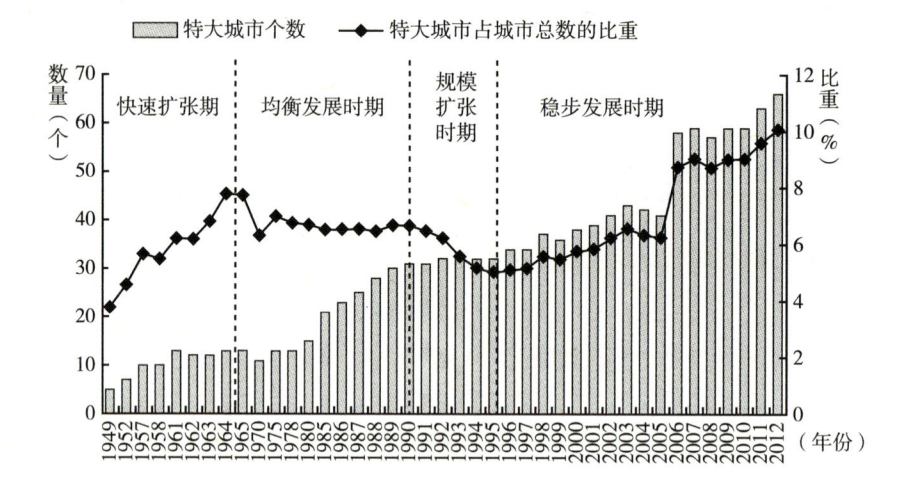

图1 中国特大城市数量变化

注：2006年之前，特大城市是以非农业人口的标准统计；2006年以后，特大城市按照城区人口100万人的标准界定。

资料来源：《新中国城市统计五十年》，2000~2012年的《中国城市建设统计年鉴》。

（二）特大城市人口规模不断扩大

1949年，新中国城市城区总人口为2741万人，其中特大城市的城区人口为986万人，占城市城区总人口的35.97%，占全国总人口的比重为1.82%。1980年，特大城市城区人口规模达3509万人，占城市城区总人口的38.64%，占全国人口的3.56%。2012年，特大城市城区人口规模达1.95亿，占城市城区总人口的52.64%，占全国总人口的14.38%。特大城市城区人口规模不断上升，但特大城市城区人口占城市城区总人口的比重并没有太大变化，保持在40%～50%。因此，特大城市城区人口过度膨胀只是个性问题，不具有共性特征。例如，北京市1990年城市非农业人口为577万；2005年，北京市非农业人口为1286万，增长了123%。2005年北京市城区人口1538万，2012年北京市城区人口为1784万，比2005年增长了15.99%。从人口密度来看，2012年，特大城市人口密度最大的是石家庄，每平方公里8075人，人口密度最低的是乌鲁木齐，每平方公里263人，北京每平方公里1006人，上海每平方公里2635人。而在其他非特大城市中，人口密度最大的是邢台，每平方公里7416人，远高于北京、上海（见图2）。

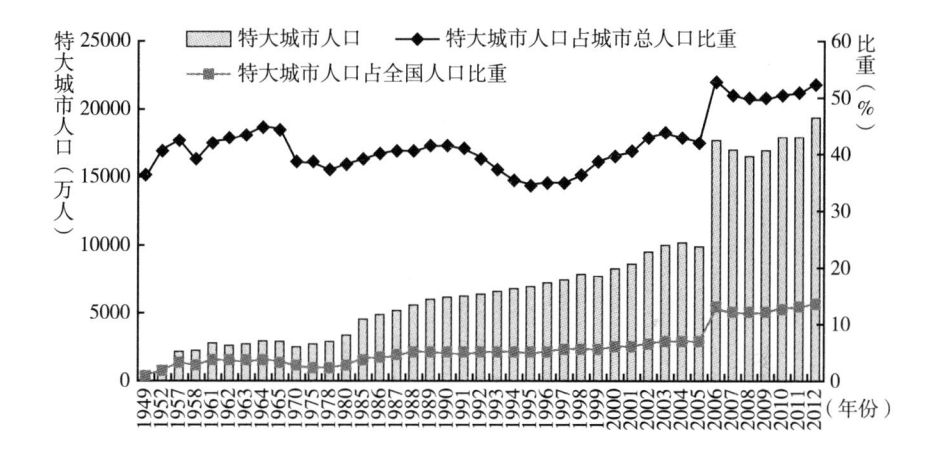

图2 特大城市人口及其比重变化

注：2006年之前，特大城市是以非农业人口的标准统计；2006年以后，特大城市按照城区人口100万人的标准界定。

资料来源：《新中国城市统计五十年》，2000～2012年的《中国城市建设统计年鉴》。

（三）特大城市地区生产总值总量不断扩大

从经济发展来看，中国特大城市经济增长速度较快，对地区生产总值的贡献较大。1990年，全国31个特大城市地区生产总值为3550亿元，占全部城市生产总值的50.3%，占全国地区生产总值的19.02%。到2012年，全国特大城市的数量增加到66个，地区生产总值为23.69万亿元，地区生产总值占全部城市生产总值的72.37%，占全国地区生产总值的

45.61%，分别比1990年提高了约22个百分点和约26个百分点。可见，特大城市对中国经济增长的贡献巨大。但是比较特大城市地区生产总值在全部城市地区生产总值和全国地区生产总值的比重发现，二者近似两条等距离的曲线，说明尽管特大城市的数量和经济总量不断增长，但在城市经济和全国经济的比重是稳步提升的，说明特大城市在国民经济中的比重相对协调（见图3）。

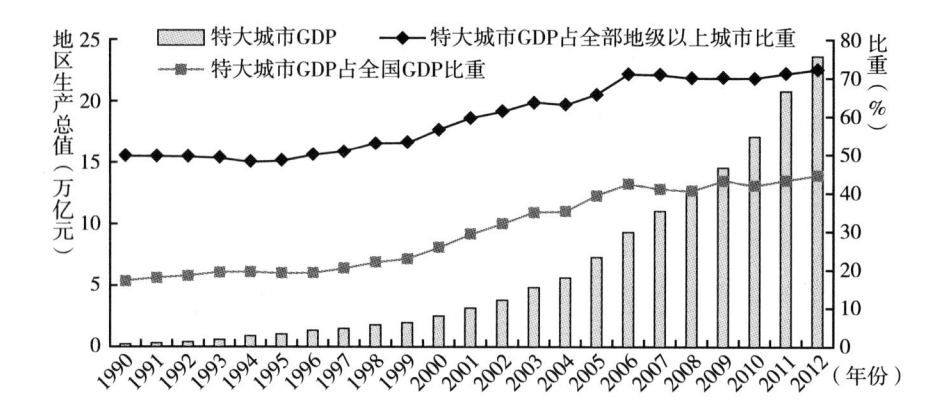

图3 特大城市地区生产总值及其比重变化

注：2006年之前，特大城市是以非农业人口的标准统计；2006年以后，特大城市按照城区人口100万人的标准界定。

资料来源：《新中国城市统计五十年》，2000~2013年的《中国城市统计年鉴》。

（四）特大城市就业人数不断增长

从就业指标看，特大城市对城市就业的贡献较大。在全部从业人员方面，1990年，31个特大城市的全部从业人员总数为4792万人，占城市就业总人数的40.94%；到1997年，34个特大城市全部从业人员总数达5951万人，占城市就业总人数的41.45%。在单位从业人员方面，1999年，37个特大城市单位从业人员总数为3855万人，占城市单位从业人员总数的52%；到2012年，66个特大城市单位从业人员总数达6221万人，占城市单位从业人员总数的69.66%。由图4可见，特大城市就业占城市就业总数的比重不断上升，从1990年的40.94%上升到2012年的69.66%，提高近30个百分点。

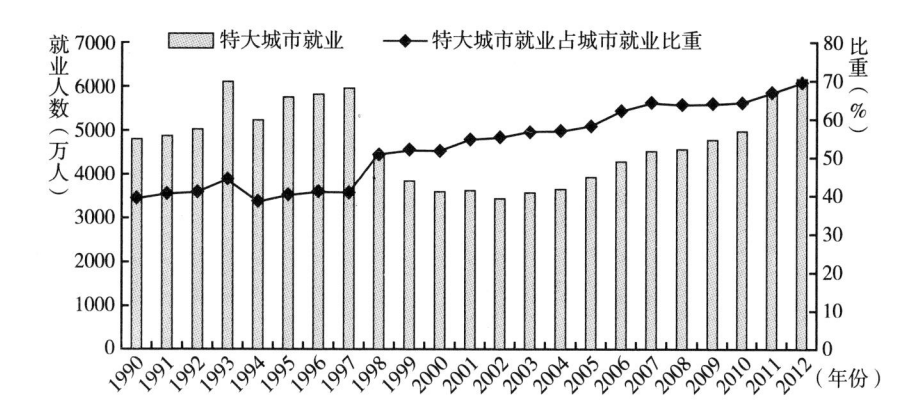

图 4 特大城市就业及其比重变化

注：1998年之前，特大城市就业采用市辖区全部从业人员总数；1998年以后，采用市辖区单位从业人员总数。

资料来源：《新中国城市统计五十年》，2000~2013年的《中国城市统计年鉴》。

（五）特大城市建设水平相对较高

特大城市人口规模相对较大，各项城市建设指标的水平相对较高。从人均城市道路面积来看，100万人口以上的特大城市为13.27平方米，比50万~100万人口的大城市多0.77平方米，占该组人均城市道路面积的6.16%；比50万人口以下的中小城市多4平方米，占该组人均城市道路面积的43.15%。从城市建设用地面积来看，100万人口以上的特大城市的城市建设用地面积占市区面积的比重为14.92%，比50万~100万人口的大城市高4.12个百分点，占该组城市建设用地面积与市区面积比重的38.15%；比50万人口以下的中小城市高8.64个百分点，占该组城市建设用地面积与市区面积比重的137.58%。但是，特大城市的人口密度较大，以市辖区人口密度指标来看，100万人口以上的特大城市的市辖区人口密度约为1556人/平方公里，比50万~100万人口的大城市高416.52人/平方公里，占该组市辖区人口密度的36.55%；比50万人口以下的中小城市高950.74人/平方公里，占该组市辖区人口密度的157.07%。由此可见，城市建设水平与城市人口密度的结构极不均衡（见表3）。

表3 地级以上城市市辖区城区人口密度统计

指标	城区人口规模	均值	标准差	最小值	最大值
市辖区人口密度（人/平方公里）	100万以上	1556.034	1293.344	254.35	8063.40
	50万~100万	1139.517	863.275	41.06	5317.04
	50万以下	605.297	626.73	13.13	4297.94
	合计	979.659	960.857	13.13	8063.40
人均城市道路面积（平方米）	100万以上	13.27	5.88	4.78	33.89
	50万~100万	12.50	8.29	2.23	68.21
	50万以下	9.27	5.08	0.78	27.80
	合计	11.15	6.64	0.78	68.21
城市建设用地面积占市区面积比重(%)	100万以上	14.92	12.56	3.09	69.93
	50万~100万	10.80	9.04	0.71	53.33
	50万以下	6.28	11.53	0.16	86.15
	合计	9.53	11.55	0.16	86.15

资料来源：《中国城市统计年鉴2012》。

三 中国特大城市发展面临的问题

中国的特大城市快速发展形成了极大的集聚经济效应，为中国经济发展提供了优质载体和强力支撑。但是，特大城市人口大规模集聚与城市承载力的矛盾日益凸显，特大城市必须要面对可持续发展的问题。具体而言，资源环境、基础设施、公共服务、城市管理等方面的承载能力难以支撑城市人口的快速增长，导致了特大城市发展的一系列问题。就当前中国特大城市来说，面临的问题主要表现在二元结构加剧、空气质量较差、交通拥堵严重、房价快速上涨、城市脆弱性突出等五大方面。

（一）二元结构加剧

中国城市空间扩张和人口集聚过程中，城市空间二元结构和城市社会二元结构问题越来越明显，这一问题在人口增长和空间扩张较快的特大城市更为突出。

城市空间二元结构主要表现为"一边高楼林立，一边棚户连片"。"棚户主要包括"城中村"、棚户区两种形式，还有一部分旧城也存在建筑密度高、环境差的问题。北京、天津、重庆、上海、武汉、广州、深圳等特大城市的"城中村"问题较为突出，这与"城中村"形成的原因密切相关。在城市空间快速扩张过程中，考虑到拆迁成本问题，城市政府或者开发商更愿意低价拿耕地，而不是村庄，由此很多村庄在城镇扩张的过程中被保留下来形成各种类型的"城中村"。"城中村"或棚户区往往结构简陋老化、功能设施不完善、居住环境差、缺少公共活动场地和配套设施，而且棚户区家庭基本是低收入住房困难户和中等偏下收入住房困难户[1]。棚户区的居住条件和居民收入状况都与国外城市"贫民窟"类似。棚户区的存在，严重影响了城市的景观和市容；同时"城中村"或棚户区的租金优势往往能集聚大量的流动人口，并由此形成"城中村"或棚户区居民与周边社区居民的隔离，以二元空间为表象反映了更深层的城市社会分异（魏后凯，2014b）。

城市社会二元结构与空间二元结构密切相关，主要表现在两个方面：一是市民化水平低，市民与农业转移人口的二元结构问题突出。根据2012年35个特大城市[2]常住人口和户籍人口城镇化率数据（见图5），35个特大城市常住人口城镇化率平均为71.7%，而户籍人口城镇化率只有38.8%，两个指标的差距为32.9个百分点；同期全国常住人口和户籍人口城镇化率的差距为17.3个百分点。如果将这种差距称为不完全城镇化率，特大城市的不完全城镇化率高出全国平均水平15.6个百分点，可见，作为人口转移的主要承载体，特大城市的二元结构更为严峻。其中，深圳的差距最大，2012年，深圳市（城镇）常住人口为1054.74万人，深圳本地（非农业）户籍人口仅为299.2万人，常住人口城镇化率为100%，户籍人口城镇化率仅为28.4%，不完全城镇化率为71.6%。除此之外，从公共服务、经济生活条件、文化素质、政治参与等四个

---

[1] 据调查，到2008年底，全国居住在各类棚户区中的家庭共1148万户，其中城市棚户区744万户（64.80%），国有工矿棚户区238万户（20.73%），林区和垦区棚户区166万户（14.46%）；在这些家庭中，有681万户为低收入住房困难户，467万户为中等偏下收入住房困难户。因棚户区标准调整，目前仍有1200万户左右的棚户区家庭，各类棚户区比重基本稳定。

[2] 由于缺乏拉萨的数据，这35个城市为除拉萨之外的其他直辖市、省会城市及计划单列市，且人口均在100万以上。后面的表述相同。

方面构建的农业转移人口市民化综合进程评价表明，2011年和2012年中国农业转移人口市民化进程基本维持在40%（魏后凯、苏红键，2013；魏后凯等，2014），农业转移人口在政治权利、劳动就业、社会保障、公共服务等方面与市民差距巨大。

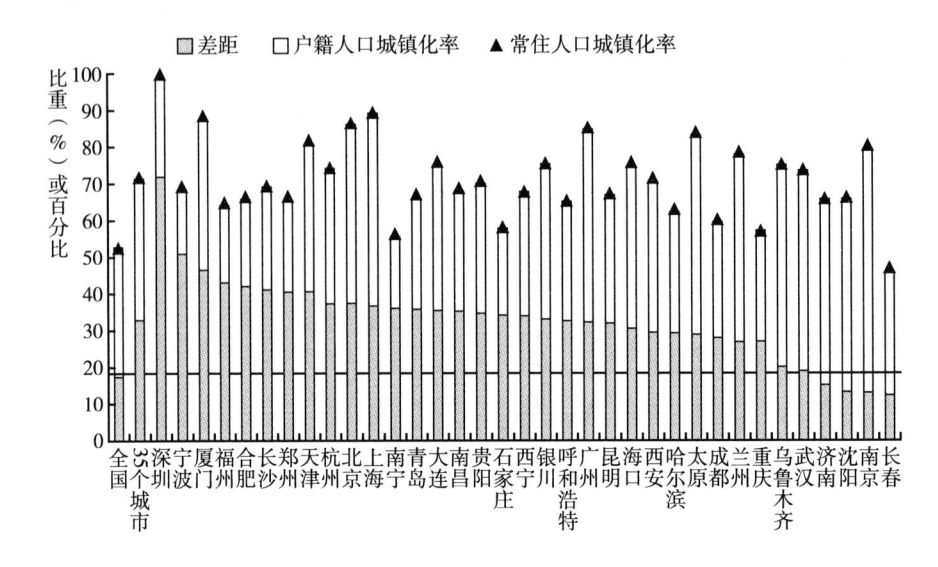

图5 35个特大城市户籍人口和常住人口城镇化情况

注：35个城市按照差距大小排序。考虑到非农业户籍人口的流动性，相关数据与真实值会略有偏差。

资料来源：各个城市的"2012年统计公报"及相关资料。

城市居民收入差距较大、城市贫困等问题也是城市二元结构的主要表现。考虑到特大城市是农业人口转移的主要载体，特大城市的收入差距和城市贫困问题更为严峻。从城市贫困人口情况来看，近年来，中国的城市贫困人口规模不断扩大，城市贫困状况呈不断恶化趋势。1981~1990年，中国城市贫困人口为50万~390万，贫困发生率平均为0.5%（世界银行，1993）；而目前中国的城市贫困人口[①]规模为2000万~3000万（魏后凯、邬晓霞，2009）。以农民工收入为例，近年来农民工收入不断增长，但一直不及城镇就业人员平均工资的60%，从2009年的月均1417元增长到2012年的2290

---

① 这些城市贫困人口大多为下岗失业人员、长期病伤残人员、特困职工及其他特殊困难群体。

元，外出农民工月均收入与城镇就业人员月平均工资之比从2009年的52.74%提高到2011年的58.83%，在2011~2012年，比重基本稳定在58.8%（见图6）。

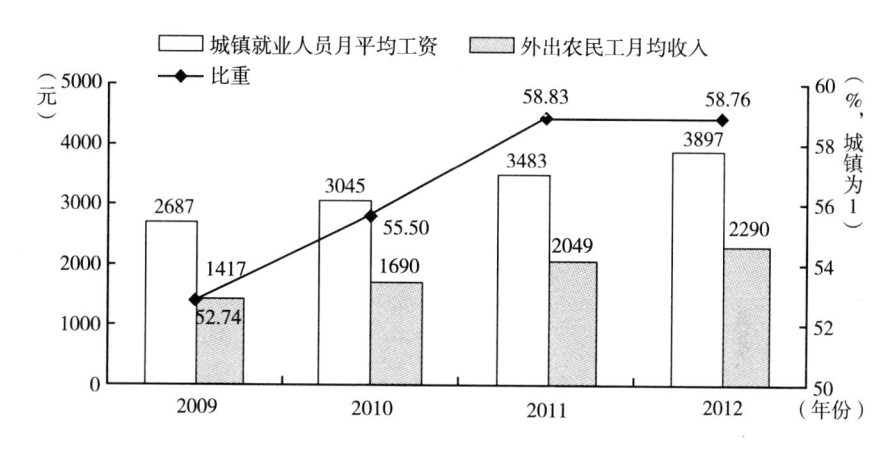

图6 2009~2012年外出农民工月均收入增长情况

资料来源：相关年份的《农民工监测调查报告》与《中国统计年鉴》。

（二）空气质量较差

空气质量问题是当前中国特大城市发展面临的最严重最普遍的生态环境问题。根据2013年中国74个城市的$PM_{2.5}$统计情况（绿色和平组织，2014）分析，74个城市的$PM_{2.5}$年均浓度均值为70.16 $\mu g/m^3$，其中47个特大城市$PM_{2.5}$年均浓度均值为73.15 $\mu g/m^3$；在$PM_{2.5}$年均浓度值最高的20个城市中，100万以上人口的特大城市占了15个，由此可见特大城市的平均空气质量相对较低。同时，中国城市$PM_{2.5}$水平远高于世界卫生组织（WHO）2005年制定的10 $\mu g/m^3$的安全标准，与中国2016年拟实施的35 $\mu g/m^3$的标准（WHO制定的第一过渡期目标）也有较大差距。

与发达国家城市相比，中国特大城市空气质量远比部分发达国家城市的空气质量差。根据世界卫生组织（WHO）2011年公布的全球91个国家1099个城市PM_{10}情况，中国32个特大城市（主要是直辖市或省会城市）平均PM_{10}浓度为97 $\mu g/m^3$（排在第76位），中国特大城市的空气质量属于最差的城市行列。

其中，除了海口（第814位）、拉萨（第891位）和南宁（第892位）三个城市之外，中国特大城市的PM_{10}排名都在第940位之后，其中广州为70 μg/m³（第962位）、上海为81 μg/m³（第978位）、北京为121 μg/m³（第1035位）。从WHO公布的38个国家576个城市$PM_{2.5}$的平均浓度来看，均远低于中国2013年监测的74个城市的平均水平（70.16 μg/m³）（见图7），除了蒙古、马达加斯加与中国的水平比较接近外，有33个国家的$PM_{2.5}$年均浓度不到中国74个城市平均水平的一半。

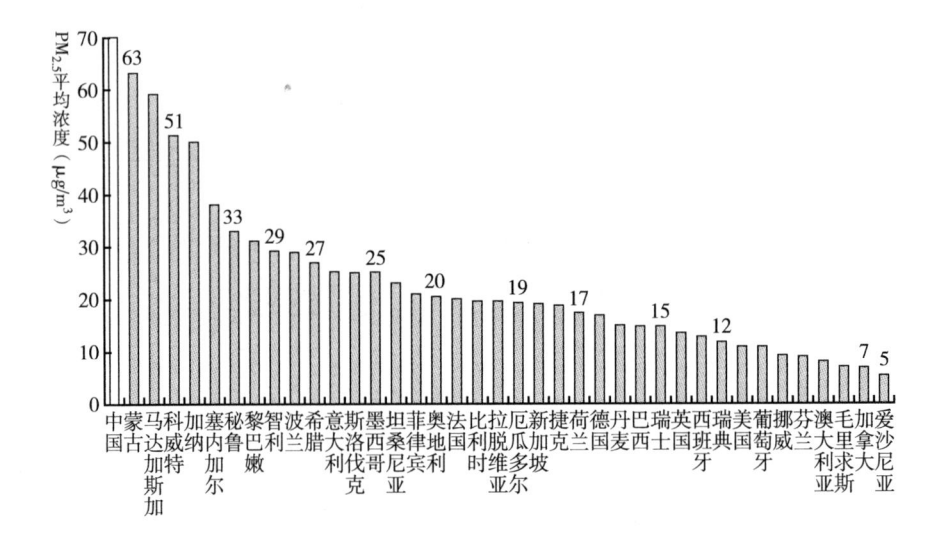

图7 世界主要国家城市$PM_{2.5}$年均浓度

资料来源：其他国家数据源自WHO公布的主要城市$PM_{2.5}$年均浓度（2007~2010年）（WHO网站），中国的数据为2013年74个城市的平均值。

（三）交通拥堵严重

随着城镇化的快速推进，城市交通需求与供给的矛盾日益加剧，再加上城市扩张、功能布局、交通供给等方面不协调因素，使得中国城市尤其是特大城市的交通状况日益恶化，交通拥堵程度远超过国外特大城市水平。

根据相关的调查数据，中国特大城市的单程通勤时间为35~50分钟，而欧美国家特大城市的单程通勤时间只有20~35分钟（郑思齐、曹洋，2009；

牛文元等，2012；北京大学社会调查研究中心与智联招聘，2012；McKenzie and Rapino，2011）。牛文元等（2012）对中国50个城市的单程通勤时间调查显示，北京需要52分钟，广州、上海、深圳分别以48分钟、47分钟、46分钟紧随其后；北京大学社会调查研究中心与智联招聘（2012）的调查也显示北京通勤（往返）时间最长，平均为1.32个小时，上海、天津、沈阳、西安、成都均在1小时以上，分列第2~6位。美国社区调查数据[①]显示，2009年美国人上班平均单程花在路上的时间只有25.1分钟（1990年为22分钟，2000年为25.5分钟），其中纽约人平均花费34.6分钟是全美最长的，其次为华盛顿33.4分钟，然后是芝加哥、亚特兰大等（30分钟以上）。较长的通勤时间与较慢的车速密切相关。瑞银集团2014年对伦敦、纽约、东京、北京、上海等特大城市的车速调查结果显示，伦敦的道路交通状况最好，市区车辆的平均时速为29公里；其次是纽约和新加坡，同为24.9公里/小时；中国城市的行车平均速度最低，其中，以北京的平均车速最低，仅为12.1公里/小时，之后是上海（16.3公里/小时）、广州（17.2公里/小时）、成都（18.0公里/小时）、香港（20.0公里/小时）和武汉（20.4公里/小时）。

美国INRIX公司调查也发现[②]，2012年美国最大的100个城市中的通勤者在交通高峰期抵达目的地所用时间比起交通顺畅时要多7%，2010年相关数值是9.7%；而北京的这一数据在50%以上。根据北京市交通发展研究中心数据，近年来，北京市早晚高峰交通指数年均值为4~6，平均状况为轻度拥堵，即存在部分环路、主干路拥堵，居民出行比通畅情况多花费50%~80%的时间。从2007~2013年的交通指数波动情况来看，2008年奥运会期间的单双号限行使交通指数从2007年的7.31降低到5.84；2009年继续实施尾号限行交通拥堵进一步下降；尾号限行政策引致私家车需求上升，2010年交通拥堵进一步加剧；2010年底，北京出台"史上最严厉"的治堵措施，实施摇号购车政策，并提出适时采取重点交通拥堵路段高峰时段机动车单双号限行措

[①] 参见《美国人上班平均花路上25分钟 纽约人通勤时间最长》，http://www.chinanews.com/gj/2011/09-24/3350767.shtml，McKenzie and Rapino（2011）。
[②] 参见Jim Gorzelany，"The Most Traffic-Jammed Cities In America"，http://www.forbes.com/sites/jimgorzelany/2012/05/25/the-most-traffic-jammed-cities-in-america/，2012-05-25。

施，2011年交通拥堵状况有所好转；2011年以来，交通指数呈线性增长，交通状况进一步恶化（见图8）。

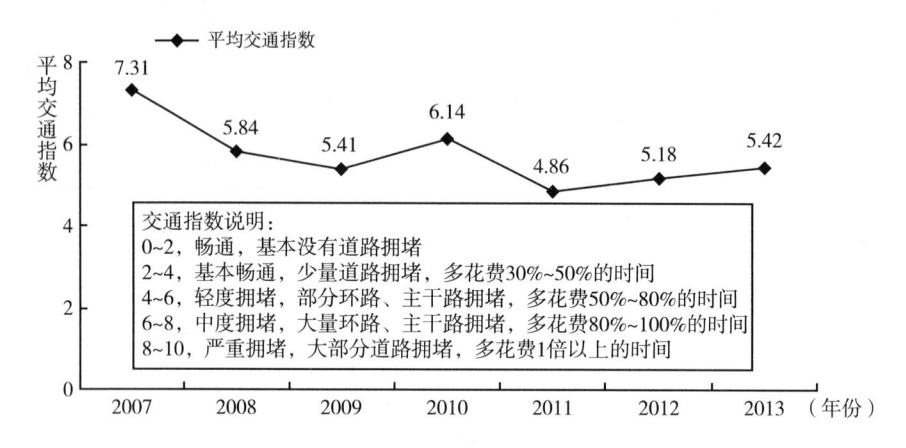

图8 2007~2013年北京市五环内早晚高峰平均交通指数

注：交通指数是道路交通运行指数（也称道路交通拥堵指数）的简称，是综合反映道路网交通运行状况的指标。

资料来源：根据北京市交通发展研究中心网站"运行评价"相关数据绘制。

（四）房价快速上涨

城镇化过程中，人口向特大城市的偏向性集聚产生了巨大的住房需求，推动了城市房价的快速上升，"北漂"、"蜗居"、"蚁族"、"群租"等时代鲜明的问题被广泛报道，同时也为棚户区、"城中村"等中国特色"贫民窟"提供了合理的存在价值。

近年来，中国城市房价快速上涨，尤其是特大城市涨幅更快。图9显示了2002~2012年35个特大城市与全国住宅商品房平均销售价格变化情况。其中35个特大城市平均价格从2002年的2259元/平方米上涨到2012年的7560元/平方米，年均涨幅为12.84%；同期全国住宅商品房平均销售价格从2092元/平方米上涨到5430元/平方米，年均涨幅为10.00%。其中，根据2012年公布的数据，深圳、北京、上海为住宅商品房平均销售价格最高的3个城市，分别为18996元/平方米、16553元/平方米和13870元/平方米，2002~2012年的年均涨幅分别为14.85%、15.00%和14.20%，年均涨幅均高于全国及35个特大城市的平均水平。另外，2007~2012 年，全国 35 个特大城市商品房平均销售价格上涨了 1.09 倍，远高于城镇居民可支配收入的增长幅度（魏后凯，2014b）。

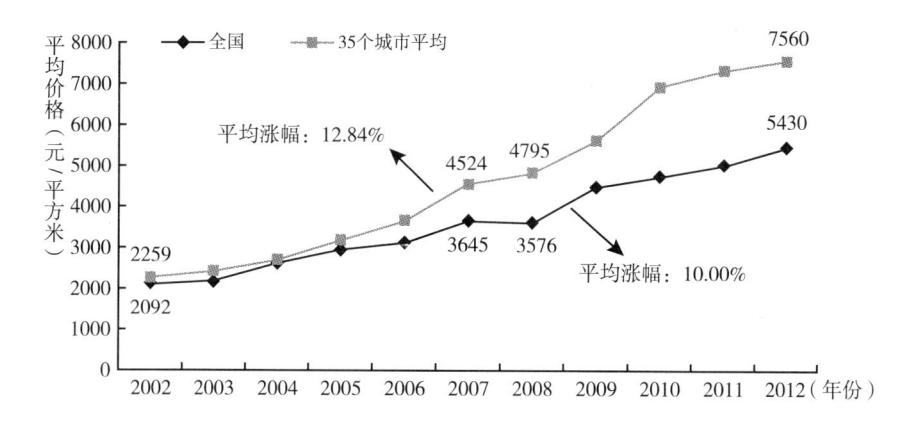

图 9　35 个特大城市与全国城市住宅商品房平均销售价格比较

资料来源：国家统计局网站，全国与各大城市年度数据。

与此同时，随着中国城市房价快速上涨，房价收入比快速提高，已经远远高于发达国家水平。根据 2012 年的房价和城市居民收入情况（见表 4），上海、北京、深圳的房价收入比最高，分别达 17.94、17.93 和 16.05，中国前 20 特大城市①的房价收入比均接近或超过 10，平均为 9.87，远高于表 4 中列示的国外特大城市房价收入比的平均水平（5.96）。

表 4　中国前 20 特大城市 2012 年房价收入比

城市	房价收入比	城市	房价收入比	国外城市	房价收入比
上海	17.94	哈尔滨	9.52	波士顿	4.90
北京	17.93	西安	6.15	纽约	6.92
深圳	16.05	郑州	9.28	圣地亚哥	6.00
重庆	8.36	长沙	6.28	芝加哥	3.44
天津	9.36	青岛	7.55	伦敦	7.11
南京	8.67	长春	8.56	爱丁堡	5.32

① 按照市辖区人口规模排序。

续表

城市	房价收入比	城市	房价收入比	国外城市	房价收入比
广州	10.05	太原	8.35	格拉斯哥	5.08
沈阳	7.58	济南	7.06	惠灵顿	5.77
武汉	8.59	杭州	12.37	蒙特利尔	4.84
成都	7.40	昆明	10.34	悉尼	9.18
平均			9.87	平 均	5.86

注：房价收入比按照"新建住房单价×80平方米/（城镇居民人均可支配收入×3）"计算。
资料来源：房价数据源自"搜房网"整理的2012年底中国百大城市房价数据；城镇居民可支配收入数据源自《中国区域经济统计年鉴2013》；国外数据根据Recsei（2010）和赵留彦等（2013）整理。

（五）城市脆弱性凸显

随着城市规模增长，城市脆弱性问题日益凸显。不同学者从不同方面总结了城市脆弱性的表现，有的认为城市脆弱性主要表现在自然脆弱性、经济发展脆弱性、社会发展脆弱性等方面（王岩等，2013）；也有学者总结为城市生态脆弱性、城市环境脆弱性、城市邻里关系脆弱性、城市能源脆弱性及城市安全脆弱性等（俞小红等，2007）。其中，由于城市基础设施的网络性质，城市基础设施的脆弱性问题最为严重。

城市基础设施是为城市正常运行提供公共服务的工程设施，主要包括交通运输、能源动力、给排水、防灾、环境保护等（劭传青等，2008；周军学等，2010）。由于城市重要基础设施大多为网络状，任何一个组件的失效都可能使整个网络系统瘫痪，当灾害发生时，会对城市带来重大损失（周军学等，2010）。交通基础设施脆弱性方面，以城市地铁为例，设备故障、人为失误、社会不安定因素等都会对地铁系统内外部产生干扰，由此导致地铁运行过程中事故发生率较高，重大事故频发，社会影响巨大（袁竞峰等，2012）。袁竞峰等（2012）调查了中国北京、上海、广州、深圳、南京等5个城市近3年发生的35起地铁运行事故，发现设备设施故障损坏[1]（占54.29%）和客运服务功能障碍[2]（占31.43%）是导致地铁系统脆弱的两大重要原因，所有事故都

---

[1] 设备运转失常、设施主体损坏。
[2] 门夹人、电梯扶梯伤害等。

会引起网络低效,其中客运服务功能障碍最容易引起人员伤亡。城市基础设施的脆弱性问题还包括给水系统的脆弱性,劭传青等(2008)对天津市给水系统①脆弱性的评价发现,取水构筑物和水处理系统两大子系统相对最为重要,脆弱性值也最大。2014年"4·10"兰州自来水苯超标事件造成了兰州主城区的城关、七里河、安宁、西固四区自来水严重污染4天,引起市民抢购矿泉水。

除此之外,城市基础设施的脆弱性还表现在较弱的应对灾害能力。比如,以北京2012年的"7·21"特大暴雨事件为代表,各大城市的地下排水系统、交通系统等都很容易在非正常天气状况下瘫痪。据不完全统计,中国500多座城市中,有300多座城市发生过城市内涝(孙跃兰等,2012)。

四 加强特大城市治理的思路与对策

特大城市治理既不同于国家宏观层面的治理,也不同于一般意义上的区域治理。特大城市治理具有特殊性,它需要应对人口规模过度膨胀、经济过度聚集、城市功能过分聚集、环境容量不足、交通拥堵常态化、城市安全风险防范、城市民生改善、多元化治理、提升治理能力等挑战。新时期,加强特大城市治理需要战略视野、全局意识、综合手段和针对性举措。

(一)加强特大城市治理的必要性

特大城市治理是中国全面加强国家治理体系建设的重要组成部分,是提高国家竞争能力、全面实现现代化的重要手段,对展示国家形象、深化体制机制改革、促进新型城镇化发展、实现区域协调、改善民生等都有重要意义。

特大城市聚集效益高,在财富形成、创新活动、就业拉动和农业人口转移等方面贡献大。但是,发展中存在的问题也很多,不利其可持续发展。未来,中国的特大城市数量还会不断增多,人口规模还会进一步膨胀,对特大城市的治理,不是抑制其发展,而是如何促使其健康发展和可持续发展,为中国新型

---

① 主要包括供水水源、取水构筑物、水处理系统、储水构筑物、输配系统、监控系统等。

城镇化战略实施和国民经济社会发展做出更大的贡献。

2013年中国的城镇化率达53.73%，已经跨过50%的拐点，进入城镇化的下半程。这段时期，是中国城镇化和经济社会发展的转型期，也是大城市病的高发期，加强特大城市治理势在必行。

（二）加强特大城市治理的总体思路

对特大城市的治理，要坚持"科学评估、市场主导、政府调控、综合配套、多元共治、多措并举"的方针，治理目标要科学，治理思路要清晰，治理任务要具体，治理手段要综合，治理措施要得当，治理效果要评价。

对特大城市的治理目标要进行科学评估。特大城市应该定期"体检"，评估其健康发展状况，给出健康发展等级。以此为依据，科学制定治理的总体方案和实施目标，指导特大城市进行科学治理。

对特大城市治理要坚持市场主导的原则，发挥市场对资源配置的决定性作用。市场问题市场处理，避免不必要的行政干预，尽量多采取市场经济手段和法律手段。

对特大城市治理要坚持政府调控的原则，发挥政府的积极作用。但是，政府的作用不等于蛮干，不等于乱作为，政府调控要服从市场主导原则，不能破坏城市发展的市场环境。

对特大城市治理要坚持综合配套原则。特大城市本身就是一个复杂的巨系统，各种因素相互制约，相互影响，必须进行综合治理。

对特大城市治理要坚持多元共治的原则。以政府作为单一主体进行特大城市治理难免力不从心，必须引入多元主体，包括企业、非政府组织和公民，共同参与城市治理，逐步形成和完善参与式治理模式。

对特大城市治理要坚持多措并举的原则。任何单一的治理手段都无法满足特大城市治理的需求，必须多措并举，多管齐下，共同发挥积极作用。

（三）加强特大城市治理的对策措施

特大城市治理，首先要系统诊断其运行中存在的各种问题，并对各种问题之间的逻辑关系进行深入剖析，找准解决问题的突破口和着力点；其次要科学制定一个系统的治理方案，包括科学的目标设置、具体的任务分解和兼顾效率与公平的政策工具等；最后要及时对治理效果进行科学评估，对取得的成功经验进行总结提升，对存在的问题进行深刻检讨。特大城市治理的内涵十分丰富，包括人口调控、产业升级、空间优化、环境保护、民生改善、风险防范、交通治堵、多元治理、提升治理能力等，其根本宗旨是构建和完善"新陈代谢"机制，提高自身"免疫力"，实现可持续发展。

1. 加强人口调控

人口过度膨胀是特大城市的基本特征，由此带来的现象是就业岗位竞争激烈，住房需求居高不下，基础设施和基本公共服务运行压力大，居民生活成本高，外来常住人口融入难度大，城市安全风险等级提高，等等。

特大城市本身应该具备"人口过滤"功能，当人口过度聚集时，生活成本上升，迫使部分人口离开特大城市。遗憾的是，由于市场机制不健全，政府对人口调控的方式方法不恰当，造成特大城市"人口过滤"功能失调。加强人口调控的核心思路应该是修复"人口过滤"功能。

首先要发挥市场调控人口的主导作用。特大城市的人口聚集，从根本上说是市场机制作用的结果，不需要政府刻意进行干预。当前特大城市人口过度聚集、超过资源环境承载能力的根本原因是市场机制失灵、政府干预不当。比如，过度福利化的公交补贴、住房补贴、市政公用设施补贴在一定程度上降低了居民生活成本，引致人口进一步聚集；"城中村"、城市边缘区低效的集体土地利用方式为追求低生活成本的低收入人群提供了聚集场所；一些特大城市为鼓励住房销售曾经采取了买房解决"蓝印户口"的做法；等等。可见，特大城市的人口治理，核心是发挥市场调控的主导作用，政府应该对过度福利化政策进行反思和清理，大力推进城乡土地使用制度改革，使城乡建设用地同地同权同价，构建起完全市场化的生活成本价格信号体系，发挥其"人口过滤"的作用。

其次要发挥政府人口调控的积极作用。尽管基于市场竞争构建起的"人口过滤网"在一定程度上可以解决特大城市人口数量过多的问题，但是并不能解决根本问题，更不能解决可持续发展的问题。政府调控可以在以下三个方面发挥积极作用：一是设置人口聚集的"底线标准"。市场竞争不会自动形成

人口聚集的"底线标准"。当前现实中，一些人不顾体面地选择在特大城市非正规就业、"蜗居"、"群租"等，甚至还有许多人以偷盗、乞讨、拾荒、卖淫为生。对这部分人口，政府应该采取"以房控人"的策略制定房屋出租的标准，并颁发房屋出租许可证加强对房屋出租行为的监管，同时采取"以业控人"的策略对非正规就业和低端就业进行必要的控制。二是为城市发展所需人才提供优惠政策。创新是特大城市发展的原动力，创新依靠人才。市场机制奉行适者生存和金钱至上的原则，一切发展要素都要用金钱衡量。然而，现实中人才的价值无法用金钱来体现，许多人才因为"生活成本"高昂，特别是房价过高而被特大城市拒之门外。从提高城市竞争能力的角度而言，政府应该制定特大城市的人才发展规划，结合经济社会发展阶段和未来趋势，制定人才引进和储备政策，特别应该兴建一些针对人才的住房，拿出一些针对人才引进的户籍指标，切实解决人才引进的制约难题，为人才聚集提供绿色通道。三是实施优质教育、医疗资源的相对均衡布局策略，减少特大城市对人口聚集的过度吸引力。由于历史形成和体制制约的原因，中国优质的教育、医疗资源绝大多数聚集在特大城市，强化了特大城市对人口聚集的吸引力。单纯依靠市场竞争，无法解决特大城市优质教育、医疗资源的过度聚集问题，必须发挥政府的积极调控作用，实现优质教育、医疗资源的相对均衡布局。

最后要积极而稳妥地推进外来常住人口的市民化。外来常住人口在特大城市聚集甚多，有的特大城市外来常住人口在数量上甚至超过了本地户籍人口，形成了事实上的城市内部二元社会结构，不利于特大城市的和谐发展。推进外来常住人口的市民化应该是特大城市的战略选择。但由于资源环境承载能力的客观限制，特大城市外来常住人口完全市民化的条件并不具备，只能因地制宜，积极而稳妥地推进：一是应该允许各个特大城市依据自己的实际情况推进外来常住人口的市民化，不搞"一刀切"，不行政摊派指标，不设置具体期限。在中央《关于进一步推进户籍制度改革的意见》的指导下，允许各个特大城市根据其资源环境承载能力和人口发展规划制定外来常住人口市民化的时间表和任务书。二是以居住证作为基本公共服务常住人口全覆盖的重要依据。凡是满足政府对居住和就业要求的外来常住人口，政府都应该为其提供基本公共服务。三是以积分制稳步推进外来常住人口入户。政府以居住证为依据，根据持有年限、学历要求、社保年限、纳税额度等指标要求，折算成一定的积分，作为外来常住人口入户的依据，并辅以若干奖励或惩处指标，稳步推进外来常住人口入户。

2. 促进产业升级

相比中小城市，特大城市的聚集效益更高，产业向特大城市聚集是客观经济规律。但产业聚集到一定程度，聚集成本会提高，聚集效益会下降，会促使一些产业向外扩散，这是特大城市自身具备的新陈代谢功能。在完全市场竞争条件下，特大城市的土地成本、劳动用工成本、物流成本、基础设施与市政公用设施利用成本都应该高于中小城市，相应地，特大城市的产业应该呈现高端化、高效化、服务化、低碳化倾向。耗能高、耗水多、排放多、污染重、占地多、用工多、效益低、纳税少的产业应该迁出特大城市。

中国政府对经济活动干预过多或者干预方式不当，导致市场机制不完善，特大城市新陈代谢功能紊乱，聚集了大量低端、低效、低质产业，并与人口过度膨胀、环境污染、交通拥堵等大城市病相伴随，形成了恶性循环。比如，政府的某种偏爱导致垄断企业存在，基层政府为自身可控利益而容忍某些落后产业的存在，政府为招商引资而人为压低地价，不严格执行劳动合同法而导致非法用工存在和发展，基础设施与市政公用设施政府定价较低而给低端产业利润空间，等等。这些不当行为使得特大城市还有诸多落后、本该淘汰的产业在顽强地生存着，发展着。

解决上述问题有不外乎两条途径：一条是市场化解决途径，即完善市场机制，实现市场充分竞争。为此要转变政府职能，规范政府行为，让市场发挥资源配置的决定性作用。经营性土地价格、劳动用工最低价格、物流价格、经营性市政公用设施利用价格应该市场说了算，让市场引导企业选址和经营。另一条是政府调控途径，即政府根据特大城市发展定位和战略规划，制定特大城市产业规划和产业名录，并以此为依据制定产业准入和退出标准，包括投资强度、建筑密度、纳税要求、劳动用工要求、基础设施与市政公用设施利用最低价格、能耗标准、排放标准等。同时，设立产业发展扶持基金，对城市发展确定的战略先导产业提供政府扶持服务。实践中，这两条途径对产业升级都有效，可以根据实际情况综合应用。

3. 推动空间结构优化

特大城市人口密集、产业发达、交通流量大。在市场机制作用下，特大城市在成长过程中，土地价格、劳动用工成本、物流成本不断上升，环境容量不断下降，那些占地多、用工数量多、交通需求大、耗能高、耗水多、排放多、污染重的产业在特大城市中心区逐渐失去了竞争优势，并不断地向特大城市郊区和周边地区转移，形成新的产业聚集中心。与之相伴随的是，特大城市的空间结构由单中心向多中心发展。可以说，特大城市产业扩散和功能疏解的过程就是空间结构由单中心向多中心演变的过程。这个过程是自然而然发生的，它符合经济规律，不需要人为干预。但在现实中，特大城市高、中、低端产业混合，城市功能混杂，"新陈代谢"功能紊乱，说明"看不见的手"并没有发挥有效的调节作用。究其原因，政府或明或暗的补贴及保护发挥了阻碍市场机制运行的作用，比如一些机关团体、企事业单位及其附属机构可能使用的是划拨土地，对地价不敏感；一些单位属于国有或准国有属性，对劳动用工成本上升、物流成本上升、节能减排压力并不敏感。由此可见，单纯依靠"看不见的手"优化空间结构并不现实，政府积极的调控不可缺少。

事实上，有许多特大城市都进行过优化空间结构的尝试。比如，北京在2005版"城市总体规划"中就明确提出构建"两轴、两带、多中心"的空间结构，并提出发展13个新城，其中重点发展顺义、通州、亦庄三个重点新城。规划实施以来，新城的基础设施不断完善，房地产蓬勃发展，人口不断膨胀，但并没有与中心城区的功能疏解结合起来，导致中心城区的"臃肿"问题没有解决，而且日益严重，新城发展吸引了大量外来常住人口，2013年北京全市常住人口2114.8万，其中外来常住人口802.7万，早已突破总规2020年全市常住人口控制在1800万以内的目标，可以说当初规划设想没有实现，教训十分深刻。

优化空间结构要与功能疏解结合起来，也就是说，要以"产城融合"的理念推进功能疏解，优化空间结构。顺应特大城市成长过程中产业扩散和功能疏解的客观规律，分阶段推进产业扩散和功能疏解：初期促使传统劳动密集和资源密集产业，包括传统制造业、大型专业批发市场、物流基地、交通枢纽、大型游乐园等向外扩散；中期促使商业综合体、学校、医院、科研机构、体育场馆等向外扩散；后期促使部分行政机关、部分企业总部等向外扩散。

4. 强化环境治理

特大城市人口和产业高度聚集，是能源和资源集中消耗地区，也是各种污染物集中排放地区，时刻面临着资源环境承载能力的约束。尽管特大城市有比中小城市更完善的环境治理设施，但是并没有证据表明特大城市的环境质量优于中小城市。特大城市尽管单位 GDP 污染物排放水平低于中小城市，但是由于经济体量大，人口多，污染物排放总量远远高于中小城市，自然环境净化能力远低于中小城市，各种污染物对人的伤害也远高于中小城市。所以，不能以环境治理设施的完善程度与环境质量画等号，强化特大城市的环境治理势在必行。

当前特大城市的环境治理面临三大难题：一是经济发展方式亟须转变，即由高耗能、高排放、高污染向低碳绿色发展转型。受制于中国的能源生产结构，许多特大城市的能源消费还以煤炭为主，清洁能源利用率较低。二是环境污染亟须区域化治理。大气污染和水污染已呈现区域化扩展态势，治理 $PM_{2.5}$ 必须采取区域联合行动，治理难度可想而知。三是环境污染亟须城乡一体化治理。过去污染治理主要集中在城市中心区，农村地区治污主要依靠自然环境净化。特大城市的农村地区，特别是"城中村"和城乡接合部集中了大量外来常住人口，与之相伴的是低端落后污染型产业，环境质量十分恶劣。

特大城市加强环境治理，一是要以生态文明的理念彻底改造生产和生活方式，不断提高可再生能源消费比例，率先建设成为"低碳绿色城市"。政府应该制定低碳绿色发展规划，并拿出低碳绿色发展的路线图、时间表、任务书和责任状。对污染物排放控制，不仅要达标，更要总量控制管理。二是特大城市要主动放下身段，与周边地区中小城市一起，谋划环境治理区域行动机制构建、责任分工和任务落实。三是特大城市要将农村地区和城市地区作为一个整体进行环境治理，并形成以城带乡、城乡一体的环境治理机制。

5. 着力改善民生

特大城市生活成本高，生活在特大城市的人们必须有较高的收入水平才能保障其生存和发展，这是特大城市自身特点决定的，也是特大城市为保障其可持续发展必须具备的门槛。特大城市的生活成本应由市场决定，政府提供过高的福利补贴实则降低了生活成本，让那些本应该选择中小城市安家置业的人有

了在特大城市安家置业的资本,相当于降低了特大城市的准入门槛,破坏了市场竞争规则。因此,要杜绝福利泛化倾向,实行有限福利政策,这是特大城市民生改善应该坚持的基本原则。

特大城市民生改善的重点领域,一是针对特殊人群的福利补贴,包括低保人员和特殊人才。前者无法通过市场竞争保障其在特大城市生存发展,后者在初期阶段也无法通过市场竞争实现其价值。对前者的福利补贴体现了公平正义,对后者的福利补贴体现了城市的长远发展利益。对前者的补贴可以采用低保生活补助和廉租住房(政府持有产权),对后者的补贴可以采用竞争型的事业发展基金和人才公租房(政府持有产权)。对这两类人群,政府应该进行科学界别,公开操作,并向社会公示接受监督。当前各城市普遍推行的具有泛福利性质的经济适用住房、限价房、共有产权住房等应该叫停。二是面向全体居民的教育、医疗等基本公共服务的全覆盖。由于历史原因,特大城市的优质教育、医疗等基本公共服务资源主要集中在中心城区,城市边缘区、新城区、新城、农村地区等特大城市的其他地域单元缺乏优质教育、医疗等基本公共服务资源支撑,不仅对优化空间结构不利,而且对生活在特大城市中心区以外的居民不公平。政府应该进行适度干预,通过搬迁、办分部、托管等形式实现基本公共服务的均衡发展。

6. 推进交通治堵

特大城市人口和产业高度聚集,交通拥堵常态化的现象越来越明显。交通拥堵的成因相当复杂,它与城市规划、道路及停车设施建设、公共交通发展、交通管理、空间布局、居民生活方式及出行习惯等都有关系。在特大城市,交通拥堵常态化带来的效率损失比中小城市严重得多。因此,加强交通治堵是特大城市治理的重要内容。

特大城市居民收入水平较高,汽车进入家庭已较为普遍。由于历史原因,特大城市中心区规划建设基本没有预料到汽车会普遍进入家庭,道路狭窄,停车设施缺乏,改造难度很大。目前交通拥堵在许多特大城市已经常态化。许多特大城市为限制汽车使用采取限购、限行政策,尽管有一定的效果,但是并不能完全解决问题。可见,治理交通拥堵,并不能完全依赖行政手段,适当采取经济手段效果可能更好。

借鉴西方发达国家经验，用经济手段治理交通拥堵，在城市中心区划定拥堵区域征收拥堵费是可行办法。拥堵区域的划分和拥堵费的征收标准，可以根据各个城市实际情况确定，也可以根据情况变化进行调整。此外，特大城市在新区或新城建设中，应该坚持"产城融合"和"职住平衡"的理念，不搞单纯的大型居住区，也不搞功能单一的产业区，尽量减少交通出行量。还有，特大城市要实行公交优先政策，重视地铁轨道交通建设，开辟公交专道，鼓励居民低碳绿色出行。

7. 加大风险防范

特大城市建筑密布，人口密集，产业众多，是安全风险易发地区，也是安全风险防范的重点地区。特大城市的安全风险主要包括地质灾害、暴雨、暴风雪、火灾、建筑坍塌、地陷、群体事件、恐怖袭击、流行病爆发等。为此，特大城市要具备安全风险防范意识，率先打造"平安城市"，切实提高应对各种城市安全风险的治理能力。

当前特大城市安全风险防范存在的主要问题是：第一，居民安全风险防范意识不强，遇到安全风险不知怎样应对和处理；第二，城市建设讲求速度和效益，忽略了事前风险安全的评估，导致许多安全风险被人为隐藏起来；第三，许多城市追求土地开发收益，忽略应急避难所建设，导致大灾大难面前居民没有合适的安全场所；第四，专业化的救灾抢险队伍建设滞后，应对风险能力不足。

要有效地防范风险，特大城市首先应重视对居民的安全风险防范知识教育，使安全风险防范知识进课堂、进社区、进家庭、进单位、进企业；其次，在城市建设中，应重视安全风险评估，要有风险应对预案；再次，加强应急避难设施建设，夯实地方政府责任；最后，培养救灾抢险人才，组建专业化的救灾抢险队伍。

8. 完善多元治理

在特大城市，居民分层、分群现象十分明显，高中低不同收入人群有各自不同的利益诉求，原住民和外来常住人口的利益诉求也不相同。特大城市治理远比中小城市复杂得多，政府应当转变行政理念，引入公众参与机制，变"管控"思维为"治理"思维，不能搞"一言堂"，不能靠个别领导拍脑袋决

策，应当构建起一种公民全方位、多层次参与社会治理的决策制度。

为此，一要重视民情民意，重大决策出台前要进行民意调查；二要重视非政府组织参与，积极为非政府组织参与搭建平台，形成多中心治理结构；三要重视制度建设。公众参与不能流于表面形式，不能只进行结果公示，更要过程参与。人大代表名额分配要与居民构成相匹配。如果人大代表不能正常履行职责，居民有权通过正常程序对其进行罢免。

9. 提升治理能力

特大城市治理，必须要提升治理能力的现代化水平，必须进行体制机制变革，强化科技手段应用，为此需要各地积极探索，大胆创新，总结经验，走出一条符合中国国情的特大城市治理之路。

一是构建特大城市健康发展监控评价指标体系。要提升特大城市治理能力，必须对特大城市发展的健康程度有一个科学评估。为此，要构建特大城市健康发展监控评价指标体系，实时监控特大城市健康发展程度，避免发生"城市病"。既要发挥市场对资源配置的决定性作用，也要发挥政府的积极调控作用。当特大城市出现不健康发展状况时，政府应该采取强有力的手段进行必要的干预，直至不健康症状消失。当特大城市出现良好发展状况时，政府应该采取温和的手段进行适度干预或微调。当特大城市出现健康发展状况时，政府应该避免采取不必要的行政干预。

二是加强民主法治建设。特大城市提升治理能力现代化水平的必然途径是加强民主法治建设，也只有加强民主法治建设，才能真正实现善治。这里所说的民主法治建设，不是一般意义上的民主法治建设，而是必须符合特大城市特点，有助于实现可持续发展的民主法治建设，其特殊性主要体现在以下几个方面：一要建立民主决策制度。特大城市居民文化素质普遍较高，有参政议政的积极性。为此要广开言论，多渠道征集民意，慎重决策，切实做到人民当家做主。二要建立地方规制体系。特大城市有各自的特点，有各自的规划发展目标，应该允许其建立起基于各自特点的地方规制体系，而不能简单套用国家法律法规。三要完善政绩考评体系。特大城市治理体系复杂，科学评价政绩不是一件简单的事情。为此，要构建基于特大城市特点的政绩考评体系，科学评价特大城市政府绩效。

三是以现代化科技手段提升治理能力。特大城市提升治理能力现代化水平必须重视现代化科技手段应用，而不能简单依靠经验吃饭。为此，一要完善城市统计。特大城市治理日益复杂化，现有城市统计难以适应时代发展要求，许多体现城市健康发展的数据没有统计出来，而一些与政府职能转换不相关的统计数据历史地延续下来了。亟须根据特大城市治理特点，设计出一套全新的统计指标，建立起一个基于多部门决策共享的海量数据库，为城市决策提供科学数据。二要全面推广数字化城市管理。经过多年探索，中国已经形成了技术较为成熟的数字化城市管理信息系统，许多城市在实践中也取得了很好的应用效果。下一步，各特大城市应该全面推广数字化城市管理，发挥其全天候、无缝隙监控城市管理的优势。三要结合科技发展潮流，探索智慧城市建设路径。智慧城市是把新一代信息技术充分运用在城市的各行各业之中的基于知识社会下一代创新的城市信息化高级形态。智慧城市基于互联网、云计算等新一代信息技术，以及大数据、社交网络、Fab Lab、Living Lab、综合集成法等工具和方法的应用，营造有利于创新涌现的生态，实现全面透彻的感知、宽带泛在的互联、智能融合的应用及以用户创新、开放创新、大众创新、协同创新为特征的可持续创新。特大城市基于其信息化高度发达的优势，有望在中国率先建成智慧城市。

参考文献

McKenzie, B. and Rapino, M., "Commuting in the United States: 2009," *American Community Survey Reports* (U. S. Census Bureau, 2011)

Recsei, T. 6th Annual Demographia International Housing Affordability Survey [EB/OL]. 2010. http://www.demographia.com/dhi.pdf.

陈奇新、胡德平：《我国特大城市政府公共服务制度供给的模式构建》，《国家行政学院学报》2009年第3期。

程宇：《国外城市治理前沿聚焦：基于城市权力结构的研究》，《江汉学术》2013年第4期。

郭腾云：《中国特大城市要素效率及其提高潜力研究》，《资源科学》2010年第2期。

洪兴建：《基于分组数据的样本基尼系数范围估计》，《统计研究》2010年第2期。

胡德平:《能力政府:我国特大城市公共行政改革的模式选择——以上海为例》,《城市》2007年第2期。

李友梅:《国际特大城市社会治理的新趋势》,《中国社会科学报》2013年10月21日。

卢金慧、邱伟:《我国城市治理新思路——多中心治理》,《厦门特区党校学报》2013年第1期。

绿色和平组织:《全国74个城市2013年的$PM_{2.5}$平均浓度排名》,2014,http://www.greenpeace.org。

莫于川、雷振:《从城市管理走向城市治理——〈南京市城市治理条例〉的理念与制度创新》,《行政法学研究》2013年第3期。

牛文元主编《中国新型城市化报告(2012)》,科学出版社,2012。

劭传青、易立新:《重要基础设施脆弱性评价模型及其应用》,《中国安全科学学报》2008年第11期。

世界银行:《中国:90年代的扶贫战略》,高鸿宾等译,中国财经经济出版社,1993。

孙跃兰等:《中国城市内涝状况调研分析——基于武汉、上海、杭州、北京的调研》,《金田》2012年第8期。

陶希东:《公私合作伙伴:城市治理的新模式》,《城市发展研究》2005年第5期。

陶希东:《中国特大城市社会治理模式及机制重建策略》,《社会科学》2010年第11期。

王连伟:《城市可持续治理中的公民参与制度研究——西方的经验与启示》,《城市观察》2013年第6期。

王敏、马树才:《我国城镇居民收入的收敛性分析》,《辽宁大学学报》(自然科学版)2009年第3期。

王岩等:《城市脆弱性研究评述与展望》,《地理科学进展》2013年第5期。

魏波:《多主体多中心的社会治理与发展模式》,《社会科学》2009年第8期。

魏后凯、苏红键、李凤桃:《农民工市民化现状报告》,《中国经济周刊》2014年第9期。

魏后凯、苏红键:《中国农业转移人口市民化进程研究》,《中国人口科学》2013年第5期。

魏后凯、邬晓霞:《中国的反贫困政策:评价与展望》,《上海行政学院学报》2009年第2期。

魏后凯:《中国城镇化进程中的两极化倾向与规模格局重构》,《中国工业经济》2014年第3期。

魏后凯:《走中国特色的新型城镇化道路》,社会科学文献出版社,2014。

杨雄、陶希东:《我国特大城市社会稳定面临的挑战及对策思路》,《毛泽东邓小平理论研究》2007年第4期。

于翠平:《我国特大城市政府管理模式面临的问题与挑战》,《改革与开放》2005年第6期。

俞小红等：《城市脆弱性的表现及对策》，《湖南城市学院学报》2007年第5期。

袁竞峰等：《城市地铁网络系统运行脆弱性分析》，《中国安全科学学报》2012年第5期。

赵留彦、赵岩：《中国与国际住宅市场的估值比较》，《哈尔滨工业大学学报》（社会科学版）2013年第3期。

郑思齐、曹洋：《居住与就业空间关系的决定机理和影响因素——对北京市通勤时间和通勤流量的实证研究》，《城市发展研究》2009年第6期。

智联招聘、北京大学社会调查研究中心：《职场人平衡指数调研报告》，《中国经济信息》2012年第10期。

周军学、易立新：《网络重要基础设施脆弱性评价模型及其应用》，《中国安全科学学报》2010年第11期。

专 题 篇

Monographic Study

B.2
中国城市健康发展评价

单菁菁　武占云　耿亚男*

摘　要： 近年来，伴随着城镇化的快速推进，出现了一系列亟待解决的城市亚健康问题，建立一套系统的、科学的城市健康发展评价指标体系，对引导和推动中国城市健康发展具有重要的理论与现实意义。本研究基于"五位一体"总体布局思想，构建了城市健康发展评价指标体系，对全国287座地级及以上建制市的健康发展情况进行综合评价。评价结果显示：现阶段中国城市健康发展水平普遍较低，亚健康城市占比较高；城市健康发展的东强西弱格局显著，省域健康发展差距明显；大城市健康发展水平总体较高，但环境质量问题堪忧；相比经济发达城市，

---

* 单菁菁，博士，中国社会科学院城市发展与环境研究所研究员，主要研究方向为城市与区域发展战略、城市与区域规划、城市与区域管理等；武占云，博士，中国社会科学院城市发展与环境研究所助理研究员，主要研究方向为城市规划、城市与区域经济等；耿亚男，中国社会科学院研究生院城市发展与环境系硕士研究生，主要研究方向为城市与区域管理。

中等发达城市的健康发展表现出相对平衡的状态。中国城市健康发展的总体状况不容乐观，推动城市由亚健康向健康发展转型的任务艰巨。

关键词：

健康城市　健康发展指数　评价体系　亚健康

改革开放以来，伴随着工业化进程加速，中国城镇化进程快速推进。1978～2013年，城镇常住人口从1.7亿人增加到7.3亿人，城镇化率从17.9%提升到53.7%，已达世界平均水平，100万人以上的特大城市已达66座。然而，伴随着城市的规模扩张和粗放发展，出现了一系列亟待解决的城市化亚健康问题，如人口过度集聚、交通拥堵问题严重、公共安全事件频发、城市污水和垃圾处理能力不足、环境污染加剧、城市管理运行效率不高、公共服务供给能力不足等问题不断涌现并日益严重，城市的健康、可持续发展受到严重威胁。因此，在中国城镇化进程快速推进、各类城市病不断涌现、城市发展方式亟待转型的关键时期，建立一套系统、科学的城市健康发展评价指标体系，以测度、检查中国城市发展的健康水平和状况，提出中国城市由亚健康转向健康发展的新型模式，对推动中国城镇化积极稳妥地向健康方向发展具有重要的理论和现实意义。

一　城市健康发展的内涵与特征

（一）健康城市的起源

"健康城市"的理念是世界卫生组织（WHO）在20世纪80年代，基于城市快速发展而带来的一系列相关问题而提出的，旨在"以人为本"和"可持续发展"的目标下，引导城市朝着健康的方向发展。世界卫生组织将健康城市定义为"应该是由健康的人群、健康的环境和健康的社会有机结合发展的一个整体，应该能改善其环境，扩大其资源，使城市居民能相

互支持,以发挥最大潜能"。Colin(1997)等指出健康的城市生态系统不仅意味着自然环境和人工环境的健康和完整,也包括城市居住者的健康和社会健康。Hancock(2000)基于经济、环境和社会之间的相互关系,首次较全面、系统提出了健康城市的概念和框架,指出健康城市应具备6个条件,即环境的支持力足够支持人类及其他生物的生存、社会的凝聚力、足够的经济实力、生态可持续性及宜居的城市。国内有专家提出更通俗的理解,即健康城市是指从城市的规划、建设到管理各个方面都以人的健康为中心,保障广大市民健康的生活和工作,成为人类社会发展所必需的健康人群、健康环境和健康社会有机结合的发展整体(府采芹、韩卫,2004)。

世界卫生组织欧洲地区办公室于1986年设立了"健康城市项目",随后建立"欧洲健康城市网络"。"健康城市项目"致力于号召地方政府通过政治参与、制度变革、能力构建、协作规划及创新计划等多种方式来推动城市的健康发展。其关注的焦点主要是城市贫困造成的健康差异、弱势群体的需要、公众参与及其他影响健康的社会经济因素等方面。中国的健康城市计划始于1994年,卫生部与WHO合作,在北京市东城区、上海市嘉定区、海南省海口市、辽宁省大连市及河北省保定市等城市和地区进行了项目试点工作。2001年,苏州市提出建设健康城市的目标,成为中国第一个正式向世界卫生组织申报的城市。目前,包括北京、上海、长春、苏州、义乌等在内的多个城市均出台了健康城市行动计划,但这些健康城市的研究及健康行动计划的制订,多是从健康人群、健康服务、健康环境等层面关注健康城市的建设,而不是作为社会经济综合体的城市健康的全部特征。总体而言,相比国外较早开展健康城市的研究和建设,中国健康城市建设仍处于起步阶段。

(二)本研究界定

既有的关于城市健康发展的研究,大体可以分为两类:第一类是基于WHO关于"健康城市"的理念,制订具体城市的健康行动计划,重点在于推进健康城市的建设。但这些研究多是从健康人群、健康服务、健康环境等层面界定健康城市，而非涵盖作为社会经济综合体的城市健康的全部特征。第二类则从可持续发展、人居环境、资源转型等角度，系统探讨并建立衡量城市可持续发展、生态宜居等方面的指标体系，但这些指标体系与城市的健康发展仍有区别。例如，可持续发展指标主要是从城市长远利益出发提出的理想目标，更加关注城市未来的可持续发展能力，对城市现实问题（不健康发展）的关注较少；人居环境指标更加关注城市的居住和生态环境，对经济系统是否健康高效、社会系统是否和谐公平等关注的较少；资源转型发展更加关注经济发展绩效和资源环境的可持续性。

城市健康发展是一种全新的城市发展模式，追求的是城市生态系统、社会系统和经济系统的健康、协调、可持续发展。因此，健康城市的建设，必须立足基本国情，针对当前城镇化过程中存在的问题，以科学发展观为指导，坚持以人为本的发展理念，坚持"五位一体"总体布局思想，逐步形成经济高效、社会和谐、环境友好、文化繁荣和宜居安全的城市健康发展格局。整体而言，健康城市的基本特征是拥有健康经济、健康文化、健康社会、健康环境和健康管理。而城市健康发展指数（Urban Health Development Index，UHDI）是由上述五方面内容构成，是综合反映城市健康发展状态和发展水平的复合性指标。

健康经济：以低资源消耗、低环境负荷的方式实现经济高效运转是城市健康发展的基本前提。城市的健康发展，需要具有较高的人均经济发展水平和就业水平，以及高效的投资效率和生产效率，即通过较低的土地、资源、人力和能源投入而获取较高的经济发展成果，以保障经济系统健康、高效运转。

健康文化：健康文化是城市健康发展的重要支撑，深厚的文化底蕴和良好的人文环境是健康城市的核心品质。城市的健康发展，需要具有承载各类健康文化活动的公共文化设施，以及传播健康文化、理念的载体和渠道。

健康社会：社会和谐是城市健康发展的重要保障。城市的健康发展要以保障和改善民生为重点，建设覆盖城乡居民的社会保障体系，提高医疗、卫生、教育等保障能力和服务水平，建设完善的公共就业服务体系，并积极推进城乡一体化发展，从而实现全体国民共享发展成果。

健康环境：良好的生态环境质量和高效的资源利用是城市健康发展的

重要基础，也是实现健康城市的重要途径。提高水、土地等资源能源利用效率，加强生活污水、生活垃圾、工业固废等的集中处理和回收利用，减少各种污染物的排放并提高空气、水等环境质量，有助于获得更清洁健康的城市环境。

健康管理：良好的生活环境和公共安全是城市健康发展的重要条件。城市的健康发展，需要具有高效的城市管理及确保城市居民生命和财产安全的能力。

二 城市健康发展评价指标体系

城市健康发展评价指标的选择遵循以下四个原则：一是科学性原则。在理论研究基础上，所选指标要紧扣城市健康发展的内涵，选取最具本质特征和代表性强的指标因素，能反映城市健康发展的根本属性，体现城市健康发展的水平和特征。二是系统性原则。应以相对较少的层次和指标来较全面、系统地反映和评价城市健康发展的内容，所选择的指标既要相对独立又必须构成一个体系，应能涵盖城市健康发展的经济、社会、文化、生态和管理等本质特征。三是可操作性原则。所选取的指标有数据来源、能够获取，便于收集整理和可持续动态监测，同时尽可能采用国际通用或相对成熟的指标，易于理解和应用。四是导向性原则。指标因子的选取和指标体系的设置在城市建设发展实践中应能够起到积极的引导和导向作用。城市健康发展指数在城市建设和管理中，要起到引导城市由不健康或亚健康状态向经济高效、社会和谐、环境友好、文化繁荣和宜居安全的健康状态发展的作用。

基于城市健康发展的内涵与特征，结合国家"五位一体"的总体布局要求及各地健康城市建设的实践与发展路径，从健康经济、健康文化、健康社会、健康环境和健康管理等五个方面，构建城市健康发展评价指标体系，该体系共由5类一级指标、16类二级指标及32个三级指标组成（见表1）。

表 1　城市健康发展评价指标体系

系统层	指标层	变量层
A 健康经济	A1　发展水平	A1-1　人均可支配收入
		A1-2　人均地方财政一般预算内收入
	A2　消费水平	A2-1　恩格尔系数
	A3　投资效率	A3-1　固定资产投资效率
	A4　生产效率	A4-1　工业劳动生产率
		A4-2　地均 GDP
B 健康文化	B1　文化设施	B1-1　万人公共图书馆藏书
		B1-2　万人拥有剧场、影剧院数
		B1-3　网络普及率
	B2　文化支出	B2-1　文娱消费支出占总支出比重
C 健康社会	C1　生活水平	C1-1　人均消费性支出
		C1-2　房价收入比
		C1-3　人均住房使用面积
	C2　就业水平	C2-1　城市登记失业率
	C3　公共服务	C3-1　万人拥有医生数
		C3-2　万人拥有病床数
		C3-3　人均受教育年限
		C3-4　万人在校大学生数
		C3-5　R&D 经费占 GDP 比重
	C4　社会公正	C4-1　基尼系数
	C5　社会保障	C5-1　基本养老保险参保率
		C5-2　基本医疗保险参保率
D 健康环境	D1　环境质量	D1-1　空气质量（API）达到和优于二级天数
		D1-2　城镇生活污水集中处理率
		D1-3　工业废水排放达标率
	D2　生态绿地	D2-1　人均公共绿地面积
		D2-2　建成区绿化覆盖率
	D3　资源利用	D3-1　生活垃圾无害化处理率
		D3-2　工业固体废物综合利用率
E 健康管理	E1　公共安全	E1-1　意外事件发生率
		E1-2　刑事案件发生率
	E2　行政效率	E2-1　GDP/全年行政管理支出

三 中国城市健康发展格局与特征

根据城市健康发展评价指标体系（见表1），我们采用主观赋权和客观赋权相结合的方法，对2013年除拉萨市、三沙市[①]以外的287座地级及以上建制市[②]的健康发展情况进行了综合评价[③]，按照国家统计局的统计口径，将上述城市分为特大城市（含超大城市）、大城市、中等城市和小城市四组[④]，并进行分组评价和分项评价，具体结果如下（见附表1、附表2、附表3、附表4、附表5）。

（一）总体评价：城市健康发展水平普遍较低，亚健康城市占比较高

从全国城市发展的总体情况来看，相比于伦敦、纽约、巴黎、卢塞恩等一些发达国家的城市，我国城市的健康发展水平普遍偏低，城市内部发展不平衡现象较为突出，特别是健康经济、健康文化和健康社会指数远低于健康管理和健康环境指数，城市健康发展面临严峻挑战（见图1）。2013年度城市健康发展指数综合排名前10位的城市依次为：深圳、上海、北京、佛山、苏州、中山、杭州、珠海、无锡和南京，其中珠三角城市占4席，长三角城市占5席，京津冀城市占1席。在综合指数得分最高的城市中，综合排名第1位的深圳，健康经济、健康文化、健康社会和健康环境均位居前3位，而健康管理仅位居第19位，且在城市公共安全和管理效率等方面不甚理想；上海综合排名第2位，健康环境排名第47位；北京综合排名第3位，健康经济、健康文化和健康社会排名均位居前列，但健康环境排名仅为第206位，健康管理排名第85

[①] 拉萨市、三沙市目前缺少进行城市健康发展评价的系统数据。
[②] 本文研究范围仅限于中国大陆地区的城市，不包括港澳台地区的城市。
[③] 受数据可获得性的限制，基尼系数、工业废水排放达标率、房价收入比、刑事案件发生率等4项指标暂未纳入本次城市健康发展测评，"人均受教育年限"用"万人在校高中生数"替代。
[④] 根据国家统计局统计口径，以市区（不包括市辖县）的非农业人口总数对城市规模进行划分，200万人口以上的为超大城市，100万~200万人口的为特大城市，50万~100万人口的为大城市，20万~50万人口的为中等城市，20万以下人口的为小城市。

位。这表明我国健康发展指数综合排名靠前的城市同时存在明显的发展"短板",指标得分很不均衡。

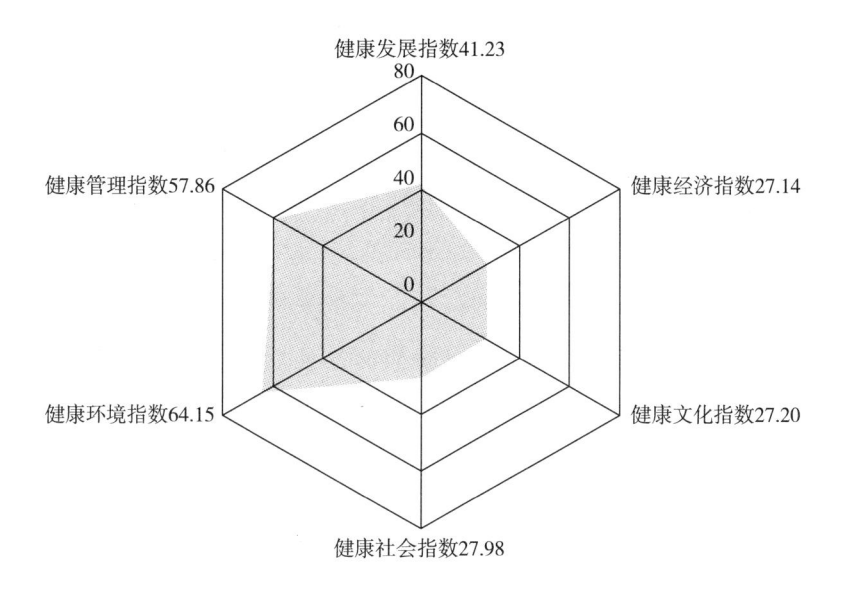

图 1 全国城市健康发展指数及各分项指数均值

为了进一步测度和检查中国城市发展的健康水平和状况,我们综合考虑五项指标得分及分布,按指标得分将城市划分为两类——健康城市和亚健康城市,划分结果如表 2 所示。其中,健康经济、健康文化、健康社会、健康环境和健康管理五项指数均高于所有城市中位数的城市为发展状态相对健康的城市,包括深圳、中山、佛山、上海、苏州、常州、无锡、东营、南京、长沙、珠海、扬州、杭州、沈阳、镇江、大连、南通、烟台、惠州、克拉玛依、湘潭、威海和南昌等 23 个城市,而综合排名位居第 3 位的北京,由于健康环境指数排名靠后(位居全国第 206 位),未进入健康城市行列。在健康经济、健康文化、健康社会、健康环境和健康管理五项指标中如果有一项或一项以上低于该项指数的中位数,则表明该城市发展存在明显的"短板",处于亚健康状态。总体来看,当前全国 287 个地级市中处于健康发展状态的不足 1/10,包括北京、天津等在内的近九成城市处于亚健康发展状态。

表2 健康城市类型划分

城市类型	划分标准	代表城市
健康城市	五项指数均高于全国城市各类指数的中位数,综合指数排名靠前	深圳、中山、佛山、上海、苏州、常州、无锡、东营、南京、长沙、珠海、扬州、杭州、沈阳、镇江、大连、南通、烟台、惠州、克拉玛依、湘潭、威海和南昌等23个城市
亚健康城市	五项指数中有一项或一项以上低于该项指数的中位数,存在明显的发展"短板"	北京、天津、鄂尔多斯等264个城市

（二）空间格局：东强西弱格局显著，省际健康发展差距明显

从区域角度观察，在城市健康发展指数综合排名前50位的城市中，位于东部地区的城市有32座，占总数的64%，位于中、西部地区和东北地区的城市分别有6座、8座和4座，占总数的36%。其中，深圳位居东部地区健康城市首位，长沙位居中部地区健康城市首位，鄂尔多斯位居西部地区健康城市首位，大连位居东北地区健康城市首位（见图2）。总体而言，2013年，中国城市健康发展存在严重的空间不平衡现象，东强西弱格局显著。东部地区的城市在健康发展水平上表现最佳，综合指数为45.54；其次是中部地区和东北地区，综合指数分别为40.29和39.52，而西部地区居于末位，综合指数为38.38（见表3）。四大区域在各分项指标上也基本遵循这一规律，其中东北地区的城市在文化建设和生态环境建设方面较为滞后，中部地区在城市管理方面还有待改善，西部地区的社会和民生问题是其最突出的"短板"，东部地区的城市虽然整体发展水平较高，但结构性不平衡现象依然突出，面临加强文化建设和经济转型升级的艰巨任务。从省域角度观察[①]，城市健康发展指数综合排名前5位的省市自治区依次为：上海、北京、天津、新疆和浙江（见图3）。各省市自治区城市健康发展水平差距较大，综合指数排名第1位的上海与排名末位的青海省之间的健康指数差距高达27。

---

① 因数据缺乏，本文的省域评价不包括西藏自治区。

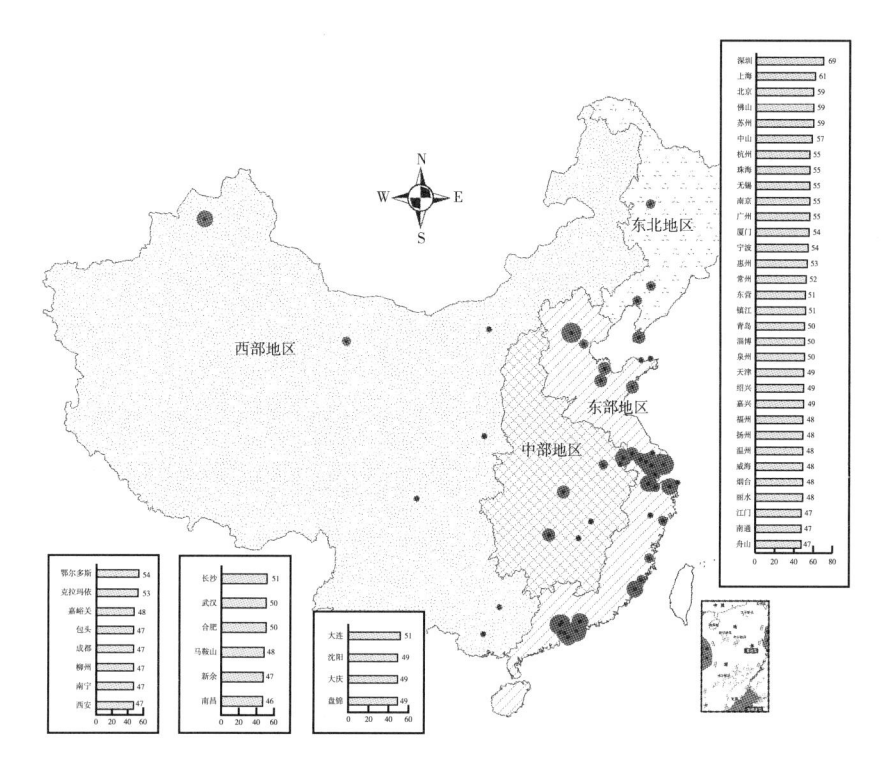

图2 2013年城市健康发展指数综合排名前50位的城市

表3 四大区域城市健康发展指数比较

指数 地区	健康经济	健康文化	健康社会	健康环境	健康管理	城市健康 发展指数	综合排名
东部地区	31.16	31.38	36.77	66.69	58.46	45.54	1
东北地区	25.25	23.98	26.63	60.92	59.86	39.52	3
中部地区	25.52	27.31	25.64	64.86	56.45	40.29	2
西部地区	25.34	24.34	21.79	62.20	57.79	38.38	4

为进一步分析城市健康发展的空间格局，我们采用空间自相关指数对城市健康发展指数和5项分指数进行探索性空间结构分析，分析结果如表4所示。Moran's I测度考察变量空间取值的相关性，其取值范围为[-1，+1]。若数值大于0，则说明各城市间的相互作用是空间正相关，值越大表示空间相关性越强；若数值小于0则为负相关。由表4可知，城市健康发展指数的

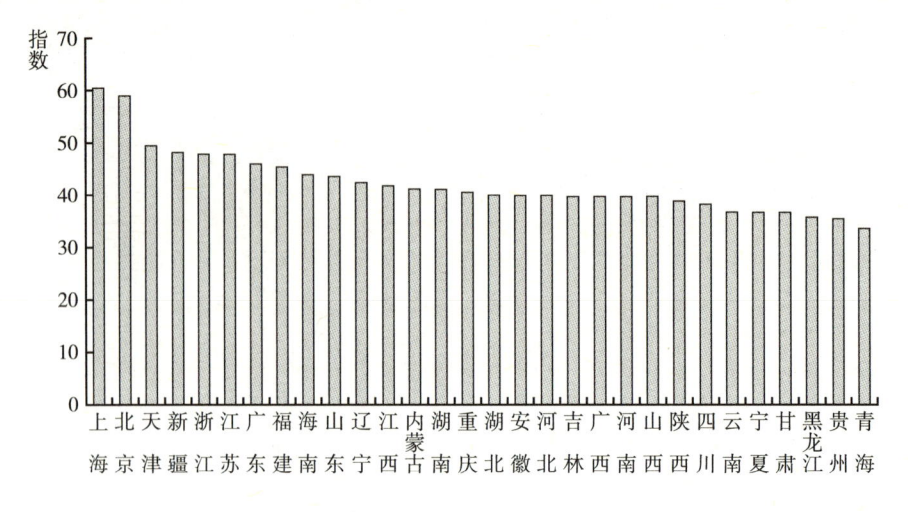

图3 省域城市健康发展指数比较

Moran's I 为0.2133，且高度显著，表明中国城市健康发展水平在地域空间上表现出强烈的正相关，即健康发展水平较高的城市在地域空间上呈现聚集状态或集群状态，说明城市之间存在明显的学习效应、协同效应和网络效应，城市的健康发展将会带动和促进区域的健康发展。在5项分指数中，健康环境和健康管理的 Moran's I 值相对较大，表明城市管理和生态环境建设的空间相关性更高，更需要跨区域的协作与治理。2014年中国新修订的《环境保护法》就增加了如下规定："建立跨行政区域的重点区域、流域环境污染和生态破坏联合防治协调机制，实行统一规划、统一标准、统一检测、统一的防治措施。"根据《国家新型城镇化规划（2014—2020年）》，发展城市群已经成为重要的国家战略，是"支撑全国经济增长、促进区域协调发展、参与国际竞争合作的重要平台"，而城市群的健康发展离不开区域协同与合作。以京津冀为例，当前京津冀地区的城市发展普遍面临着环境问题的严重困扰。根据绿色和平组织发布的中国74个城市2013年的 $PM_{2.5}$ 年均浓度排名，年均浓度最高的20座城市中，有10座位于京津冀地区，而大气环境的改善不仅需要城市自身的努力，还需要跨地区的共同治理与保护。为此，2013年环保部、发改委等多部门联合发布了《京津冀及周边地区落实大气污染防治行动计划实施细则》等一系列文件,《京津冀地区生态环境保护整体方案》也即将出台,旨在进一步推动区域性的环境保护和污染防治联合行动,并建立跨行政区的联动协调机制。

表4 城市健康发展指数及各分项指数的空间相关分析

类别	Moran's I	Z – Score	P – value
健康发展指数	0.2133	15.0514	0.0000
健康经济指数	0.2067	14.5995	0.0000
健康文化指数	0.1989	14.0616	0.0000
健康社会指数	0.2038	14.4148	0.0000
健康环境指数	0.2154	15.1961	0.0000
健康管理指数	0.2191	15.4540	0.0000

注：表中指数根据 Arcgis 10.0 计算。

（三）规模特征：大城市总体占优，但环境质量不容乐观

从城市分组评价结果来看，2013 年中国城市健康发展表现出较为明显的规模特征，特大城市组的健康发展指数为 46.34，大城市组为 40.84，中等城市组为 39.22，小城市组为 36.67。从现有阶段来看，大城市的健康发展指数依然相对较高（见表5）。从各项指标来看，由于特大城市规模效应和集聚经济优势，其经济效益突出，发展基础较好。同时，由于有雄厚的物质基础做支撑，其文化建设和社会建设也往往走在全国前列，但很多大城市的环境质量不容乐观。以人口规模超过 300 万的 16 座特大城市为例，除深圳、上海和青岛3 座城市的健康环境指数分别位居全国第 2 位、第 47 位和第 39 位外，其他 13 座城市的健康环境指数排名全都靠后。从健康环境指数的具体构成来看（见表1），特大城市的资源利用效率虽然普遍较高，但人均公共绿地面积和建成区绿化覆盖率仍然较低，尤其是空气质量问题令人担忧。根据绿色和平组织发布的全国 74 个城市 2013 年的 $PM_{2.5}$ 年均浓度排名，$PM_{2.5}$ 年均浓度最高的前 20 座城市中有 15 个特大城市。

表5　不同规模城市的健康发展指数比较

类别	健康发展指数	健康经济	健康文化	健康社会	健康环境	健康管理
特大城市	46.34	32.52	32.55	38.10	64.55	61.95
大城市	40.84	26.27	26.50	28.17	64.37	57.57
中等城市	39.22	25.55	25.30	23.33	64.19	56.20
小城市	36.67	22.30	23.27	19.49	62.44	54.91

（四）指数结构：中等发达城市表现出相对平衡的发展状态

从五个分项指数来看，健康经济、健康文化和健康社会三项指数的平均分值都相对较低，表明中国城市无论是在经济发展质量，还是在城市的文化建设和社会建设方面均存在较大的提升空间。从287个地级市的指数值分布看，健康社会指数的差异最大，指数值最高北京的值是指数值最低绥化值的12倍，反映出中国城市之间的基本公共服务水平和质量差异非常显著，推进基本公共服务均等化的任务艰巨。从健康环境指数来看，75%的城市指数值集中在60~85，表明中国城市在健康环境建设方面虽然存在着一定程度的空间差异，但差异程度远小于社会建设。各城市间差异程度最小的是健康管理指数，相对而言，中国各地城市在管理方面呈现出一定程度的趋同性（见图4）。

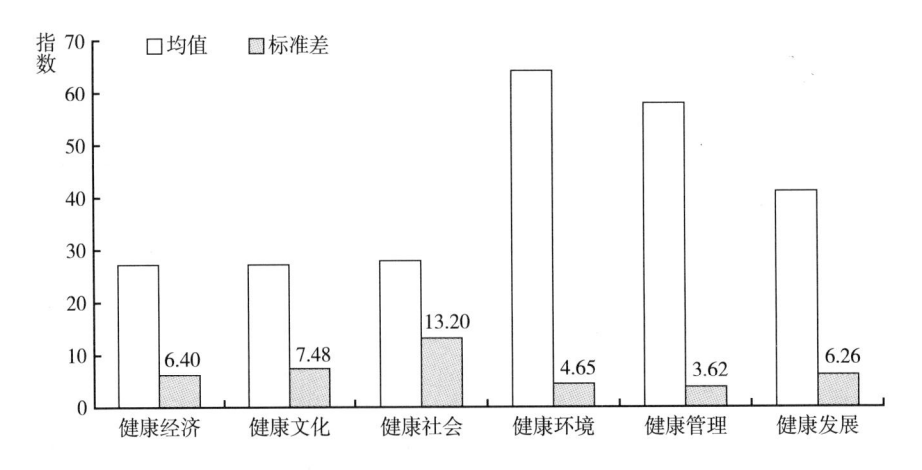

图4　中国城市健康发展指数离散度比较

从城市经济发达程度来看，在中国 287 个地级市中，有 12% 的城市（33 座）人均 GDP 超过 7.95 万元，根据世界银行 2013 年最新标准①，已经达到高收入国家水平，这些高收入城市在经济效率、文化建设、社会建设、生态环境和城市管理等各个方面的表现均优于收入水平相对较低的其他城市，尤其是在社会建设方面，高收入城市的健康社会指数分别高于中等偏上收入、中等偏下收入城市 16.68 和 26.63（见表 6）。这一方面表明，经济建设是城市发展的基础，经济发达的城市将会有更强的能力去改善其民生与社会建设；另一方面也表明，通过近年来的努力，中国城市内部经济与社会发展不平衡现象正在逐步得到改善。此外，近 2/3 的城市人均 GDP 为 2.57 万元～7.95 万元（4085～12616 美元），相当于中等收入国家水平，与高收入和低收入城市相比较，中等收入城市的健康经济、健康文化和健康社会三项指标较为平衡，健康环境和健康管理与高收入城市的差别也不大，整体上呈现较为健康发展的状态。对于中等收入偏下城市（人均 GDP 低于 2.57 万元），社会建设仍是城市健康发展的最大"短板"，需要中央政府加大财政转移支付的力度，把更多的财力和物力投向经济欠发达地区的基础教育、医疗卫生、社会保险、住房保障、就业服务等领域，缩小地区之间、城市之间基本公共服务水平的差距，促进资源均衡配置、发展机会均等，保障人的健康、全面发展，这也是健康城市建设的根本出发点和落脚点。

表 6　城市人均 GDP 与城市健康发展水平

人均 GDP（元）	城市数量（座）	城市健康发展指数	健康经济指数	健康文化指数	健康社会指数	健康环境指数	健康管理指数
7.95 万以上	33	51.60	38.23	38.17	45.34	69.78	62.99
2.57 万～7.95 万	177	41.44	27.20	27.21	28.66	64.26	57.97
2.57 万以下	77	36.16	22.13	22.36	18.71	61.60	55.37

① 根据世界银行 2013 年新标准，人均 GDP 低于 1035 美元为低收入国家；人均 GDP 为 1035～4085 美元为中等偏下收入国家；人均 GDP 为 4085～12616 美元为中等偏上收入国家；人均 GDP 不低于 12616 美元为高收入国家。

四 城市发展典型案例分析

（一）北京：UHDI综合排名第三，环境质量是发展"短板"

2013年，中国人均GDP达6767美元，按照世界银行的标准，中国已经进入中等收入国家行列，包括北京、上海、天津等在内的30多座城市则进入了高收入社会的发达城市行列。考虑到中国处于中等收入阶段的现实情况和发展需求，城市发展的重心将由单纯注重经济增长转向更加重视提升发展质量，加强社会民生和生态环境领域的建设成为社会各界的共识。因此，在城市健康发展评价指标体系中，利用德尔菲法，同时结合各类指标的具体构成，我们赋予了健康环境指标、健康社会指标比健康经济指标更高的权重。

2013年北京市人均GDP达93213元，折合15052美元，达到世界银行公布的高收入社会标准。三次产业结构为0.8∶22.3∶76.9，其中，高技术产业、文化创意产业、生产性服务业增加值分别比上年增长7%、9.1%和10.4%，产业结构进一步优化，产业层次提升。城镇居民人均可支配收入和农村居民人均纯收入分别达40321元和18337元，文化、教育、医疗、卫生等各项社会文化建设指标均处于全国最高水平。全年研发经费（R&D）达1200.7亿元，相当于地区生产总值的6.2%，专利申请量与授权量分别达12.3万件和6.3万件，科技支撑力量高居全国之首。

北京由于在经济效益、公共服务、社会保障、文化建设和科技创新等方面具有突出的领先优势，2013年在中国城市健康发展指数综合排名中位居全国第3位。与此同时，北京的城市发展也面临着严重的环境瓶颈，人均公共绿地面积和建成区绿化覆盖率较低，空气质量问题严重。根据北京市环保局公布的城市空气质量监测报告，2013年北京空气质量优良的天数为176天，仅占全年的48.2%，重污染累计58天，占15.9%；$PM_{2.5}$年均浓度为89.5 μg/m³，全年$PM_{2.5}$达标率仅为55.9%，健康环境排名仅居全国第206位。环境问题成为城市发展的最大"短板"。

综观世界各国的发展历程，纽约、伦敦、东京等国际大都市在发展过程中也都经历过城市快速扩张、人口和经济活动过于集中所导致的交通拥堵、环境污染等城市亚健康问题，但通过有效的治理和环境建设，这些城市的生态环境重新恢复了优美清洁，发展质量也得到了本质性的提升。因此，我们既不能因为"健康环境"一项指标而对北京在经济、社会、文化等方面的发展成就予以全盘否定，但也不能再走这种"先污染后治理"的老路。必须充分发挥后发优势。一方面，继续强化北京的核心功能，加快非核心功能的疏解，促进产业结构优化升级；另一方面，不断深化与津冀地区的产业联系和合作，在区域范围内优化配置资源，共同加强区域环境治理与保护，走绿色、低碳、高效的健康发展之路。

（二）鄂尔多斯：UHDI综合排名居西部之首，转型发展初见成效

鄂尔多斯作为矿产资源型城市，近年来，在发展经济的同时十分重视生态环境建设，健康发展指数综合排名位居西部地区城市首位，是近年来我国西部地区资源型城市转型发展的一个典型。

在产业转型方面，近年来鄂尔多斯大力调整优化产业结构，加快淘汰落后产能和重污染企业，已经形成了以煤炭为主导，以化工、电力、燃气、冶金、装备制造和电子信息等产业为重点的多元发展、多极支撑的现代产业体系；2013年，非煤产业固定资产投资占工业部门投资总量的75%，第三产业完成增加值1489.07亿元，对经济增长的贡献率达45.3%，拉动GDP增长4.4个百分点。在社会民生方面，2013年鄂尔多斯投入各项民生及社会事业的资金占财政总支出的55%；城镇居民人均消费性支出27488元，仅次于广州市位居全国第2位；农牧民人均生活消费支出11492元，同比增长10.6%。在环境建设方面，2013年，鄂尔多斯完成造林面积2198千公顷，退耕还林面积13.29千公顷，退牧还草面积246.67千公顷，单位GDP能耗同比下降3.45%；空气质量优良天数达93%，城镇生活污水集中处理率达99.5%，建成区绿化覆盖率为63.7%，生活垃圾无害化处理率达93.7%，工业固体废弃物综合利用率为86.5%，健康环境指数位居全国前列。

但相比经济建设、民生建设和环境保护，目前鄂尔多斯市在文化建设和城市管理方面还存在着明显的"短板"，文化基础设施建设相对滞后，科技支撑能力相对不足，城市管理水平和运行效率也有待进一步提升。

五 促进城市健康发展的对策建议

总体而言,现阶段中国城市健康发展水平普遍较低,亚健康城市占比较高,东强西弱格局显著,省域健康发展差距明显,大城市环境质量问题突出,城市健康发展的整体状况不容乐观,推动城市由亚健康向健康转型的任务艰巨。为此,本报告特提出以下建议。

(一)健全制度体系,形成城市健康发展的长效机制

当前中国城市健康发展水平普遍偏低,健康城市的建设还处于初级阶段,亟须推动全面创新、完善制度体系,强化城市健康发展能力,形成城市健康发展的长效机制。首先,积极推进教育、就业、医疗卫生、社会保障等领域的改革创新,加快推动基本公共服务均等化,让城市发展成果更多更公平地惠及全体人民;其次,建立健康城市动态评估监测机制,突破原有的卫生层面、环境层面的理解和绩效评定,加大对资源消耗、生态效益、公共安全、劳动就业、居民收入、社会保障、人民健康状况等方面的评估监测,并将之与地方官员的政绩考核挂钩;最后,建立健康城市建设的公众参与机制,推动包括政府机构、企业、各类社会组织和社会公众共同参与的健康城市建设,以便有效解决涉及多重领域的健康城市建设问题。通过健全体制机制,推动健康城市从项目式创建走向常态长效管理、从运动式创建走向城市建设轨道,确保健康城市的可持续发展。

(二)发展循环经济,构筑城市健康发展的牢固基石

经济建设是城市发展的基础,以低资源消耗、低环境负荷的方式实现经济高效运转是城市健康发展的基本前提。因此,应积极发展循环经济,促进资源的高效利用和循环利用,以更少的资源使用和更小的环境影响实现更高质量的经济发展。具体而言,一是加快构建循环经济产业体系,包括生态工业循环体系、生态农业循环体系、旅游和循环经济服务产业体系等,推动清洁生产、绿色生产、低碳生产;二是构建清洁能源和资源回收利用体系,重点包括大力发展各种清洁能源和可再生能源,优化中国以化石能源为主的能源结构;加强废水、固体废弃

物回收、处理、利用的基础设施建设，推动水和固体废弃物的循环利用；三是构建循环型消费体系，制定合理的绿色消费政策，培育环境友好的商品与服务体系，用规章制度和市场杠杆引导绿色生产、绿色消费，营造绿色生活、绿色消费的环境。通过转变资源利用、生产和消费模式，逐步从高能耗、高污染、低效率的传统粗放式发展模式过渡到可持续、能循环、高效率的绿色发展模式。

（三）加强空间管控，坚守城市健康发展的生态底线

城市健康发展的核心是以人为本，一个健康的城市必须能够为居民提供质量洁净、安全的自然环境。但随着城镇化进程的快速推进，城市规模不断扩大，城市边界不断突破，城市居民在享受城镇化发展成果的同时，日益受到交通堵塞、空气污染、公共安全频发等城市病问题的困扰。因此，为确保城市的健康发展，应严格划定城市增长边界，防止城市无序扩展，对城市开发规模和节奏进行弹性管制；坚守城市健康发展的生态底线，明确基本农田、绿地、林地和湿地等生态资源的总量和布局，加强空间管控，形成生产、生活、生态空间的合理结构，保障城市健康、可持续发展。

参考文献

Colin McMullitan. Indicators of Urban Ecosystems Health ［C/OL］. Ottawa：International Development Research Centre（IDRC），1997. http：//www.idrc.ca/ecohealth/indicators.html.

Hancock. *Urban Ecosystem and Human Health*：*A Paper Prepared for the Seminar on CIID - IDRC and Urban Development in Latin America*（Montebideo，Uruguay，April 6 - 7，2000），http：//www.idrc.ca/locro/docs/conferencias/hancock.html.

府采芹、韩卫主编《苏州市建设健康城市指导手册》，古吴轩出版社，2004。

刘学科、孙伟平、胡文臻：《中国生态城市建设发展报告（2014）》，社会科学文献出版社，2014。

江捍平主编《健康与城市：城市现代化的新思维》，中国社会科学出版社，2010。

汪阳红、卢伟：《优化城市群生产生活生态空间结构的总体思路》，《中国发展观察》2014年第1期。

周向红、诸大建：《现阶段我国健康城市建设的战略思考和路径设计》，《上海城市规划》2006年第6期。

附件

城市健康发展指数评价方法

本文通过对 2012~2013 年中国城市发展回顾与分析，综合考察并评价了当前中国城市健康发展状态和发展水平，评价对象是中国大陆地区经国务院批准设置的除拉萨市、三沙市以外的 287 座地级及以上城市。

一 数据来源

本文城市健康发展评价所采用的数据主要来源于：2012 年、2013 年《中国统计年鉴》、《中国城市建设统计年鉴》、《中国城市统计年鉴》、《中国城市（镇）生活与价格年鉴》、各省市"统计年鉴"、各城市"国民经济与社会发展统计公报"、各省及各城市"环境质量公告"、各城市官方网站数据等。

二 数据处理

（一）数据的标准化

城市健康发展评价包括经济、社会、环境等诸多方面，涉及大量不同性质的指标和数据，具有不同的量纲和数量级，往往无法直接进行加总和比较，需要对所有数据进行标准化处理，包括所有指标数据的无量纲化处理和逆指标的同趋化处理等。本文采用指数化法对各类指标数据进行标准化处理。具体方法如下。

1. 正指标的标准化

$$Y_n = \frac{y_n - \min_{1 \leq n \leq p}(y_n)}{\max_{1 \leq n \leq p}(y_n) - \min_{1 \leq n \leq p}(y_n)}$$

2. 逆指标的标准化

$$Y_n = \frac{\max_{1 \leq n \leq p}(y_n) - y_n}{\max_{1 \leq n \leq p}(y_n) - \min_{1 \leq n \leq p}(y_n)}$$

公式中，Y_n 为 n 指标的标准化值；y_n 为某城市 n 指标的原始值；$\max(y_n)$ 为各城市 n 指标的最大样本值；$\min(y_n)$ 为各城市 n 指标的最小样本值。

（二）缺失数据的弥补

由于资料获取的原因，个别城市的部分指标可能出现数据缺失。在这种情况下，我们一般利用该城市该项指标的历史数据进行回归分析并通过趋势预测填补该缺失数据，具体公式如下。

$$x_t = \partial_0 + \partial_1 y_t + \varepsilon$$

公式中，x_t 表示该城市该项指标在预测目标年（即数据缺失的年份）的数值；∂_0 表示回归常数；∂_1 表示回归参数；ε 表示随即误差；y_t 表示第 t 期自变量的值。

在指标数据和该项指标历史数据均缺失的情况下，则采用该城市所属省份的所有城市该项指标的均值替代。

$$\bar{x} = \frac{\sum_{i=1}^{n} x_i}{n} \quad i = (1,2\cdots n)$$

公式中，$\bar{x}$ 表示该城市所属省份所有城市在该指标项（即缺失指标项）上的均值；x_i 表示该省份第 i 城市的该项指标值；n 代表该省份地级以上的城市数量。

三 评价方法

德尔菲法是进行多指标综合评价最常用的方法，主要通过集成专家的知识积累和经验，对各项指标进行赋权。而因子分析法则是利用各指标因子之间的相关性，将其转化为少数几个公因子，再以各个公因子的方差贡献率确定其指

标权重，进行客观赋权。本文将两种方法结合起来，先通过德尔菲法初步确定指标权重，再利用因子分析进行检验和校正，对城市健康发展指数进行综合评价，具体如下。

（一）利用德尔菲法进行指标赋权

根据城市健康发展评价所涉及的知识领域，组织不同专业背景的专家进行小组讨论和专家赋权，在多次反馈和对专家意见进行汇总后，逐级确定各项指标的权重，对城市健康发展指数进行预评价和预测算。

（二）利用因子分析进行检验校正

1. 建立因子分析模型

$$\begin{cases} x_1 = a_{11}F_1 + a_{12}F_2 + \cdots + a_{1m}F_m + a_1\varepsilon_1 \\ x_2 = a_{21}F_1 + a_{22}F_2 + \cdots + a_{2m}F_m + a_2\varepsilon_2 \\ \cdots \\ x_n = a_{n1}F_1 + a_{n2}F_2 + \cdots + a_{nm}F_m + a_n\varepsilon_n \end{cases} \quad (1)$$

其中 x_1、$x_2 \cdots$、x_n 为 n 个原变量，F_1、$F_2 \cdots F_M$ 为 m 个因子变量，$m<n$。

2. 进行矩阵转换

$$X_i = HE_j + \varepsilon_i = \sum_{j=1}^{n} h_{ij}e_j + \varepsilon_i \quad (1 \leq i \leq p, 1 \leq j \leq m) \quad (2)$$

其中：H 为因子载荷阵，E_j 为公因子，h_{ij} 为因子载荷，ε_i 为残差。

3. 求解公因子

利用上述模型，使用 SPSS 软件进行因子分析，采用最大方差正交旋转法（Varima）求解公因子，计算各因子的变量得分和综合得分，并对其显著性水平进行测度。

（三）进行 UHDI 指数的综合评价

对因子分析法和德尔菲法的预测算结果进行比较研究及专家讨论，重新校正和调整城市健康发展评价指标体系的指标因子及其权重分布，建立综合评价模型，在分别计算得出健康经济指数、健康文化指数、健康社会指数、健康环境指数、健康管理指数的基础上，综合计算和形成城市健康发展指数（UHDI）。

$$I_h = \sum_{j=m}^{i=n} \lambda_i \lambda_{ij} Z_{ij} \tag{1}$$

$$UHDI = \sum_{h=1}^{5} A_h I_h \tag{2}$$

其中：$I_{h(h=1,2,3,4,5)}$ 分别为健康经济指数、健康文化指数、健康社会指数、健康环境指数和健康管理指数，λ_i 为 i 项指标的权重，λ_{ij} 为 i 项指标下的第 j 因子变量的权重，Z_{ij} 为 i 项指标下的第 j 因子变量的标准化值，m 为各指标所包含的因子数量，n 为各指数所包含的指标数量，UHDI 为城市健康发展指数，$I_{h(h=1,2,3,4,5)}$ 为各分项指数，$A_{h(h=1,2,3,4,5)}$ 为各分项指数的权重。具体评价结果请见附表1～5。

附表1 中国城市健康发展评价

城市	城市健康发展指数	排名	健康经济	健康文化	健康社会	健康环境	健康管理
深圳市	69.27	1	58.70	63.82	65.63	86.22	66.64
上海市	60.75	2	46.39	46.72	68.83	71.90	61.87
北京市	59.11	3	45.39	51.25	73.27	60.22	59.79
佛山市	58.90	4	46.64	36.76	57.67	68.86	82.80
苏州市	58.73	5	56.52	50.09	53.74	71.87	56.74
中山市	57.40	6	48.97	27.63	58.93	70.68	73.76
杭州市	55.31	7	34.65	40.87	61.29	70.27	62.38
珠海市	55.30	8	34.82	33.12	57.52	77.61	63.89
无锡市	54.90	9	39.26	41.49	50.97	73.66	64.43
南京市	54.63	10	38.16	52.79	44.13	70.61	69.31
广州市	54.51	11	41.37	50.53	56.01	43.83	68.95
厦门市	54.36	12	40.53	32.08	55.45	76.74	55.98
宁波市	54.12	13	41.49	42.99	56.89	69.92	51.13
鄂尔多斯市	53.86	14	44.02	28.52	43.50	86.51	55.20
惠州市	53.45	15	32.93	35.00	53.51	74.60	63.91
克拉玛依市	53.16	16	31.63	36.10	46.51	76.90	70.43
常州市	51.97	17	40.96	41.24	42.07	71.26	61.69

续表

城市	城市健康发展指数	排名	健康经济	健康文化	健康社会	健康环境	健康管理
大连市	51.35	18	33.77	35.32	48.00	71.91	62.13
东营市	51.17	19	39.17	32.58	38.73	74.09	68.32
长沙市	51.13	20	35.90	37.36	44.99	68.93	65.79
镇江市	50.63	21	34.04	43.79	39.15	72.72	61.90
青岛市	50.49	22	41.58	25.92	42.93	72.50	62.85
淄博市	50.48	23	39.52	38.51	34.16	71.37	69.46
武汉市	50.30	24	33.25	37.21	49.35	64.90	63.39
泉州市	49.54	25	31.84	32.38	44.66	73.83	57.94
合肥市	49.51	26	31.33	38.37	45.58	69.72	57.74
天津市	49.31	27	37.80	27.62	51.13	63.31	60.00
沈阳市	49.26	28	34.36	32.19	41.48	68.97	66.28
大庆市	49.19	29	34.54	30.02	28.25	64.04	98.03
盘锦市	49.03	30	37.67	30.37	37.93	74.76	58.44
绍兴市	48.82	31	34.45	38.24	45.14	71.57	46.79
嘉兴市	48.53	32	34.83	37.45	40.98	72.68	50.17
福州市	48.49	33	31.00	31.13	47.57	68.50	57.34
嘉峪关市	48.39	34	29.88	51.53	27.14	62.02	82.66
扬州市	48.36	35	34.70	42.81	31.65	68.82	65.86
温州市	48.25	36	32.18	37.58	45.89	66.63	53.62
威海市	47.91	37	29.88	28.35	38.78	77.11	58.07
马鞍山市	47.83	38	33.60	44.64	32.72	73.20	52.92
烟台市	47.71	39	33.12	28.73	38.87	70.02	63.67
丽水市	47.59	40	32.32	33.27	39.16	72.93	54.11
江门市	47.47	41	26.13	32.32	43.81	74.69	51.83
包头市	47.37	42	38.52	32.81	41.92	58.86	63.65
成都市	47.32	43	32.24	29.28	44.44	63.59	63.18
柳州市	47.20	44	26.46	28.12	37.46	72.70	67.67
南通市	47.16	45	33.27	39.22	34.12	69.35	58.34
舟山市	47.03	46	35.99	31.58	35.05	71.88	55.75
新余市	46.99	47	25.98	36.58	27.60	78.01	66.00
南宁市	46.85	48	25.49	38.02	29.63	75.73	64.75
西安市	46.78	49	31.60	33.54	40.71	64.14	61.44
南昌市	46.24	50	29.11	28.53	37.36	66.98	66.99
长春市	46.22	51	31.91	34.94	35.25	64.17	64.95
泰州市	46.10	52	33.74	37.86	32.90	68.82	54.95

续表

城市	城市健康发展指数	排名	健康经济	健康文化	健康社会	健康环境	健康管理
太原市	45.91	53	28.28	36.03	38.08	60.26	68.46
晋城市	45.58	54	31.35	27.16	39.12	71.20	51.04
三明市	45.42	55	26.37	34.62	38.97	69.40	52.39
桂林市	45.34	56	21.46	41.34	37.57	66.97	58.06
株洲市	45.33	57	28.92	24.11	37.09	71.37	58.77
济南市	45.32	58	36.16	34.72	41.37	49.99	66.97
景德镇市	45.21	59	24.18	23.95	31.70	79.36	60.13
岳阳市	45.20	60	33.21	30.06	27.80	72.43	59.95
三亚市	45.19	61	23.45	32.50	37.90	70.01	57.65
龙岩市	45.17	62	28.52	30.07	34.09	72.21	55.84
湘潭市	45.15	63	29.93	31.75	29.90	69.65	63.45
许昌市	45.09	64	26.31	32.23	35.66	69.60	57.84
十堰市	44.99	65	23.37	35.63	28.41	75.26	60.34
衢州市	44.99	66	26.85	31.79	37.06	71.23	51.82
台州市	44.58	67	33.49	31.87	31.30	71.50	49.32
锦州市	44.52	68	29.38	29.20	38.86	64.17	56.72
莱芜市	44.47	69	27.96	22.53	30.57	69.78	69.42
芜湖市	44.46	70	26.42	29.13	30.86	72.87	59.13
北海市	44.39	71	40.53	14.18	30.06	67.61	64.96
金华市	44.35	72	34.46	29.61	34.72	67.73	49.36
呼和浩特市	44.26	73	35.93	32.55	32.52	58.51	62.91
昆明市	44.23	74	28.52	27.28	35.19	70.76	52.99
东莞市	44.22	75	53.83	36.99	51.28	42.57	29.59
萍乡市	44.16	76	27.48	24.14	29.14	74.23	61.31
日照市	44.12	77	29.96	21.94	26.64	72.11	67.70
铁岭市	44.09	78	30.57	40.63	23.11	70.74	56.16
朔州市	44.01	79	40.10	33.87	21.82	65.57	60.45
肇庆市	44.01	80	25.60	25.43	38.77	67.47	56.80
黄石市	43.95	81	21.07	33.28	34.03	67.89	61.78
莆田市	43.75	82	27.26	21.93	27.51	71.99	67.59
铜陵市	43.74	83	31.24	41.15	31.89	78.09	25.47
梅州市	43.73	84	22.77	38.36	36.75	67.27	49.43
三门峡市	43.67	85	29.73	40.13	34.12	59.65	55.06
鹰潭市	43.54	86	29.21	29.07	22.49	76.79	56.75
湖州市	43.53	87	31.90	30.23	30.66	69.63	50.27

续表

城市	城市健康发展指数	排名	健康经济	健康文化	健康社会	健康环境	健康管理
辽阳市	43.44	88	29.16	24.50	31.68	67.79	60.43
阳泉市	43.42	89	27.81	43.88	28.28	60.14	61.16
乌鲁木齐市	43.42	90	32.30	32.10	30.09	59.78	64.50
咸阳市	43.35	91	28.91	28.00	34.51	63.31	59.43
漳州市	43.33	92	24.96	26.00	30.80	73.33	56.06
徐州市	43.24	93	29.67	36.58	26.03	63.39	63.09
长治市	43.20	94	29.58	34.03	34.62	60.63	55.76
阳江市	43.11	95	26.83	20.51	34.49	71.61	54.26
本溪市	43.10	96	25.99	26.22	36.33	62.57	61.64
汕头市	43.10	97	23.23	20.00	37.34	64.62	66.40
韶关市	43.02	98	25.14	26.87	36.01	64.50	58.92
松原市	42.90	99	29.83	22.11	26.86	71.31	60.47
新乡市	42.87	100	27.34	28.36	32.86	65.35	57.30
海口市	42.85	101	23.31	20.48	30.17	72.71	62.61
淮安市	42.84	102	27.27	43.65	23.27	65.07	58.32
滨州市	42.79	103	30.38	33.13	29.99	62.78	57.04
廊坊市	42.78	104	32.38	24.25	31.28	65.32	56.78
石家庄市	42.71	105	25.33	27.48	35.16	62.48	60.76
随州市	42.69	106	22.99	36.52	14.65	80.28	59.22
揭阳市	42.66	107	27.21	23.74	33.95	66.09	57.63
常德市	42.65	108	35.25	23.58	22.15	69.72	60.65
吉林市	42.57	109	27.98	25.61	30.76	63.95	63.06
贵阳市	42.56	110	25.51	27.61	31.09	64.86	62.20
潮州市	42.53	111	18.39	26.26	33.84	72.43	55.67
秦皇岛市	42.36	112	25.45	23.59	31.64	67.25	60.07
安庆市	42.11	113	18.92	29.07	29.14	72.92	56.32
蚌埠市	42.09	114	21.88	33.79	30.66	66.67	55.44
辽源市	42.01	115	29.17	27.63	27.56	63.34	62.05
沧州市	41.99	116	30.56	22.87	32.21	63.23	57.23
连云港市	41.93	117	25.56	37.12	27.72	64.57	54.50
营口市	41.74	118	26.56	23.28	28.55	67.05	60.23
德阳市	41.72	119	26.07	21.41	28.20	71.37	56.00
洛阳市	41.71	120	32.64	30.99	30.82	56.31	58.36
郑州市	41.70	121	30.32	23.79	29.90	61.29	61.79
哈尔滨市	41.68	122	25.60	32.39	29.46	59.52	63.06

续表

城市	城市健康发展指数	排名	健康经济	健康文化	健康社会	健康环境	健康管理
临沂市	41.64	123	31.73	25.69	26.77	62.08	61.55
泰安市	41.60	124	28.57	29.58	31.02	59.11	59.42
鹤壁市	41.52	125	25.25	36.32	25.59	61.78	61.19
九江市	41.49	126	23.98	23.87	24.12	73.53	57.99
盐城市	41.43	127	29.76	38.59	30.24	55.82	54.50
玉林市	41.41	128	22.31	27.51	24.98	71.55	57.91
宜昌市	41.40	129	26.66	24.56	31.31	62.03	60.33
平顶山市	41.32	130	16.80	28.77	34.04	66.01	57.58
乌海市	41.25	131	34.21	28.14	25.41	55.50	66.41
唐山市	41.01	132	30.01	18.86	23.31	65.03	67.29
宁德市	40.97	133	24.39	27.65	27.66	69.56	50.94
梧州市	40.92	134	24.02	19.78	27.38	70.19	58.40
鄂州市	40.89	135	22.98	22.56	18.72	69.36	72.64
通化市	40.86	136	26.13	21.36	31.44	65.21	55.15
鞍山市	40.64	137	24.35	28.39	31.65	58.91	59.14
绵阳市	40.63	138	22.77	30.12	27.17	64.79	57.16
衡阳市	40.63	139	24.98	24.73	31.78	62.40	55.85
潍坊市	40.62	140	29.20	22.70	29.76	61.79	56.53
铜川市	40.58	141	26.41	31.41	23.55	64.81	56.66
滁州市	40.56	142	23.92	27.49	24.44	72.99	48.66
重庆市	40.47	143	24.59	15.85	30.33	68.09	57.12
宿迁市	40.38	144	24.62	39.96	24.57	60.29	54.99
黄山市	40.38	145	23.72	29.71	25.25	81.77	29.49
娄底市	40.18	146	32.07	21.83	18.48	69.39	56.81
宝鸡市	40.11	147	29.45	25.78	24.98	61.89	57.55
石嘴山市	40.03	148	22.88	28.44	27.71	62.80	57.06
河源市	39.99	149	20.33	23.40	36.35	61.58	52.89
济宁市	39.95	150	31.20	19.46	31.47	57.35	57.22
抚州市	39.94	151	24.22	30.08	16.21	72.08	56.71
黄冈市	39.75	152	21.80	25.75	34.91	59.34	53.09
驻马店市	39.72	153	23.33	26.23	19.96	70.78	56.20
抚顺市	39.70	154	24.76	23.35	32.75	54.33	63.20
枣庄市	39.61	155	25.59	20.16	24.37	63.43	63.50
安阳市	39.61	156	23.10	24.45	27.15	63.78	57.28
益阳市	39.55	157	24.57	23.26	19.45	70.86	57.14

续表

城市	城市健康发展指数	排名	健康经济	健康文化	健康社会	健康环境	健康管理
保定市	39.44	158	24.16	20.43	29.30	62.28	57.66
广安市	39.35	159	24.33	19.33	16.10	75.71	57.55
遵义市	39.27	160	24.08	25.24	19.35	69.02	57.16
宜宾市	39.26	161	25.75	22.83	22.96	66.12	56.10
漯河市	39.24	162	22.71	22.51	26.51	60.71	63.42
兰州市	39.18	163	25.19	27.50	28.91	51.78	65.62
攀枝花市	39.13	164	24.51	23.75	32.11	52.90	62.76
淮南市	39.09	165	21.16	24.47	21.78	66.46	60.88
银川市	39.09	166	29.27	29.16	26.37	54.87	57.02
怀化市	39.08	167	33.78	31.25	22.41	55.83	53.85
防城港市	39.06	168	27.56	9.17	26.02	64.41	63.75
湛江市	39.00	169	22.70	28.77	23.63	60.99	59.94
玉溪市	38.99	170	29.42	30.47	21.77	56.60	59.62
亳州市	38.99	171	22.83	25.63	14.96	74.15	55.33
茂名市	38.98	172	22.97	19.04	20.31	69.96	59.73
呼伦贝尔市	38.95	173	28.11	22.34	22.74	64.05	55.20
自贡市	38.94	174	23.80	20.48	16.57	70.75	61.84
吉安市	38.93	175	27.34	26.32	22.61	62.63	54.70
濮阳市	38.92	176	23.09	23.50	25.48	62.37	58.75
宜春市	38.86	177	19.58	25.34	17.56	73.93	55.17
上饶市	38.85	178	18.78	26.97	21.15	70.22	54.73
焦作市	38.82	179	26.97	22.97	28.39	56.30	58.70
遂宁市	38.81	180	25.51	17.87	16.25	73.20	57.76
邯郸市	38.65	181	21.37	22.42	22.49	66.62	58.24
曲靖市	38.57	182	23.89	19.38	21.55	69.11	54.81
承德市	38.53	183	19.84	21.23	25.50	66.72	55.48
酒泉市	38.50	184	29.41	20.20	17.84	66.86	56.12
雅安市	38.38	185	39.13	31.95	14.27	56.56	53.69
阜新市	38.36	186	22.08	23.98	29.45	58.20	56.20
贵港市	38.32	187	20.08	24.06	21.79	65.30	59.49
金昌市	38.30	188	24.24	40.72	23.65	50.52	58.70
开封市	38.29	189	22.89	29.82	23.08	59.69	56.99
大同市	38.15	190	24.89	26.97	24.34	54.17	63.33
钦州市	38.04	191	23.61	20.85	18.36	64.86	62.57
郴州市	37.98	192	25.11	22.50	20.32	64.63	55.61

续表

城市	城市健康发展指数	排名	健康经济	健康文化	健康社会	健康环境	健康管理
丽江市	37.95	193	22.52	26.48	16.92	67.78	55.29
德州市	37.84	194	29.03	31.46	17.83	57.73	56.18
通辽市	37.79	195	37.29	23.33	12.15	62.39	54.66
邵阳市	37.76	196	21.38	23.44	20.68	66.39	54.69
淮北市	37.74	197	21.40	31.19	19.53	74.45	35.24
邢台市	37.74	198	20.92	17.31	27.77	62.17	56.46
榆林市	37.70	199	29.34	26.64	18.47	60.10	54.61
普洱市	37.68	200	18.35	21.33	25.68	64.28	55.45
庆阳市	37.67	201	36.31	22.42	13.03	62.72	54.05
清远市	37.65	202	18.80	27.94	32.50	54.89	52.33
襄阳市	37.58	203	23.99	20.07	21.28	60.88	61.53
眉山市	37.53	204	24.17	20.15	15.16	69.04	57.50
南平市	37.52	205	21.95	26.49	21.94	63.52	51.94
衡水市	37.47	206	24.54	23.07	22.77	61.52	53.57
河池市	37.30	207	13.85	22.24	24.11	67.62	55.06
晋中市	37.29	208	26.60	24.14	22.62	58.75	53.37
菏泽市	37.27	209	32.11	21.75	21.27	54.68	57.28
汉中市	37.21	210	22.95	23.19	24.10	60.44	53.37
延安市	37.18	211	28.99	26.58	28.48	48.98	53.53
广元市	37.05	212	19.40	20.69	18.13	68.95	55.31
葫芦岛市	36.99	213	24.41	20.43	18.86	62.54	57.99
南充市	36.97	214	20.19	17.93	19.90	67.06	56.70
聊城市	36.92	215	28.98	21.99	21.96	56.83	54.16
汕尾市	36.87	216	22.24	21.29	21.95	61.72	55.40
云浮市	36.85	217	16.98	23.55	30.25	57.01	54.03
内江市	36.71	218	26.98	18.27	17.66	61.40	58.72
丹东市	36.68	219	19.86	24.80	28.94	53.98	55.07
泸州市	36.63	220	24.28	20.65	22.79	56.51	59.02
资阳市	36.61	221	26.21	21.16	19.20	58.71	58.12
乌兰察布	36.61	222	24.41	27.27	9.21	68.36	54.94
张掖市	36.51	223	20.47	22.18	19.54	63.75	55.06
渭南市	36.40	224	26.83	20.78	22.14	56.39	55.23
运城市	36.28	225	24.23	22.85	16.16	64.21	52.75
牡丹江市	36.27	226	21.60	19.97	21.45	60.55	56.35
信阳市	36.26	227	18.57	10.97	20.43	69.56	56.06

续表

城市	城市健康发展指数	排名	健康经济	健康文化	健康社会	健康环境	健康管理
赣州市	36.16	228	22.96	23.89	29.36	49.70	54.80
中卫市	36.13	229	23.84	24.53	22.36	56.60	52.95
乐山市	36.10	230	22.85	19.90	23.50	57.03	56.06
来宾市	36.04	231	21.26	25.12	13.75	62.95	58.96
咸宁市	35.79	232	20.06	20.03	20.28	60.56	57.12
贺州市	35.77	233	22.69	18.39	17.38	61.19	58.86
佳木斯市	35.74	234	21.75	19.42	21.06	58.48	57.26
张家口市	35.72	235	22.29	18.81	21.55	58.10	56.86
池州市	35.67	236	26.01	25.94	18.95	63.01	40.58
巴彦淖尔	35.67	237	26.80	22.29	14.68	59.43	56.23
四平市	35.56	238	26.85	22.20	27.35	46.74	55.60
双鸭山市	35.53	239	20.78	22.30	14.53	63.51	56.81
临汾市	35.53	240	26.55	26.40	22.95	50.04	53.38
朝阳市	35.41	241	21.43	18.92	23.45	56.09	56.00
安康市	35.33	242	25.34	20.86	17.06	58.32	55.25
吴忠市	35.31	243	22.60	24.07	12.23	66.09	50.68
荆门市	35.30	244	23.88	6.50	23.18	60.29	57.86
周口市	35.16	245	21.58	16.26	16.69	63.94	54.97
白山市	35.10	246	31.61	19.08	20.41	49.02	57.05
天水市	35.07	247	20.36	20.50	11.19	66.26	57.05
六安市	35.06	248	21.51	25.71	17.81	57.02	54.65
宣城市	35.06	249	21.02	28.81	13.23	64.26	47.75
商丘市	35.00	250	21.73	20.40	19.84	57.15	55.62
巴中市	34.98	251	18.11	21.09	9.96	69.36	55.77
张家界市	34.90	252	24.33	24.37	19.08	54.26	53.65
保山市	34.80	253	21.71	20.12	13.33	63.52	54.85
赤峰市	34.71	254	26.80	24.64	15.41	52.21	58.36
六盘水市	34.62	255	24.82	24.77	11.45	58.29	56.69
武威市	34.52	256	21.16	20.06	12.63	63.03	55.76
宿州市	34.51	257	27.42	25.80	13.76	53.42	55.76
永州市	34.40	258	23.17	17.62	22.15	52.26	56.81
黑河市	34.35	259	8.11	19.54	14.39	72.96	53.03
商洛市	34.32	260	23.50	22.52	16.74	56.46	52.97
齐齐哈尔市	34.16	261	21.86	18.01	23.32	50.41	57.69
孝感市	34.12	262	21.28	21.25	18.17	56.03	54.19

续表

城市	城市健康发展指数	排名	健康经济	健康文化	健康社会	健康环境	健康管理
荆州市	33.95	263	19.23	21.65	21.79	51.33	57.19
南阳市	33.89	264	22.68	22.76	22.97	46.81	56.62
阜阳市	33.83	265	22.13	22.96	19.55	50.58	56.19
平凉市	33.79	266	21.53	22.40	10.54	61.79	53.59
定西市	33.78	267	20.19	19.06	9.45	66.62	52.42
西宁市	33.63	268	21.30	21.82	21.98	53.12	48.79
临沧市	33.52	269	17.86	22.42	12.31	60.91	55.21
伊春市	33.49	270	16.70	20.13	18.17	56.38	56.60
安顺市	33.48	271	22.69	24.07	15.66	52.07	56.00
鹤岗市	33.47	272	20.62	18.53	17.47	53.41	58.98
白城市	33.39	273	24.72	21.45	23.28	44.99	54.38
固原市	33.17	274	22.33	24.25	9.75	58.72	52.99
忻州市	32.91	275	23.70	28.44	11.77	52.55	52.13
吕梁市	32.85	276	23.25	17.42	16.43	54.94	51.64
七台河市	32.80	277	14.46	15.24	15.07	58.63	61.32
白银市	32.69	278	24.25	22.50	20.10	43.22	57.57
鸡西市	32.56	279	18.73	9.28	22.48	50.93	60.45
崇左市	32.54	280	18.75	20.03	18.34	51.08	56.22
毕节市	32.02	281	20.76	18.64	9.03	57.78	55.81
百色市	31.63	282	21.48	21.77	15.16	47.41	56.18
绥化市	31.35	283	21.27	14.57	5.96	61.64	53.40
陇南市	31.08	284	15.38	9.96	9.60	63.62	54.67
达州市	30.32	285	16.14	21.60	14.38	47.73	55.51
铜仁市	30.13	286	18.84	23.07	13.41	45.43	54.62
昭通市	28.69	287	19.50	16.72	7.32	48.48	55.57

附表2 特大城市健康发展评价

城市	城市健康发展指数	排序	健康经济	健康文化	健康社会	健康环境	健康管理
深圳市	69.27	1	58.70	63.82	65.63	86.22	66.64
上海市	60.75	2	46.39	46.72	68.83	71.90	61.87
北京市	59.11	3	45.39	51.25	73.27	60.22	59.79
佛山市	58.90	4	46.64	36.76	57.67	68.86	82.80
苏州市	58.73	5	56.52	50.09	53.74	71.87	56.74

续表

城市	城市健康发展指数	排序	健康经济	健康文化	健康社会	健康环境	健康管理
杭州市	55.31	6	34.65	40.87	61.29	70.27	62.38
无锡市	54.90	7	39.26	41.49	50.97	73.66	64.43
南京市	54.63	8	38.16	52.79	44.13	70.61	69.31
广州市	54.51	9	41.37	50.53	56.01	57.25	68.95
厦门市	54.36	10	40.53	32.08	55.45	76.74	55.98
宁波市	54.12	11	41.49	42.99	56.89	69.92	51.13
常州市	51.97	12	40.96	41.24	42.07	71.26	61.69
大连市	51.35	13	33.77	35.32	48.00	71.91	62.13
长沙市	51.13	14	35.90	37.36	44.99	68.93	65.79
青岛市	50.49	15	41.58	25.92	42.93	72.50	62.85
淄博市	50.48	16	39.52	38.51	34.16	71.37	69.46
武汉市	50.30	17	33.25	37.21	49.35	64.90	63.39
合肥市	49.51	18	31.33	38.37	45.58	69.72	57.74
天津市	49.31	19	37.80	27.62	51.13	63.31	60.00
沈阳市	49.26	20	34.36	32.19	41.48	68.97	66.28
大庆市	49.19	21	34.54	30.02	28.25	64.04	98.03
福州市	48.49	22	31.00	31.13	47.57	68.50	57.34
扬州市	48.36	23	34.70	42.81	31.65	68.82	65.86
温州市	48.25	24	32.18	37.58	45.89	66.63	53.62
烟台市	47.71	25	33.12	28.73	38.87	70.02	63.67
包头市	47.37	26	38.52	32.81	41.92	58.86	63.65
成都市	47.32	27	32.24	29.28	44.44	63.59	63.18
柳州市	47.20	28	26.46	28.12	37.46	72.70	67.67
南通市	47.16	29	33.27	39.22	34.12	69.35	58.34
南宁市	46.85	30	25.49	38.02	29.63	75.73	64.75
西安市	46.78	31	31.60	33.54	40.71	64.14	61.44
南昌市	46.24	32	29.11	28.53	37.36	66.98	66.99
长春市	46.22	33	31.91	34.94	35.25	64.17	64.95
太原市	45.91	34	28.28	36.03	38.08	60.26	68.46
济南市	45.32	35	36.16	34.72	41.37	49.99	66.97
芜湖市	44.46	36	26.42	29.13	30.86	72.87	59.13
呼和浩特市	44.26	37	35.93	32.55	32.52	58.51	62.91
昆明市	44.23	38	28.52	27.28	35.19	70.76	52.99
东莞市	44.22	39	53.83	36.99	51.28	42.57	29.59
乌鲁木齐市	43.42	40	32.30	32.10	30.09	59.78	64.50

续表

城市	城市健康发展指数	排序	健康经济	健康文化	健康社会	健康环境	健康管理
徐州市	43.24	41	29.67	36.58	26.03	63.39	63.09
汕头市	43.10	42	23.23	20.00	37.34	64.62	66.40
淮安市	42.84	43	27.27	43.65	23.27	65.07	58.32
石家庄市	42.71	44	25.33	27.48	35.16	62.48	60.76
吉林市	42.57	45	27.98	25.61	30.76	63.95	63.06
贵阳市	42.56	46	25.51	27.61	31.09	64.86	62.20
洛阳市	41.71	47	32.64	30.99	30.82	56.31	58.36
郑州市	41.70	48	30.32	23.79	29.90	61.29	61.79
哈尔滨市	41.68	49	25.60	32.39	29.46	59.52	63.06
临沂市	41.64	50	31.73	25.69	26.77	62.08	61.55
唐山市	41.01	51	30.01	18.86	23.31	65.03	67.29
鞍山市	40.64	52	24.35	28.39	31.65	58.91	59.14
衡阳市	40.63	53	24.98	24.73	31.78	62.40	55.85
潍坊市	40.62	54	29.20	22.70	29.76	61.79	56.53
重庆市	40.47	55	24.59	15.85	30.33	68.09	57.12
抚顺市	39.70	56	24.76	23.35	32.75	54.33	63.20
保定市	39.44	57	24.16	20.43	29.30	62.28	57.66
兰州市	39.18	58	25.19	27.50	28.91	51.78	65.62
淮南市	39.09	59	21.16	24.47	21.78	66.46	60.88
银川市	39.09	60	29.27	29.16	26.37	54.87	57.02
自贡市	38.94	61	23.80	20.48	16.57	70.75	61.84
邯郸市	38.65	62	21.37	22.42	22.49	66.62	58.24
大同市	38.15	63	24.89	26.97	24.34	54.17	63.33
齐齐哈尔市	34.16	64	21.86	18.01	23.32	50.41	57.69
南阳市	33.89	65	22.68	22.76	22.97	46.81	56.62
西宁市	33.63	66	21.30	21.82	21.98	53.12	48.79

附表 3　大城市健康发展评价

城市	城市健康发展指数	排序	健康经济	健康文化	健康社会	健康环境	健康管理
珠海市	55.30	1	34.82	33.12	57.52	77.61	63.89
鄂尔多斯市	53.86	2	44.02	28.52	43.50	86.51	55.20
惠州市	53.45	3	32.93	35.00	53.51	74.60	63.91
东营市	51.17	4	39.17	32.58	38.73	74.09	68.32

续表

城市	城市健康发展指数	排序	健康经济	健康文化	健康社会	健康环境	健康管理
镇江市	50.63	5	34.04	43.79	39.15	72.72	61.90
泉州市	49.54	6	31.84	32.38	44.66	73.83	57.94
盘锦市	49.03	7	37.67	30.37	37.93	74.76	58.44
绍兴市	48.82	8	34.45	38.24	45.14	71.57	46.79
马鞍山市	47.83	9	33.60	44.64	32.72	73.20	52.92
江门市	47.47	10	26.13	32.32	43.81	74.69	51.83
泰州市	46.10	11	33.74	37.86	32.90	68.82	54.95
桂林市	45.34	12	21.46	41.34	37.57	66.97	58.06
株洲市	45.33	13	28.92	24.11	37.09	71.37	58.77
岳阳市	45.20	14	33.21	30.06	27.80	72.43	59.95
湘潭市	45.15	15	29.93	31.75	29.90	69.65	63.45
台州市	44.58	16	33.49	31.87	31.30	71.50	49.32
锦州市	44.52	17	29.38	29.20	38.86	64.17	56.72
日照市	44.12	18	29.96	21.94	26.64	72.11	67.70
黄石市	43.95	19	21.07	33.28	34.03	67.89	61.78
湖州市	43.53	20	31.90	30.23	30.66	69.63	50.27
辽阳市	43.44	21	29.16	24.50	31.68	67.79	60.43
阳泉市	43.42	22	27.81	43.88	28.28	60.14	61.16
咸阳市	43.35	23	28.91	28.00	34.51	63.31	59.43
长治市	43.20	24	29.58	34.03	34.62	60.63	55.76
本溪市	43.10	25	25.99	26.22	36.33	62.57	61.64
韶关市	43.02	26	25.14	26.87	36.01	64.50	58.92
新乡市	42.87	27	27.34	28.36	32.86	65.35	57.30
海口市	42.85	28	23.31	20.48	30.17	72.71	62.61
滨州市	42.79	29	30.38	33.13	29.99	62.78	57.04
揭阳市	42.66	30	27.21	23.74	33.95	66.09	57.63
常德市	42.65	31	35.25	23.58	22.15	69.72	60.65
秦皇岛市	42.36	32	25.45	23.59	31.64	67.25	60.07
安庆市	42.11	33	18.92	29.07	29.14	72.92	56.32
蚌埠市	42.09	34	21.88	33.79	30.66	66.67	55.44
辽源市	42.01	35	29.17	27.63	27.56	63.34	62.05
沧州市	41.99	36	30.56	22.87	32.21	63.23	57.23
连云港市	41.93	37	25.56	37.12	27.72	64.57	54.50
营口市	41.74	38	26.56	23.28	28.55	67.05	60.23
德阳市	41.72	39	26.07	21.41	28.20	71.37	56.00

续表

城市	城市健康发展指数	排序	健康经济	健康文化	健康社会	健康环境	健康管理
泰安市	41.60	40	28.57	29.58	31.02	59.11	59.42
九江市	41.49	41	23.98	23.87	24.12	73.53	57.99
盐城市	41.43	42	29.76	38.59	30.24	55.82	54.50
玉林市	41.41	43	22.31	27.51	24.98	71.55	57.91
宜昌市	41.40	44	26.66	24.56	31.31	62.03	60.33
平顶山市	41.32	45	16.80	28.77	34.04	66.01	57.58
绵阳市	40.63	46	22.77	30.12	27.17	64.79	57.16
宿迁市	40.38	47	24.62	39.96	24.57	60.29	54.99
宝鸡市	40.11	48	29.45	25.78	24.98	61.89	57.55
济宁市	39.95	49	31.20	19.46	31.47	57.35	57.22
抚州市	39.94	50	24.22	30.08	16.21	72.08	56.71
枣庄市	39.61	51	25.59	20.16	24.37	63.43	63.50
安阳市	39.61	52	23.10	24.45	27.15	63.78	57.28
益阳市	39.55	53	24.57	23.26	19.45	70.86	57.14
遵义市	39.27	54	24.08	25.24	19.35	69.02	57.16
宜宾市	39.26	55	25.75	22.83	22.96	66.12	56.10
漯河市	39.24	56	22.71	22.51	26.51	60.71	63.42
攀枝花市	39.13	57	24.51	23.75	32.11	52.90	62.76
湛江市	39.00	58	22.70	28.77	23.63	60.99	59.94
焦作市	38.82	59	26.97	22.97	28.39	56.30	58.70
遂宁市	38.81	60	25.51	17.87	16.25	73.20	57.76
曲靖市	38.57	61	23.89	19.38	21.55	69.11	54.81
承德市	38.53	62	19.84	21.23	25.50	66.72	55.48
阜新市	38.36	63	22.08	23.98	29.45	58.20	56.20
开封市	38.29	64	22.89	29.82	23.08	59.69	56.99
郴州市	37.98	65	25.11	22.50	20.32	64.63	55.61
德州市	37.84	66	29.03	31.46	17.83	57.73	56.18
邵阳市	37.76	67	21.38	23.44	20.68	66.39	54.69
淮北市	37.74	68	21.40	31.19	19.53	74.45	35.24
邢台市	37.74	69	20.92	17.31	27.77	62.17	56.46
襄阳市	37.58	70	23.99	20.07	21.28	60.88	61.53
菏泽市	37.27	71	32.11	21.75	21.27	54.68	57.28
南充市	36.97	72	20.19	17.93	19.90	67.06	56.70
聊城市	36.92	73	28.98	21.99	21.96	56.83	54.16
内江市	36.71	74	26.98	18.27	17.66	61.40	58.72

续表

城市	城市健康发展指数	排序	健康经济	健康文化	健康社会	健康环境	健康管理
丹东市	36.68	75	19.86	24.80	28.94	53.98	55.07
泸州市	36.63	76	24.28	20.65	22.79	56.51	59.02
牡丹江市	36.27	77	21.60	19.97	21.45	60.55	56.35
赣州市	36.16	78	22.96	23.89	29.36	49.70	54.80
乐山市	36.10	79	22.85	19.90	23.50	57.03	56.06
佳木斯市	35.74	80	21.75	19.42	21.06	58.48	57.26
张家口市	35.72	81	22.29	18.81	21.55	58.10	56.86
四平市	35.56	82	26.85	22.20	27.35	46.74	55.60
朝阳市	35.41	83	21.43	18.92	23.45	56.09	56.00
天水市	35.07	84	20.36	20.50	11.19	66.26	57.05
商丘市	35.00	85	21.73	20.40	19.84	57.15	55.62
赤峰市	34.71	86	26.80	24.64	15.41	52.21	58.36
荆州市	33.95	87	19.23	21.65	21.79	51.33	57.19
阜阳市	33.83	88	22.13	22.96	19.55	50.58	56.19
伊春市	33.49	89	16.70	20.13	18.17	56.38	56.60
鹤岗市	33.47	90	20.62	18.53	17.47	53.41	58.98
鸡西市	32.56	91	18.73	9.28	22.48	50.93	60.45

附表4 中等城市健康发展评价

城市	城市健康发展指数	排序	健康经济	健康文化	健康社会	健康环境	健康管理
中山市	57.40	1	48.97	27.63	58.93	70.68	73.76
克拉玛依市	53.16	2	31.63	36.10	46.51	76.90	70.43
嘉兴市	48.53	3	34.83	37.45	40.98	72.68	50.17
嘉峪关市	48.39	4	29.88	51.53	27.14	62.02	82.66
威海市	47.91	5	29.88	28.35	38.78	77.11	58.07
舟山市	47.03	6	35.99	31.58	35.05	71.88	55.75
新余市	46.99	7	25.98	36.58	27.60	78.01	66.00
晋城市	45.58	8	31.35	27.16	39.12	71.20	51.04
三明市	45.42	9	26.37	34.62	38.97	69.40	52.39
景德镇市	45.21	10	24.18	23.95	31.70	79.36	60.13
龙岩市	45.17	11	28.52	30.07	34.09	72.21	55.84
许昌市	45.09	12	26.31	32.23	35.66	69.60	57.84
十堰市	44.99	13	23.37	35.63	28.41	75.26	60.34

续表

城市	城市健康发展指数	排序	健康经济	健康文化	健康社会	健康环境	健康管理
衢州市	44.99	14	26.85	31.79	37.06	71.23	51.82
莱芜市	44.47	15	27.96	22.53	30.57	69.78	69.42
北海市	44.39	16	40.53	14.18	30.06	67.61	64.96
金华市	44.35	17	34.46	29.61	34.72	67.73	49.36
萍乡市	44.16	18	27.48	24.14	29.14	74.23	61.31
铁岭市	44.09	19	30.57	40.63	23.11	70.74	56.16
朔州市	44.01	20	40.10	33.87	21.82	65.57	60.45
肇庆市	44.01	21	25.60	25.43	38.77	67.47	56.80
莆田市	43.75	22	27.26	21.93	27.51	71.99	67.59
铜陵市	43.74	23	31.24	41.15	31.89	78.09	25.47
梅州市	43.73	24	22.77	38.36	36.75	67.27	49.43
三门峡市	43.67	25	29.73	40.13	34.12	59.65	55.06
鹰潭市	43.54	26	29.21	29.07	22.49	76.79	56.75
漳州市	43.33	27	24.96	26.00	30.80	73.33	56.06
阳江市	43.11	28	26.83	20.51	34.49	71.61	54.26
松原市	42.90	29	29.83	22.11	26.86	71.31	60.47
廊坊市	42.78	30	32.38	24.25	31.28	65.32	56.78
随州市	42.69	31	22.99	36.52	14.65	80.28	59.22
潮州市	42.53	32	18.39	26.26	33.84	72.43	55.67
鹤壁市	41.52	33	25.25	36.32	25.59	61.78	61.19
乌海市	41.25	34	34.21	28.14	25.41	55.50	66.41
梧州市	40.92	35	24.02	19.78	27.38	70.19	58.40
鄂州市	40.89	36	22.98	22.56	18.72	69.36	72.64
通化市	40.86	37	26.13	21.36	31.44	65.21	55.15
铜川市	40.58	38	26.41	31.41	23.55	64.81	56.66
滁州市	40.56	39	23.92	27.49	24.44	72.99	48.66
黄山市	40.38	40	23.72	29.71	25.25	81.77	29.49
娄底市	40.18	41	32.07	21.83	18.48	69.39	56.81
石嘴山市	40.03	42	22.88	28.44	27.71	62.80	57.06
河源市	39.99	43	20.33	23.40	36.35	61.58	52.89
黄冈市	39.75	44	21.80	25.75	34.91	59.34	53.09
驻马店市	39.72	45	23.33	26.23	19.96	70.78	56.20
广安市	39.35	46	24.33	19.33	16.10	75.71	57.55
怀化市	39.08	47	33.78	31.25	22.41	55.83	53.85
玉溪市	38.99	48	29.42	30.47	21.77	56.60	59.62

续表

城市	城市健康发展指数	排序	健康经济	健康文化	健康社会	健康环境	健康管理
亳州市	38.99	49	22.83	25.63	14.96	74.15	55.33
茂名市	38.98	50	22.97	19.04	20.31	69.96	59.73
呼伦贝尔市	38.95	51	28.11	22.34	22.74	64.05	55.20
吉安市	38.93	52	27.34	26.32	22.61	62.63	54.70
濮阳市	38.92	53	23.09	23.50	25.48	62.37	58.75
宜春市	38.86	54	19.58	25.34	17.56	73.93	55.17
上饶市	38.85	55	18.78	26.97	21.15	70.22	54.73
酒泉市	38.50	56	29.41	20.20	17.84	66.86	56.12
雅安市	38.38	57	39.13	31.95	14.27	56.56	53.69
贵港市	38.32	58	20.08	24.06	21.79	65.30	59.49
钦州市	38.04	59	23.61	20.85	18.36	64.86	62.57
通辽市	37.79	60	37.29	23.33	12.15	62.39	54.66
榆林市	37.70	61	29.34	26.64	18.47	60.10	54.61
清远市	37.65	62	18.80	27.94	32.50	54.89	52.33
眉山市	37.53	63	24.17	20.15	15.16	69.04	57.50
衡水市	37.47	64	24.54	23.07	22.77	61.52	53.57
河池市	37.30	65	13.85	22.24	24.11	67.62	55.06
晋中市	37.29	66	26.60	24.14	22.62	58.75	53.37
汉中市	37.21	67	22.95	23.19	24.10	60.44	53.37
延安市	37.18	68	28.99	26.58	28.48	48.98	53.53
广元市	37.05	69	19.40	20.69	18.13	68.95	55.31
葫芦岛市	36.99	70	24.41	20.43	18.86	62.54	57.99
汕尾市	36.87	71	22.24	21.29	21.95	61.72	55.40
云浮市	36.85	72	16.98	23.55	30.25	57.01	54.03
资阳市	36.61	73	26.21	21.16	19.20	58.71	58.12
乌兰察布市	36.61	74	24.41	27.27	9.21	68.36	54.94
渭南市	36.40	75	26.83	20.78	22.14	56.39	55.23
运城市	36.28	76	24.23	22.85	16.16	64.21	52.75
信阳市	36.26	77	18.57	10.97	20.43	69.56	56.06
来宾市	36.04	78	21.26	25.12	13.75	62.95	58.96
咸宁市	35.79	79	20.06	20.03	20.28	60.56	57.12
池州市	35.67	80	26.01	25.94	18.95	63.01	40.58
巴彦淖尔市	35.67	81	26.80	22.29	14.68	59.43	56.23
双鸭山市	35.53	82	20.78	22.30	14.53	63.51	56.81
临汾市	35.53	83	26.55	26.40	22.95	50.04	53.38

续表

城市	城市健康发展指数	排序	健康经济	健康文化	健康社会	健康环境	健康管理
安康市	35.33	84	25.34	20.86	17.06	58.32	55.25
荆门市	35.30	85	23.88	6.50	23.18	60.29	57.86
周口市	35.16	86	21.58	16.26	16.69	63.94	54.97
白山市	35.10	87	31.61	19.08	20.41	49.02	57.05
六安市	35.06	88	21.51	25.71	17.81	57.02	54.65
宣城市	35.06	89	21.02	28.81	13.23	64.26	47.75
巴中市	34.98	90	18.11	21.09	9.96	69.36	55.77
张家界市	34.90	91	24.33	24.37	19.08	54.26	53.65
保山市	34.80	92	21.71	20.12	13.33	63.52	54.85
六盘水市	34.62	93	24.82	24.77	11.45	58.29	56.69
武威市	34.52	94	21.16	20.06	12.63	63.03	55.76
宿州市	34.51	95	27.42	25.80	13.76	53.42	55.76
永州市	34.40	96	23.17	17.62	22.15	52.26	56.81
孝感市	34.12	97	21.28	21.25	18.17	56.03	54.19
平凉市	33.79	98	21.53	22.40	10.54	61.79	53.59
安顺市	33.48	99	22.69	24.07	15.66	52.07	56.00
白城市	33.39	100	24.72	21.45	23.28	44.99	54.38
忻州市	32.91	101	23.70	28.44	11.77	52.55	52.13
吕梁市	32.85	102	23.25	17.42	16.43	54.94	51.64
七台河市	32.80	103	14.46	15.24	15.07	58.63	61.32
白银市	32.69	104	24.25	22.50	20.10	43.22	57.57
毕节市	32.02	105	20.76	18.64	9.03	57.78	55.81
绥化市	31.35	106	21.27	14.57	5.96	61.64	53.40
达州市	30.32	107	16.14	21.60	14.38	47.73	55.51
铜仁市	30.13	108	18.84	23.07	13.41	45.43	54.62
昭通市	28.69	109	19.50	16.72	7.32	48.48	55.57

附表5 小城市健康发展评价

城市	城市健康发展指数	排序	健康经济	健康文化	健康社会	健康环境	健康管理
丽水市	47.59	1	32.32	33.27	39.16	72.93	54.11
三亚市	45.19	2	23.45	32.50	37.90	70.01	57.65
宁德市	40.97	3	24.39	27.65	27.66	69.56	50.94
防城港市	39.06	4	27.56	9.17	26.02	64.41	63.75

续表

城市	城市健康发展指数	排序	健康经济	健康文化	健康社会	健康环境	健康管理
金昌市	38.30	5	24.24	40.72	23.65	50.52	58.70
丽江市	37.95	6	22.52	26.48	16.92	67.78	55.29
普洱市	37.68	7	18.35	21.33	25.68	64.28	55.45
庆阳市	37.67	8	36.31	22.42	13.03	62.72	54.05
南平市	37.52	9	21.95	26.49	21.94	63.52	51.94
张掖市	36.51	10	20.47	22.18	19.54	63.75	55.06
中卫市	36.13	11	23.84	24.53	22.36	56.60	52.95
贺州市	35.77	12	22.69	18.39	17.38	61.19	58.86
吴忠市	35.31	13	22.60	24.07	12.23	66.09	50.68
黑河市	34.35	14	8.11	19.54	14.39	72.96	53.03
商洛市	34.32	15	23.50	22.52	16.74	56.46	52.97
定西市	33.78	16	20.19	19.06	9.45	66.62	52.42
临沧市	33.52	17	17.86	22.42	12.31	60.91	55.21
固原市	33.17	18	22.33	24.25	9.75	58.72	52.99
崇左市	32.54	19	18.75	20.03	18.34	51.08	56.22
百色市	31.63	20	21.48	21.77	15.16	47.41	56.18
陇南市	31.08	21	15.38	9.96	9.60	63.62	54.67

B.3 "大城市病"治理的国际经验

黄顺江[*]

摘 要： 通过对伦敦、墨西哥城和新加坡三大城市的"城市病"及其治理过程的考察，总结出国外大城市治理"城市病"的主要方法和经验教训。实践表明，"城市病"是城市发展不平衡所积累起来的负效应所引起的，其形成和治理都是一个漫长的过程。治理"城市病"不是几项简单措施就能够解决问题的，需要充分调动政治、经济、社会、文化、科技、法律和行政等各方面的力量，形成合力，并长期持续下去。"城市病"也并非不治之症，只要方法有力得当，完全是可以治愈的。治理"城市病"的关键是要建立一套长效的预防和治理机制，其核心是通过不断增强社会力量来规范市场力量。当前，中国各大城市已进入"城市病"集中发作期，必须尽快采取行动，并借鉴国外先进的治理经验，来提高治理的有效性。

关键词： 城市病 治理机制 交通拥堵

所谓"城市病"（Urban Disease）或"大城市病"，实际上就是在城市化快速推进的过程中，城市各个部分发展不平衡所导致的一些负面效应，并在某些方面出现了严重的不良症状。在城市化过程中，发展不平衡是一种普遍现

---

[*] 黄顺江，博士，中国社会科学院城市发展与环境研究所副研究员，主要研究方向为城市化和城市发展基础理论。

象。在一般情况下，不平衡发展的结果只是表现为矛盾或问题，而不会导致"城市病"。但是，当这种不平衡发展持续一个相当长的时期之后，矛盾和问题越积累越多，程度越来越严重，最后演变为"城市病"。

"城市病"是一种通病，国内外大城市在快速发展过程中都出现过。进入21世纪以来，随着城市化进程的持续推进，中国许多大城市人口聚集能力显著增强，规模快速扩张，同时大城市所特有的一些"城市病"也开始发作，并制约着城市的发展。近年来，北京、上海、广州等城市政府均将治理"城市病"提上工作日程。为此，有必要考察一下国外大城市在发展过程中曾经历过的"城市病"及治理实践，以便为中国城市发展提供借鉴。

一 国外典型大城市的"城市病"及其治理

因时代背景、具体国情和发展阶段不同，国外各大城市"城市病"的表现是互有差异的，其治理方法也是互有区别的。本文选择了伦敦、墨西哥城和新加坡三座城市，其分别代表发达国家、发展中国家和华人世界的大城市，对这些城市进行案例分析，以便对国外大城市的"城市病"及其治理过程有一个总体的认识。

（一）伦敦

伦敦作为工业革命的策源地，既是近代工业文明的开创者，又是近代城市文明的奠基者。同时，伦敦也是世界上最早出现"城市病"并饱受折磨的城市。

伦敦作为首都和港口城市，一直是英国最重要的商贸中心。在18世纪英国取代荷兰成为国际航运和贸易主导者后，殖民地市场的开拓和海外贸易的扩大，催生了英国的工业化进程，也推动了伦敦的发展。工业化进展迅猛，吸引着周围农村地区的人口大量地向城市集中，使得伦敦的人口规模快速扩大：1545年只有8万人，1700年增长到67万人（一举超过巴黎成为欧洲第一大城市），1801年上升到80万人，1841年骤增到180万人，1861年增长到280万人，1878年增长到358万人，1901年增长到658万人，1939年达到顶峰为

860万人，成为世界上前所未有的繁华大都市。

工业化及其伴随的城市化进程如此迅猛，所带来的成就和福祉大大超出了人们的想象。而工业化和城市化过程中所出现的各种矛盾和问题，由于缺乏经验和认识，同样让人措手不及。尤其是在工业化早期，伦敦的发展具有很大的盲目性，问题百出。同时，英国政府长期奉行自由放任的政策，对城市发展未进行有效干预和调控，也使问题越积越多，愈演愈烈，以致出现了"城市病"[①]。

1. "城市病"的表现形式

（1）就业困难。在工业化早期，英国工人的失业率很高。据亨利·梅林的调查，当时仅1/3的工人能够充分就业，另1/3处于半就业，剩下的1/3则完全失业[②]。尤其是在经济危机期间，往往有数十万工人失业，大多沦为乞丐。受工业革命排挤而失去工作的手工业者，处境更糟。

（2）劳动条件恶劣。在工业化早期，英国工人的工作时间一般都在12小时以上，有时为15~16小时。工人到了工厂就像进了兵营或监狱，要受到监工的严密监视。女工和童工的境遇更差。在许多情况下，对童工仅提供食宿，没有工资。棉纺厂的女工，通常每天14个小时被禁锢在高温环境中，空气流通不畅，到处飞舞着棉毛尘埃，对身心的摧残非常严重。

（3）住房短缺。在工业化初期，有大量农村人口进入城市，使得城市原有的基础设施和公共服务设施不堪重负，尤以住房最为紧缺。工厂主只关心如何以最少的代价赚取更多的利润，根本不愿意在改善工人居住条件方面投入资金。虽然有房地产商在建造住房，但主要修建利润更高的高档住宅，而底层工人的住房几乎无人问津。工人们只能居住在条件很差的棚户区内，形成"贫民窟"。在19世纪中叶，伦敦上万人聚居的"贫民窟"就有20个以上。"贫民窟"里的房屋非常简陋，采光、通风及卫生条件极差。尤其是地下室，阴暗潮湿，空气不流通，环境特别糟。伦敦圣詹尔士一带的"贫民窟"被人们称为"乌鸦窝"，恩格斯在《英国工人阶级状况》中对其曾做如下描述："这

---

① 英国经济史学家哈孟德夫妇将"城市病"称为"迈达斯灾祸"（Curse of Midas）。迈达斯是希腊神话中的人物，梦想点石成金，当目的达到后却几乎被饿死。
② 钱乘旦、刘金源：《寰球透视：现代化的迷途》，浙江人民出版社，1999，第129页。

里有1400幢房子，里面住着2795个家庭，共约12000人。安插了这么多人的空间，总共不到400码（1200英尺）见方的地方。由于这样拥挤，往往是丈夫、妻子、四五个孩子，有时还有祖父母，住在仅有10～12英尺见方的屋子里，在这里工作、吃饭、睡觉。"随着人口日益向城市集中，住宅状况进一步恶化。

（4）环境污染。工业化时期，伦敦的城市环境承受着巨大的冲击。当时的环境卫生管理制度还没有建立起来，致使污染形势非常严重。河流通常被工业废水和生活污水所污染。仅泰晤士河就承接了400余条排污管道的污水，水面上经常漂浮着腐物，臭气熏天，并堵塞河道。民众不良的生活习惯，也使得城市环境更加糟糕。刚进入城市的农民，大多仍保持着在农村养成的生活习惯，生活垃圾到处倾倒，污水随意泼洒。由于厕所不足，许多人随地大小便。很多家庭还保留着养猪的习惯，城市里到处是猪圈。在许多工人家里，鸡、猪、马等与人挤在同一个房子里。1830年，伦敦街道上由动物拉下的粪便就足有300万吨。卫生设施缺乏，也加剧了城市环境污染状况。1848年，在伦敦城区16000座住房建筑中，只有7738座使用了排水系统，近1/3的居民区没有安装任何排水管道，街道上常常污水横流。工厂烟囱冒出的滚滚黑烟，也使伦敦长期笼罩在烟雾之中，成为有名的"雾都"（狄更斯称此为"伦敦特色"）。1873年伦敦烟雾事件，导致500人丧生。1880年2月的一次烟雾事件，在3周内就有2000多人死亡。

（5）疾病肆虐。工人们恶劣的劳动场所，拥挤和脏乱的居住条件，再加上不断加重的环境污染，往往成为滋生疾病的温床，霍乱、伤寒、结核病、肺病、猩红热等经常发作，严重危害人们的生命与身心健康。1831～1832年，英国爆发的霍乱造成约2.2万人死亡。1848年，再次发生霍乱，死亡人数超过7.2万人。1854年及1866年，又爆发了两次霍乱，死亡更惨重。伦敦往往成为瘟疫重灾区，"皇家之河"泰晤士河也变成病菌滋生之源。据记载，由于泰晤士河水太脏，1832～1886年，伦敦曾4次爆发霍乱，仅1849年一次霍乱就导致14000人死亡。由于疾病肆虐，英国人口的平均死亡率在19世纪上半期不断攀升：1831年为1.90%，1838年为2.24%，1849年为2.50%。而且，城市人口的死亡率要远高于农村。据统计，在19世纪30年代，英国农村人口的平均死亡率为1.82%，而城市则为2.62%。由于死亡率高，英国工业城市中工人的平均寿命仅30多岁。

（6）治安混乱。大量农村人口涌入城市，因生活环境的改变，许多人的行为开始失范，甚至道德沦丧，社会秩序非常混乱。在19世纪上半期，英国城市的犯罪率一直呈上升趋势，特别是以盗窃和抢劫为主的案件逐年增加。1850年，在伦敦7个辖区中，贫民阶层集中的居住区中犯罪率非常高。

总之，快速工业化和城市化进程中的伦敦，一味追求财富积累，从而进入了富裕和贫困并存、繁荣与悲惨交织的怪圈。正如作家托克维尔1835年在《英国及爱尔兰游记》中描述曼彻斯特时所说："从这污秽的阴沟里流出人类最伟大的工业溪流，肥沃了整个世界；从这肮脏的下水道中流出了纯正的金子。人性在这里获得了最为充分的发展，也达到了最为野蛮的状态。文明在这儿创造了奇迹，而文明人在这儿却几乎变成了野蛮人"。[①] 这是19世纪伦敦的真实写照。

2. 英国社会对"城市病"的认知过程

伦敦及其他城市的"城市病"存在已久，但英国上层社会往往冷漠视之。他们将底层民众的遭遇常归咎于其自身的懒惰、恶习和贫困。然而，几次大规模霍乱的爆发，逐渐改变了上层社会的认识，因为传染病是不分高低贵贱和阶层出身的，人人都有可能被传染，一旦染上都会面临着死亡威胁。例如，19世纪中期的一次瘟疫，致使坎特伯雷大主教的5个子女先后丧命。英国上层社会逐渐意识到，只有改善城市贫民的生活处境，才能保全自己的健康和生命。同时，英国工人阶级也进行了强烈抗争，如自18世纪90年代后期起多个城市接连出现起义和暴动，迫使社会各界逐步关注"城市病"问题。

为了医治"城市病"，许多社会有识之士进行了积极的探索和尝试。空想社会主义者罗伯特·欧文提出了"理想城市"设想，并于1800年在苏格兰开展"新和谐村"试验。19世纪末，埃比尼泽·霍华德提出了"花园城市"理想，并于20世纪初在伦敦周边进行实践。在欧文和霍华德等人改革思想的影响下，英国社会开始反思"城市病"的根源，并对政府的自由放任政策展开

---

① 欧文：《欧文选集》（第一卷），柯象峰、何光来、秦果显译，商务印书馆，1979，第196页。

了批判。

迫于社会各方的压力,英国政府逐步放弃了传统政策,开始介入城市管理,并在"城市病"治理过程中承担起更多的社会责任。1835年,英国议会通过了《市政机关法》,要求中央政府设置济贫法委员会、工厂视察员办公室、卫生总局、地方政府委员会、教育部、铁道部等机构。在政府职能专门化的同时,议会职能也从仅仅局限于政治议题逐渐转向经济、社会、文化、环境等诸多方面,并陆续设置了多个特别委员会。在此基础上,通过一系列立法活动,使得"城市病"治理工作逐步提上英国政府的议事日程。

3. "城市病"治理的主要行动

(1) 改善工人劳动条件。随着社会各界要求改革工厂制度弊端的呼声越来越高,以及工人阶级争取缩短工时、改善劳动条件的斗争日趋激烈,英国政府不得不着手规范工人的劳动条件。1833年,英国议会通过了《工厂法》,禁止有9岁以下的童工,并规定纺织厂9岁以上、11岁以下的童工每周工作时间不得超过48小时(每天还必须在劳动时间里抽出至少2小时让童工接受教育),18岁以下青少年的劳动时间每周不得超过69小时。同时,《工厂法》要求设立工厂视察员制度,以监督各项法规的执行情况。1844年,议会立法规定13岁以下儿童的工作时间减少为每天6.5小时,女工不得超过12小时。同时规定,工厂里的机器必须安装防护装置,以保护工人安全。1847年议会通过了《10小时工作日法》,1850年又通过《60小时工作周法》,以降低工人的劳动强度。1880年颁布的《雇主责任法》,规定雇主应对雇工的安全负责。随着一系列法令的陆续出台和实施,工人阶级的劳动状况逐步得以改善。

(2) 加强市政建设。1838年,伦敦瘟疫猖獗,在济贫法委员会秘书查德维克的建议下,成立了一个皇家卫生调查委员会。该委员会经过3年的调查,起草了一份《关于英国劳动人口卫生状况的报告》。该报告于1844年公布后,所披露出的环境污染和疾病侵袭而导致的高死亡状况,引起社会震惊。在该报告的影响下,英国议会于1848年通过了《公共卫生法》,要求建立中央卫生委员会,以督促各地市政部门清理污染,改善环境,并授权地方政府征收公共卫生税来补偿安装供水和排污系统的开支。这样,政府就从改善公共卫生入手,对"城市病"展开了治理行动。1855年,伦敦市政府任命了48名卫生督察，专职负责城市环境治理。1866年的《公共卫生法》，明确城市当局有责任为居民提供清洁的饮用水，进行排污处理和垃圾清理，并要求每个城市都要建立垃圾处理场。随后，各个城市兴建了一批投资规模大、建设周期长的公共卫生设施。到19世纪下半叶，由于市政设施逐步完善，城市环境卫生条件有了明显改善，人口死亡率开始下降，如伦敦底层工人的死亡率在25年内从5.0%下降到2.5%，平均寿命也从25岁增至37岁。可见，政府的努力是有成效的。

（3）增加住房供给。住房是最基本的民生需求。要想改善工人们的居住状况，就必须增加房屋供给，并不断提高住房质量。1844年，英国议会颁布《都市建筑法》，对住房面积、内部设施、外部格局及街道宽度等都做了明确规定，如要求新建住房必须有厕所、地下室必须安装窗户和壁炉等，以保证最基本的居住条件。1868~1885年，议会四次出台《工人住房法》，敦促城市政府清除和改造贫民窟，并兴建商店、公园、仓库、车站、剧院等设施，以改善居住环境。1890年新颁布的《工人住房法》，进一步扩大了地方政府在城市改造中的权力，不仅可以清理贫民窟，还可以征购土地用以建设廉租公寓，以缓解住房危机（此前政府只负责清理贫民窟，而住房则主要是由慈善组织和住房公司来建造的）。到20世纪初，伦敦政府与住房公司共建造"模范住宅"（一种成排的杂院房屋）和廉租公寓13万间，使得工人的居住条件有了明显的改善。即使如此，到1911年，伦敦市中心区还有约10%的人口生活在拥挤状态中。随后，城郊铁路陆续开通，中心城区人口开始向郊区转移，这使得城市工人的住房问题进一步得到缓解。

（4）增强治安力量。随着流动人口的增加和城市规模的扩大，英国传统上以地方自治为主的治安模式已难以适应新的形势。1829年，英国议会通过《都市警察法》，率先在伦敦建立专业警察制度，以负责日常巡逻和公共治安。随着警察队伍的不断扩大，犯罪率逐步下降，城市治安状况渐渐好转。与19世纪初相比，19世纪末的伦敦已不再是潜伏犯罪的"圣地"，而成为国家秩序和现代文明的中心。

总之，自19世纪中后期始，英国政府在改善工人劳动条件、建造住房、治理环境和维持城市秩序等方面采取了诸多措施，取得了一定成效。到19世

纪末，伦敦的"城市病"有所缓解（许志强，2011）。1892年7月，在发表《英国工人阶级状况》48年后，恩格斯在该书德文本第二版序言中写道："这本书里所描写的那些最令人触目惊心的恶劣现象，现在或者已经被消除，或者已经不那样明显。下水道已经修筑起来和改善了；穿过许多最坏的贫民窟修建了宽阔的街道；'小爱尔兰'已经消失，'七日规'跟着也将被清除。"可见，伦敦的"城市病"治理初见成效，但距令人满意的状况还有很大距离。这就说明，"城市病"不是一天两天形成的，而治理"城市病"同样需要长时期的艰苦努力。

（二）墨西哥城

墨西哥城是墨西哥的首都，位于墨西哥高原中南部谷地中（海拔2240米），是发展中国家人口规模最大的城市。

墨西哥城是西半球历史最悠久的文明古都。早在1325年，印第安阿兹特克人就在这里建立了都城——特诺奇蒂特兰。在鼎盛时期，特诺奇蒂特兰人口曾达30万人，是当时世界上最大的城市之一。1521年，西班牙殖民者焚毁了特诺奇蒂特兰。随后，又在其废墟上兴建新城——墨西哥城。1524年墨西哥城只有3万人，至1803年才到13.8万人。1821年，墨西哥独立。其后，墨西哥城发展步伐有所加快：1884年的人口为30万人，1900年为54万人，1930年为104.9万人。"二战"期间，美国对农产品和矿产品需求增加，而工业品出口减少，为墨西哥发展民族工业提供了机会。"二战"后，墨西哥政府大力实施"进口替代"战略，食品、纺织、机械、钢铁、石油、化工等发展迅猛，工业化进程加快。墨西哥城作为全国的政治、经济和交通中心，自然成为工业化的主要阵地。在城市西部与北部，形成了两大工业区，集中了全国50%的工业企业。工业的快速发展，对劳动力有了巨大需求，吸引着农村地区的人口持续不断地涌入城市，从而掀起了全国性的移民潮。在这样的背景下，墨西哥城人口呈爆发式增长：1940年为176万人，1950年为300万人，1960年为510万人，1970年为687万人，1980年为1503万人，1994年达2200万人，超过全国总人口的20%，成为世界上人口最多的大城市。

墨西哥城人口的急剧膨胀，在为城市经济发展提供充足劳动力的同时，也产生了交通拥挤、环境污染、住房紧缺、公共服务匮乏、失业人口增加、社会贫困加剧、农村衰退、地区发展不平衡等诸多问题，"城市病"愈演愈烈。

1."城市病"的主要表现

（1）失业严重。虽然墨西哥工业发展迅猛，但由于人口增长过快，就业问题变得越来越突出。尤其是自20世纪70年代中期以后，失业人口大幅度增长。根据人口普查资料，1960年墨西哥全国失业指数只有1%，到1970年就上升到3.8%，1980年达5.5%。而且，这一指数仅仅是指完全失业人口，墨西哥同时还存在着一支数量庞大的半失业大军。据统计，1970年墨西哥半失业人数为490万~580万人，占经济自立人口的37%~45%。墨西哥城经济结构的一个突出特点，就是非正规部门占有很大比重，服务业成为大多数人就业的主渠道。大量外来人口集中在城市经济边缘地带自谋生存，这些地方成为容纳失业和半失业人口的蓄水池。目前在墨西哥城，即使名牌大学的毕业生，找工作也很困难。许多出租车司机、保安或售货员，都拥有硕士学位。

（2）社会贫困。2009年，墨西哥人均GDP已超过1万美元，进入高收入国家行列。但是，大多数墨西哥人并不认同这一点。经济的快速增长，只是使少数人受益，而广大民众收入微薄，生活艰辛，长期陷入"发展中痛苦"状态。据统计，目前在墨西哥1.3亿人口中，有5000万人没有足够的收入来满足自身的住房、交通、教育等需求，其中近2000万人吃不饱饭。在联合国对126个国家财富分配进行的调查排名中，墨西哥排在第103位，是世界上贫富差距最大的国家之一。

（3）住房困难。大批农民来到墨西哥城后，由于不能充分就业，收入低，又得不到信贷支持，无力购买正规住宅。同时，政府因财力不足，保障房供给不到位。这样，许多外来移民只能选择在城市边缘闲置的公共土地上，自己建造简易住房居住。当这样的住房连成片时，就成为"贫民窟"。据墨西哥政府部门统计，墨西哥城大约有150万人居住在"贫民窟"内。由于大多没有经过政府部门的规划和配套建设，"贫民窟"内市政设施极度缺乏，饮用水要靠居民自己组织起来去建造小型的水塔、水泵或盗用城市供水系统的自来水来获得，用电也大多是从附近输电站偷来的。由于"贫民窟"通常是"被遗忘的角落"，教育、医疗等基本公共服务非常缺乏，居住环境恶劣。直到现在，墨西哥城"贫民窟"的数量和范围还在扩张。

（4）公共服务匮乏。由于政府财力有限，墨西哥城基础设施和公共服务体系建设不到位，缺口很大。尤其是涉及民生的基础教育和医疗等服务设施严重不足，不仅子女上学困难，居民看病就医也是一件令人头疼的事。在公立医院里，总是挤满了患者，需要等候很长时间。当然，私立医院就医条件非常好，但一般老百姓去不起。在城区内许多地方，尤其是"贫民窟"，连合格的饮用水和垃圾处理设施都不具备。

（5）交通拥堵。墨西哥城是世界上堵车最为严重的城市之一。目前，墨西哥城的机动车拥有量已达420万辆，而且每年还新增加25万辆。由于汽车增长速度快，而道路建设速度慢，交通严重拥堵。每天早上7～10点钟和晚上5～10点钟，是墨西哥城堵车最严重的时候。平时10分钟的路程，堵车时至少需要1小时。住在郊区的职工，每天上下班在路上需要花费4个多小时。根据美国IBM公司2011年9月发布的"全球交通痛苦指数"城市排名，墨西哥城交通痛苦指数为108，全球最高。

（6）污染严重。随着工业化进程的推进，从20世纪60年代起，墨西哥城就开始出现环境污染问题。不仅垃圾围城，污水横流，而且空气变得越来越污浊。四面环山的盆地地形，使得墨西哥城大气污染非常严重，天空经常遮云蔽日，被大雾所笼罩。到20世纪80年代中期，经常出现恶劣的烟雾天气，使人们呼吸困难，甚至患病。据墨西哥卫生部统计，1984～1988年，大气污染所导致的哮喘、支气管炎等上呼吸道疾病患者人数从100万人激增到220万人。进入20世纪90年代，墨西哥城大气污染物浓度经常达到空气质量标准的3倍，许多市民不得不戴着防护面具上街。日益严重的空气污染，导致每年至少有1000人死亡，迁徙到墨西哥城的候鸟也大量死亡。墨西哥著名作家卡洛斯·富恩特斯，利用谐音戏称墨西哥城（Mexico City）为"造病城"（Makesicko City）。1992年，联合国把墨西哥城定为全球空气质量最糟糕的城市。在世界卫生组织20世纪90年代发布的环境报告中，墨西哥城在全球严重污染城市中也一直处于前列。

（7）治安状况差。在墨西哥城，由于严重的贫富不均，传统价值和社会公德逐渐丧失，社会环境恶化，偷盗、卖淫、吸毒、绑架、凶杀等犯罪问题日趋严重，甚至出现暴力和骚乱事件。在地铁和公交车上，经常出现抢劫现象。即使乘坐出租车，也有可能被司机抢劫。在光天化日之下持枪入室抢劫，也是常有的事。毒品泛滥，可以说是墨西哥城治安乱象之源。贩毒集团拥有武装力量有 10 万余人，装备精良，政府军也难以对付。贩毒集团还通过贿赂，腐蚀政府机构工作人员，犯罪活动越来越猖獗。2010 年 5 月 17 日，现执政的国家行动党重要领袖、总统候选人迭戈·费尔南德斯·德塞瓦略斯遭到绑架，至今案件悬而未决。

2. "城市病"的治理过程

针对越来越严重的"城市病"，墨西哥政府采取了积极的措施予以应对，主要措施如下。

第一，控制人口过快增长。人口快速增长所带来的问题日益严重，使墨西哥政府逐步认识到自 20 世纪 40 年代以来所执行的人口政策存在缺陷。1973 年，修订了 1947 年制定的《总人口法》，将人口政策由鼓励生育改为节制生育。1976 年，又制定了全国人口增长中期规划，开始控制人口增长速度。经过一段时间的努力，人口增长速度逐步放缓。1974 年全国人口增长率为 3.5%，到 1980 年降至 2.7%。2010 年墨西哥总人口数为 1.12 亿，人口增长态势基本上得到了控制。这就为墨西哥城调控人口规模创造了条件。

第二，促进中小城镇发展。1978 年，墨西哥人口安置和公共工程部制订了全国城市发展计划，大力发展中小城镇，以防止大城市人口继续膨胀。在墨西哥城周围的墨西哥州，规划建设一批卫星城，在其他省区则挑选出 10~50 个中等城市作为建设重点，通过财政拨款以加快建设基础设施，并通过税收、信贷等优惠条件鼓励私人企业在这些城镇投资建厂，开办企业，创造更多就业机会，以安置和吸收由农村流入城市的人口，避免这些人向大城市集中。同时，政府还大力支持小城镇的发展，以吸引那些已经移居到大城市的农民。此外，政府还有计划地把首都的一些行政和教育机构及工厂企业等迁出墨西哥城，以带动人口向郊区卫星城镇转移。进入 21 世纪以来，政府利用新出现的"逆城市化"趋势，加大投入，并采取有效措施，将卫星城打造成环境优美、设施齐全、交通便利、治安良好、舒适宜居的新城区，一些著名高校和中学也在卫星城开办分校，以吸引富人和中产阶级来此生活。1980~2000 年，墨西哥城人口增长率最高的城区，已不是主城区，而是特拉瓦科、夸希马尔帕和特拉尔潘3个卫星城。自1980年至今，墨西哥城四周已建成30多个卫星城，居住人口超过1500万。这样，通过建设卫星城、发展中小城镇、支持农村发展和促进城乡公共服务均等化等措施，渐渐遏制了农村贫困人口向大城市的盲目流动。据统计，1999~2009年，农村人口向墨西哥城移民的数量开始出现负增长，城市总人口也趋于下降。到2010年，墨西哥城人口在2000万~2100万，人口过度拥挤的态势已有所缓解。

第三，积极改善住房条件。对于当今发展中国家的大城市而言，"贫民窟"是"城市病"的典型标志。因而，改造"贫民窟"是治理"城市病"的首要任务，也是最大的难题。虽然从统计上看，墨西哥城居民的住房自有率很高，在世界各大城市中位居前列，但墨西哥城大多数住房都是简易住房或"贫民窟"住房，房屋质量低。所以，提升住房质量，就成为墨西哥城一项艰巨的任务。为此，政府主要通过三种方式为低收入者尤其是"贫民窟"居民改善居住条件：一是政府投资建造成规模的简易住宅，并采取分期付款的方式平价售与贫民；二是政府只建造房屋的半成品，如打好地基，建好房屋的四壁和院子的围墙等，售给贫民后由其自行续建屋顶、门窗，并完成室内装修；三是政府提供贷款给贫民，由其自购建筑材料并自建房屋。除了大力改造"贫民窟"之外，政府也投资建造成片的经济房，售与中等收入的居民。同时，政府还通过财政、税收、金融等措施，抑制高档住房开发规模，加快中低端住房建设进度，以便让更多的中低收入群体购买到住房。虽然政府建造住房的力度很大，但由于贫困人口众多，目前住房仍然存在很大缺口，改造"贫民窟"的任务依然十分艰巨。

第四，重拳治理环境污染。针对日益严重的环境污染形势，1985年墨西哥组建国家环保部，着手治理环境污染。根据墨西哥城污染特点，治理的重点是大气污染。1986年墨西哥出台了《环境污染防治21条对策》，1987年又出台《环境保护100项措施》，1988年全面修订《环境保护基本法》，1989年启动了《墨西哥城地区空气清洁计划（1990—1995）》（目前正在执行第四个空气清洁计划，期限是2011~2020年）。1995年，墨西哥加强了大气自动监测网建设，将首都圈监测站点增加至33个，并要求电力等固定污染源都安装污染物自动跟踪监测器。1997年，墨西哥成立自动监测中心，负责向全国通报每天的空气质量情况，并据此采取应对措施。

墨西哥城主要污染物质是一氧化碳和悬浮颗粒物，而这两种污染物主要来自汽车尾气。所以，墨西哥城治理污染主要是围绕着控制汽车尾气而展开的。首先，强制推行汽车尾气检测和维修。其次，限制老旧车辆的使用。再次，推广使用低硫和无铅的清洁燃料。政府要求墨西哥城内300多个重污染工厂将燃料由重油替换为天然气或低硫柴油，并向首都圈内其他企业提供工业用低硫汽油。同时，还积极引进使用天然气和液化气的公共交通工具。最后，加强对污染工厂的管控。此外，墨西哥城还大力开展绿化运动，植树造林，净化空气。至今，墨西哥城森林面积已达1600多平方公里。

经过近30年的治理，墨西哥城大气环境质量明显改善。根据2010年监测数据，空气中的铅含量相比1989年减少了98%，二氧化硫减少了88%，一氧化碳减少了80%，臭氧水平（自1992年以来）下降了75%，PM_{10}减少了68%，空气质量状况已与美国洛杉矶市相当[1]。目前，墨西哥城一年中有近一半的时间空气质量达到合格标准，蓝天重现。但是，距离最新修订的空气质量标准还有很大距离。

第五，大力整治交通拥堵。针对墨西哥城日益突出的交通拥堵难题，政府采取"扶公抑私"的政策，大力发展公共交通。目前，墨西哥城既有地铁，又有地铁巴士，还有电车、轻轨及小公共。地铁是墨西哥城最重要，也是最快捷的公共交通工具。从1969年开建第一条地铁线至今，全市已有12条地铁线，运营里程超过200公里，日均运送乘客400多万人次。而且，墨西哥城所有的地铁巴士线路均与地铁线相连接，可以便利换乘。目前，墨西哥城居民有38.5%首选地铁出行。在大力发展公共交通的同时，还采取多种措施限制私人小汽车的使用。早在1989年，墨西哥城就推行"今天不开车"活动，后又将这一活动扩大到工作日之外的周六。进入21世纪，墨西哥城又推行一项"绿城计划"（2007～2022年），旨在减少交通拥堵，并削减温室气体排放。该计划倡导可持续交通，主要有两大措施：一是提高公共交通系统的效率，二是推

---

[1] 张燕：《墨西哥城治理空气污染对策研究》，《城市管理与科技》2013年第6期，第74～77页。

行非机动交通工具。后者主要是通过增设自行车道等措施，鼓励市民尤其是在校学生采取步行、骑车或乘坐公交车等生态方式出行。经过长时期的治理，墨西哥城交通状况明显好转。尽管目前仍没有摘掉"全球十大拥堵城市"的帽子，但与过去相比，墨西哥城的交通情况还是好多了。

总之，作为发展中国家的第一大城市，墨西哥城治理"城市病"的过程要更加艰难和曲折。到目前为止，"城市病"已显著减轻。但是，与西方国家的大城市相比，墨西哥城仍然状况不佳，治理的任务还很艰巨。

（三）新加坡

新加坡是一个城市国家，整个国家就是一座城市。新加坡是一个快速发展的城市，1819年从一个荒岛起步，到现在不足200年，就发展成为世界上发达的经济体，城市繁荣，人民富裕。同时，新加坡还是国际上公认的花园城市的典范，环境优美，交通畅顺，社会文明，秩序井然。一句话，新加坡在其快速发展过程中并没有明显的"城市病"，起码没有大的制约发展的不利因素。那么，新加坡是如何治理曾经出现过的"城市病"呢？这需要分析其国情特点和成长过程。

新加坡是一个岛国，位于马来半岛最南端，濒临马六甲海峡。新加坡本岛面积570平方公里，加上其他57个岛屿，一共有714平方公里的土地面积。

1819年，新加坡成为英国殖民地，由此开埠。起初，新加坡只是英国在远东地区的军事基地和贸易港口。随着世界贸易的扩张，新加坡很快发展成为重要的国际贸易中转港及东南亚橡胶出口加工基地。港口经济的发展，使新加坡人口快速增长。1819年新加坡只有150人，到1860年就增长到8万人，1921年为42万人，1957年为145万人，1966年为193万人，1987年为260万人，2010年突破500万人，2012年底达531万人，成为重要的国际大都市。

新加坡在发展过程中，也受到过"城市病"的困扰。尤其是在"二战"期间，新加坡因被日军侵占而遭受战火的严重创伤。到1959年实现"自治"时，新加坡面对的是殖民主义留下的烂摊子，经济萧条，失业严重，"屋荒"危机，治安混乱。当时在新加坡人口中，失业率在10%以上，有25%的人生活在贫困线以下，超过50%的人居住在"贫民窟"和窝棚内。连片的棚户区泥泞不堪，垃圾遍地，蚊虫肆虐，瘟疫四伏。新加坡河成为一条臭水河，河畔的商业区也非常破败。1965年新加坡独立，生存环境更加严峻。因为新加坡实际上是被赶出马来西亚联邦的，这意味着从此失去了一个1000万人口的大市场，失去了锡、橡胶等重要贸易资源，从而使其赖以生存的中转贸易丧失了经济腹地。这对新加坡来说是致命打击。当时新加坡有近200万人口，困守在只有520平方公里的小岛上（后来增加的土地面积是通过填海造地产生的），连吃水都成为问题（需要从马来西亚进口）。而且，新加坡居民以华人为主体（占2/3以上），多信奉佛教，而周边国家大多信仰伊斯兰教。在这样的国际环境中，新加坡能否生存下去，能生存多久，都是令人怀疑的。

面对国内外困局，新加坡政府沉着应对，抓住主要矛盾，逐个突破，在发展的过程中使"城市病"逐步得到治理，并最终走上了经济社会可持续发展的道路。新加坡立国和治理"城市病"的举措，概括起来主要有以下几条。

一是发展经济。经济是新加坡立足之本，也是解决各种矛盾和问题的有效手段。然而，在新加坡刚独立时，殖民主义统治留下的是畸形经济，以转口贸易和手工业为主，基础薄弱。要扩大就业，就必须发展工业。为此，新加坡积极推行"出口导向"战略，大力扶持制造业的发展。同时，实行开放政策，积极吸引国外的资金、技术和人才，并重点面向欧洲、美国和日本招商。1968年，新加坡设立裕廊工业区，以非常优惠的条件吸引炼油、化工、钢铁、造船、钻井平台制造、汽车装配、纺织、食品等企业落户。当时，发展中国家大多刚刚获得独立，驱赶外国殖民者，拒绝外资。同时，东南亚各国也大都处于动乱之中，实行排华政策，华人处境艰难。于是，新加坡抓住机会进行招商，很快成为外资的重要聚集地，尤其成了东南亚华人资本的避风港。同时，因"冷战"需要，美国也对东南亚国家慷慨解囊，并开放本国市场。新加坡利用这些有利条件，在短短几年内，制造业就迅速发展壮大起来，并一举改变了长期以来以转口贸易为主的单一经济模式。到20世纪70年代初，新加坡不仅解决了失业问题，个别行业还出现了不同程度的劳动力短缺现象。这时，积极调整策略，重点发展高附加值产业，如电子、精密仪器、精细化工等制造业，使新加坡很快就成为世界上重要的电子产品出口基地。进入20世纪80年代以来，由于中国、印度等国家实行开放政策，制造业开始向劳动力成本更低的发

展中国家转移。于是，新加坡及时调整发展方向，重点发展高科技及知识密集型产业，如生物制药、信息科技、研发设计等。进入21世纪，面临经济全球化的冲击，新加坡又转向发展物流和生产性服务业。目前，新加坡不仅是国际贸易中心，而且也成为世界金融中心之一，其金融机构管理的资产量亚洲最大，每年有超过一半的亚洲金融衍生产品在新加坡交易。1965~2001年，新加坡经济年均增长8%以上。2002年，人均GDP达37401新元（约合20887美元），开始步入发达国家行列。

二是建立中央公积金。在发展经济、增加就业的基础上，为了扩大积累，提升社会保障和可持续发展能力，新加坡政府建立了中央公积金制度。中央公积金是一种强制性的商业保险，实行会员制。所有受雇的新加坡公民和永久居民，无论雇主或雇员，都必须按照雇员月薪的一定比例缴纳公积金，存入雇员个人独立账户。每个会员都有三个公积金账户：普通账户、保健账户和特别账户。普通账户占公积金的75%，主要用于置业、投资、保险和教育等保障计划。保健账户占公积金的15%，主要用于自己和家庭成员的医疗健康保障。公积金成员在55岁（法定退休年龄）前，必须在保健账户上保留1.3万新元以备急用。特别账户占公积金的10%，主要供养老和特别急需之用。公积金成员年满55岁时，必须在特别账户上至少保留4万新元，以保证其在60岁退休后能够购买最低终身年金（其支付水平相当于届时社会平均收入的25%）。中央公积金制度自1955年建立，一直坚持下来，并在实践中不断完善。目前公积金的缴费比例为40%，其中雇员缴纳22%，雇主缴纳18%（自雇者需要自掏腰包）。这项强制性的社会储蓄制度，不仅解决了员工在退休、住房、医疗方面的难题，而且增加了家庭投资和政府建设的资金来源，成为社会保障的重要"稳定器"。

三是实施"居者有其屋"政策。1959年新加坡实现"自治"时，房荒严重。当时84%的居民住在简陋的窝棚内或店铺里，拥挤不堪，卫生条件差，疾病流行，身心健康受到严重威胁。为了解决住房难题，1960年2月新加坡国会通过议案，成立建屋发展局（HDB），负责制订并实施以缓解房荒、拆除"贫民窟"和更新社区为目标的"五年建屋计划"。1964年，新加坡政府推出"居者有其屋"计划，由建屋发展局统一承建组屋，并按低于私人房地产公司

30%~50%的价格出售给居民。居民可利用自己的中央公积金存款来购买组屋。只要首付20%的购房款，就可以拿到一套属于自己的住房，剩下的80%由公积金慢慢偿付，不会增加居民日常开支压力。因而，组屋政策深受新加坡居民的称道。从20世纪60年代至今，新加坡政府已累计建造90万套组屋，覆盖了82%的居民。

新加坡不是福利社会，而且贫富差距很大，但中产阶层的社会认同感很强，其根基就在于建立了比较完善的社会保障制度，如"老有所养"、"病有所医"、"学有所教"、"家庭保障"等，使绝大部分居民的衣食住行和生老病死无忧。这其中，起关键作用的有两个因素：第一是中央公积金，第二是居者有其屋。前者提供了资金保障，后者提供了最基本的生存空间（朱介鸣，2012）。

四是建设花园城市。新加坡要想吸引外资，留住人才，就必须创造良好的城市环境。为此，新加坡政府将霍华德的"花园城市"理念，作为城市发展的方向和目标（朱介鸣，2012）。新加坡采取了以下措施：①清洁城市环境。从20世纪60年代起，政府就开展了一系列全民参与的环境治理行动，如"清洁新加坡行动"、"大扫除运动"、"消灭害虫运动"、"反对随地吐痰运动"等，很快改变了建国初期的脏乱面貌。②植树种草。新加坡利用地处热带、水热充足的优势，大力栽植树木和花草，处处充满了绿色。政府规定，各类建筑设计必须同时进行园林绿化设计，并经园林部门审批，否则不能施工。而且，建房前还必须先交绿化定金。如果自己不种树，则由园林部门用绿化定金去种植。针对人多拥挤的国情特点，新加坡提倡集约利用土地，使建筑向高空发展，以腾出地面空间用于扩大绿地。在城市中心和各卫星镇之间及卫星镇中各片区之间，都由绿地隔开。为了保证绿地的均衡布局，新加坡还规定，在公寓型房地产开发项目中，建筑用地应低于总用地的40%；在每个楼房居住区内，每500米就应有一个1.5公顷的公园；在每个镇区，都要有一个10公顷的公园。目前，新加坡的绿化率已接近50%。③优化城市布局。要想在人口稠密的小岛上创造舒适的环境，就必须调整城市布局。在1971年联合国开发计划署帮新加坡拟定的概念规划中，就提出了环状加卫星城（新市镇）的布局方案，以防止城市"摊大饼"。到目前为止，已经规划建设了23个新市镇，各镇人口为15万~20万，容纳了全国90%的

居民。④严格控制环境污染。新加坡在推进工业化的过程中,严格执行污染物排放标准,同步推进环境保护设施建设,基本上避免了生态环境的恶化。⑤倡导垃圾回收及废旧资源循环利用。目前,新加坡60%的生活垃圾已得到再利用,建筑垃圾的循环利用率高达98%,而且全国3%的电力是由垃圾焚烧产生的。⑥设立自然保护区。虽然新加坡国土狭小,却设立了多个自然保护区,总面积超过国土面积的5%。新加坡岛中央就有一块150平方公里的永久保护区,任何时候都不允许开发。

五是整治交通。进入20世纪80年代,随着城市人口的持续增长,尤其是私人小汽车的大量增加,新加坡交通拥堵问题变得越来越突出。于是,新加坡政府开始着手治理。治理的措施,主要从三个方面入手:首先,大力发展公共交通。面对交通拥堵问题,新加坡确立了公交优先的原则,着力改善公共交通。在交通拥堵路段,通常设有巴士专用道及巴士优先信号灯,以保证公共交通的畅通。同时,公共交通票价低廉,服务优良。如今,新加坡居民市内出行,80%是由公交车或出租车完成的。其次,抑制私人小汽车的过快增长。从20世纪80年代起,新加坡就通过增加购买及使用成本的办法,来控制私人小汽车的增长:①收取相当于车价45%的进口税;②收取较高养路费(按排气量计算,每CC每年0.5新元);③收取新车注册费1000新元。该办法实施后,小汽车增长率从每年7%~8%下降到5%左右。1990年,新加坡又实行车辆数年度配额和拥车证制度。政府每年根据道路网络新增容量及报废车辆数,制定本年度小汽车增量配额,然后通过公开招标由公众竞买"拥车权"。中标者买得拥车证后,就可以购买新车(否则,是不能购买和使用新车的)。拥车证的有效期为10年。期满后,车主无论继续用车还是另购新车,都必须再去投标购买新的拥车证(否则,所拥有的车辆只得送往政府指定的地点进行销毁)。由于拥车证价格昂贵,有效地抑制了私人车辆的增长。目前,新加坡机动车总数约为92万辆,私人小汽车拥有率基本上控制在9人/辆。最后,控制车辆在高峰时段进入交通拥堵路段的数量。1975年,新加坡试行收取"拥堵费",以控制高峰期严重拥堵区域及路段的上路汽车数量。政府规定,小汽车在上午7点半至10点半、中午及黄昏时段进入市中心区要坐满4人,否则就要买票。1998年9月,新加坡引进了ERP电子收费系统，对进入商业中心区的车辆自动收取"拥堵费"。该系统被通俗地称为"哪里堵哪里收费"（而且越是高峰时段收费越高），不堵不收费。据统计，这一系统使新加坡早晚高峰车流量减少了40%，交通事故下降了25%，公共交通使用率增加了20%，高峰时段平均车速也提高了20%。目前，虽然新加坡也会出现车辆堵塞现象，但很少，程度也非常轻微，尤其是主干道上基本畅通无阻。

六是打造全能政府。新加坡城市之所以能够得到有效治理，很重要的一点就是有一个廉洁、高效而有为的政府。首先，人民行动党长期一党执政，政局稳定，政策连续性强，实施效果好。其次，政府实行"积极的行动主义和干预主义"政策，对经济加强宏观调控，并通过制定一系列五年发展目标，推动经济发展，使人民安居乐业。再次，在积极鼓励和支持私人经济发展的同时，大力发展国有经济，以保证公共力量的成长及政府施政目标的达成。目前，新加坡重要的经济部门和公共设施均控制在政府手里，如航空、海运、电力、邮电、公路、铁路、地铁等都是国营，从而增强了政府执政和施政的能力。最后，依法治理城市。新加坡是一个法治国家，在法律面前人人平等。无论是政府官员还是普通市民，都享有同等的公民权利，并履行同等的义务，没有任何团体和个人可以干预或逾越法律。由于法制严明，主要官员的自律性强，这基本上制止了腐败。再加上长期奉行谨慎、务实的作风，实行亲民政策，深得民众的信任，政府的号召力非常强。一个精明、能干、强有力的政府，是确保新加坡经济繁荣、社会和谐和秩序井然的关键因素。

二 国外"大城市病"的治理策略

通过对国外几个代表性大城市"城市病"发展情况及其治理实践的考察，可以看出"城市病"是各个城市在发展过程中必须面对的普遍性问题。虽然因发展阶段、社会制度、种族、民族及社会文化上的差异，各国（地区）"城市病"的轻重缓急不尽相同，但更多的还是有一些共性问题。下面就世界各大城市针对几种主要"通病"的治理策略和措施进行梳理分析。

（一）人口膨胀

大城市对人口具有强大的集聚作用。尤其是一个国家或地区的中心城市，集聚人口的能力非常强。例如，东京人口占到了日本总人口的1/10，巴黎人口占法国人口的1/8，布宜诺斯艾利斯集中了阿根廷人口的45%。

然而，人口的快速和过度集聚，常常成为诱发城市病的基本因素。一方面，人口的快速增长，对城市的就业、住房、公共服务、基础设施及环保等都产生了大量需求，这是许多城市在短时间内难以满足的。另一方面，人口的大规模聚集，使得城市很难一下子将这些人口有效地吸收进城市经济和社会组织之中，极易导致社会失序，从而给城市管理增加了难题。所以，要想治理"城市病"，首先必须控制人口增长速度。下面探讨一下国外大城市在调控人口增长速度和规模方面的主要对策与措施。

1. 经济政策

西方国家的市场经济体制比较完善，通常不直接限制人口的迁移和流动，而是用经济手段间接调控大城市人口规模。经济手段主要是通过调整财税政策，如营业税、收入税、财产税、房产税等，或通过调整商品与服务的价格，来增加大城市人口和企业的生存与活动成本，从而驱离那些不适宜在大城市发展的人口和企业，并抑制人口流入。例如，法国巴黎就规定外来人口要想获得居住权必须先缴纳10年赋税，韩国首尔则对人口拥挤地区征收"人口过密"税（主要针对大型建筑物的建筑商，征收标准约为建筑成本的5%~10%）。如果结合产业发展策略，并通过调整财政税收政策，促进产业结构转型升级，效果会更好，因为产业结构与劳动力数量及质量有着直接关系。发达国家大城市的产业结构，都有从劳动密集型向资本、知识密集型逐步过渡的演变趋势。以首尔为例，在20世纪90年代以前，经济发展基本依靠劳动力密集型产业，之后就逐步朝着资本和技术密集型产业过渡；进入21世纪以来，虽然首尔的经济仍在快速发展，但人口数量在减少。可见，要想保持经济增长又不造成人口膨胀及环境污染，最好的办法就是通过调整产业结构，走知识和资本密集型产业发展之路（马仲良等，2007）。

2. 发展规划

调整城市规划和产业布局，也是控制大城市人口规模的有效手段。通常的方法是，通过在城市郊区尤其是远郊区建设新城或卫星城，以疏散大城市中心区的产业和人口。例如，英国政府为了控制伦敦人口的过度膨胀，于1937年成立了以巴罗为首的专门委员会，该委员会规划了4个同心圆结构（即伦敦城、内伦敦和外伦敦，半径48公里，面积1580平方公里，外围为绿化带），以控制伦敦的自发性蔓延。1944年，艾伯克隆比主持的大伦敦规划，同样在伦敦行政区周围划分出4个环形地带，即内城环、近郊环、绿带环和农业环，只有最外围的农业环才可以建设新城或卫星城。"二战"后，结合城市恢复重建任务，英国政府先后颁布了《新城法》（1946年）、《城乡规划法》（1947年）、《城镇开发法》（1952年）等法规，进一步推动了伦敦外围的新城或卫星城建设。20世纪60年代，伦敦对发展规划进行修编，使城市沿着3条快速交通干线向外扩展，形成3条长廊，并在长廊的末端建设3座"反磁力吸引中心"城镇，以期在更大的地域范围内解决伦敦与周围地区在经济、人口、城市方面的均衡发展问题。巴黎也于20世纪60年代在郊区建设了5座新城，有效缓解了中心城区的人口压力。另一个方法是在中心城区外围建设多个副中心，以分担中心城市的某些核心功能。例如，东京为了减轻办公和商业活动对中心城区的压力，并平衡土地利用强度，于1958年、1982年和1987年分阶段实施"副中心"战略，使副中心和中心城区一起承担起东京的核心功能，逐步形成了"中心区－副中心－周边新城－邻县中心"多中心、多圈层城市格局，从而显著减轻了中心城区的人口压力。另外，通过调整发展策略，大力扶持中小城镇和农村发展，也是缓解大城市人口压力的根本途径。

3. 社会政策

城市化过程中之所以出现人口向大城市过度集中的现象，一方面是由于大城市优势大，机会多，发展快；另一方面是由于各地发展不平衡，公共服务和福利条件严重不均，在中小城镇或乡下生活艰难。所以，不管是农民，还是中小城镇居民，都想往大城市挤。如果政府能够均衡配置公共资源，不断提升整体的社会福利水平，使人们无论生活在何处，都能够过上一个体面的生活，那时许多人还是愿意留在中小城镇或乡下的，因为那里环境舒适，竞争压力小，

生活安逸。所以，只有城乡处处可安居，才能够从根本上扭转人口往大城市集中的趋势，从而减轻大城市的人口压力。要做到这一点，就有赖于一个完善、均衡、公平的公共服务和社会福利体系。

（二）住房紧缺

自工业革命以来，住房一直是大城市在发展过程中所遇到的一大难题。住房紧缺，居住拥挤，环境恶化，房价高企，成为各大城市的通病。住房是人们最基本的生活需求。如果居住需求得不到满足，很容易加剧城市贫困，进而引发社会矛盾、犯罪及环境污染等各种城市问题。因而，各大城市政府都非常重视住房问题，曾试图通过多种途径加以解决，并积累了许多成功的经验。

1. 建造公共住房

世界大城市解决住房难题的一个重要途径就是政府出资建造公共住房。自20世纪50年代以来，香港政府出台了一系列公共住房政策，以解决住房问题。1953年，由于城市火灾，大量居民无家可归。1954年，香港政府开始建设首个公共屋村以安置灾民。到了20世纪60年代，香港政府先后推出"廉租屋计划"及"临时房屋计划"，使公共屋村居住人口达100万人。20世纪70年代，提出"十年建屋计划"，为180万居民建造具有独立设施的居所。1976年，推行"居者有其屋计划"，协助中低收入家庭和公共房屋租户成为有房者。20世纪80年代，又相继推出"拓展重建计划"、"公屋住户资助政策"和"长远房屋策略"，进一步缓解了住房难题。由于香港政府推行了较为灵活的公共住房政策，切实缓解了香港居民的住房难题，并对邻里融洽和社会稳定产生了积极的影响。

2. 提供住房补贴

通过提供住房补贴等办法，帮助低收入居民从市场上获得住房，是美国解决住房难题的主要途径。在20世纪30年代和50年代，美国政府也曾兴建了大批的公共住房以改善居住条件，但效果不佳。之后，就转向通过税收减免、发放租金补贴等办法，资助非营利机构和私营发展商建造向中低收入者提供可负担的住房。20世纪60年代，由于战后"婴儿潮"（Baby Boom）时期出生的人开始组建新的家庭，住房需求大增。为此，1968年约翰逊政府通过了《公平住房法案》，提出两项议题：一是房租援助计划（Rent Supplement Program），二是抵押贷款援助计划。前者旨在通过对低收入家庭提供租金补贴，以及为公寓发展商提供低于正常市场水平的贷款利率，使其为中低收入者提供低于正常市场租金水平的住房；后者是在联邦住房行政管理局（FHA）抵押贷款保险计划框架内，为符合要求的住房购买者提供低于市场贷款利率的贷款。到1973年，全国已发展到7000万套住宅，平均每套居住人口不足3人，居住条件有了显著改善。这也反映出，美国住房市场结构已发生了重大变化，住房短缺不再是主要矛盾，取而代之的是低收入阶层所付房租相对其收入过高的问题。从此，政府援助的重点就放在了房租支付援助上。1974年，尼克松政府出台了《住房和社区发展法案》（*Housing and Community Development Act*）。之后，美国政府又推出租金优惠券计划（Rent Voucher Program），使租户有了更大的自主性（政府发给受保障家庭一定的租金优惠券，当租房租金低于政府规定的市场租金时，允许租户保留未花完的优惠券，下次继续使用；同时也可租住高于市场租金的住房，多出的费用则需要自己负担）。到1993年，参加租金证明和租金优惠券计划的租户达130万，与租住在传统公房中的居民数量相当。到克林顿执政时期，政府推行将传统公房彻底私有化，并将补贴计划全都留给租金优惠计划。事实证明，美国公共住房政策是成功的，在为低收入阶层提供住房的同时，也促进了中产阶级住房市场的繁荣。目前，2/3的美国家庭都拥有独立的住宅，成为"美国梦"（American Dream）的坚实组成部分。

3. 调控住房市场

为了减轻政府的财政负担，通过制定经济政策，加强宏观调控，来促进住房市场的平衡发展，保证足量的中低端住房供应，也是缓解大城市住房难题的一条有效途径。加拿大温哥华市，面对不断高涨的房价，采取抽肥补瘦的办法，一方面，通过抽取房地产商的部分利润去建造经适房；另一方面，则通过制定不同的房价而让高收入者补贴中低收入者，来缓解住房难题。温哥华市鼓励来自不同背景、不同收入的人居住在同一个社区甚至同一个小区里，其中1/3的房子质量特别好，但价格高昂，是供高收入者居住的，而剩下的2/3则提供给中低收入人群，价格实惠。

（三）交通拥堵

随着人口的膨胀，尤其是小汽车的普及，使得大城市交通需求与交通供给之间的矛盾日益突出，交通拥堵成为痼疾。在巴黎，20世纪60年代，由于私人小汽车与日俱增，市区内交通严重阻塞，1973年建成的环城快速路开通后不久就出现拥堵。在东京，20世纪70年代小汽车拥有量快速增长（1979年达300万辆），也带来严重的交通拥堵。在伦敦，由于市中心区集中了大量的政府机关、法院、社会组织、企业和文娱场所，每天高峰时段有超过100万人和4万辆机动车进出中心城区，交通非常拥挤，区域内平均车速只有14.3公里/小时。在曼谷，由于车速过慢，整座城市成了一个大停车场，曾出现过3个月内有900名孕妇因堵车而被迫在车上分娩的情况。

交通拥挤对城市生活最直接的影响就是浪费了居民的出行时间，增加通行成本，降低城市的运行效率，加剧大气污染。据英国SYSTRA公司对发达国家大城市交通状况的分析，因交通拥堵造成的经济损失约占GDP的2%。

治理大城市交通拥堵，成为世界各大城市一直探索的重大课题，主要措施有如下几种。

1. 实施交通先导战略

交通拥堵的核心问题是车和路发展不平衡，数量、结构不匹配。因此，缓解交通拥堵的根本措施是实施交通先行战略，早修路，多修路，修畅路，大幅度提高路车比值，高标准满足车辆的道路需求。同时，还必须实行交通先导战略，以交通引导城市开发，促进城市功能及产业、人口、车辆的区域平衡，并确保道路建设与城市建设及车辆增长相协调。

2. 大力发展公共交通

世界各国的实践经验证明，单纯依靠多修路仍然难以解决大城市交通拥堵问题。修建道路要受到资金、土地等诸多因素的制约，增加幅度是有限的，而小汽车的增长速度则几乎不受限制。特别是，交通拥挤地段主要集中在大城市中心区，而这些地带通常是没有办法开辟新马路的。所以，现在世界大城市都把"公交优先"作为交通发展的基本策略，因为公共交通工具的运输效率要远高于私人交通工具。目前，国外大都市公交系统承载的居民出行比例平均为

75%，在华盛顿和东京达80%，香港超过90%。

公共交通除了普遍的公交车之外，还包括BRT（快速公交）及轨道交通（地铁、有轨电车及市郊快速列车等）。各种类型的公交运载工具优势互补，紧密联结，就可形成高密度、广覆盖、有效率的公交运营网络体系。巴黎、伦敦、纽约、东京等大城市都在投资上向公共交通倾斜，增加对公交企业的补贴，以扶持其提高运营能力。同时，在道路和交通管理上，也确保公交优先。例如，巴黎设置了480多条全天或部分时段禁止其他车辆使用的公共汽车专用道。伦敦实行公交专用道、公交信号优先及一体化智能卡，公交优先线路占全部线路的85%。首尔的公交专线设在马路中央，连接市内外的干线中央也辟出红色单向车道专供公交车行驶。

轨道交通已成为世界大城市解决交通拥堵和出行难题的利器（王超、林清华，2011）。东京人口为1000多万，有机动车700多万辆，但道路并不拥堵，原因就在于建成了四通八达的轨道交通线网。在东京大都市圈内，现有280多公里地铁线，铁路近3000公里。在城区任何一个地点，步行10分钟（中心区不超过5分钟）就可找到一个轨道交通站点，而且轨道交通与其他交通方式的衔接和转换非常便捷。东京轨道交通系统每天运送旅客2000多万人次，承担了全部客运量的86%。在早高峰时的市中心区，有91%的人乘坐轨道交通工具。纽约的地铁也非常发达，而且公交与地铁线路均为24小时营运。

3. 限制私人小汽车的增长和使用

与公共交通工具及自行车相比，小汽车在运行中所需人均道路面积及停放面积最高，效率最低。因而，很多国家都对私人小汽车的购买和使用加以限制。首先，抑制小汽车的购买。欧洲国家通常是征收高额的消费税，以提高购车成本。例如，法国汽车消费税为33%，荷兰为47%；丹麦更高，税收额度约为购车费用的3倍，且税款随车重和排量的增加而升高。其次，限制小汽车的使用。欧洲国家实行较高的燃油税，以增加小汽车的出行成本，抑制小汽车的滥用。从1998年起，韩国各大城市实施按车牌号限制通行的措施，使交通量减少了6%。再次，限制小汽车进入交通拥堵区域。通常是通过收取道路拥堵费的办法来限制小汽车出入道路拥堵地段。伦敦从2003年2月17日开始对进入内环线的车辆收取拥挤费（每车5英镑，公交车、出租车、消防车、紧急救援车辆及残疾人士驾驶的车辆等免费；每天7:00~18:30收取，周末和法定节假日除外），方案实施后有40多万人放弃私家车改乘公共交通工具，区域内交通量减少16%，车速提高37%，拥挤率减少了40%。另外，提高中心城区泊车位的停车费收取标准，也是限制车辆进入的有效手段。例如，哥本哈根中心城区的停车费为每小时4美元，东京的停车费每小时600~1500日元（约合40~100元人民币），纽约曼哈顿闹市区的停车费每小时近30美元。由于小汽车以占用较多公共空间资源来换得较高个体时间效率与舒适度，使用者理应为此付出更多的经济成本。还有，欧美国家都积极倡导人们拼车合乘。例如，巴黎市政府出台了一系列新法规，提倡居民搭伴出行，尽量避免"空车"上路。纽约市规定，在高速公路上3人以上合乘的车辆可使用专用快车道。以上这些举措，都极大地抑制了小汽车的使用量，促使大多数居民选择乘坐公共交通工具出行。

4. 严格交通管理

加强对道路交通管理，维持良好的交通秩序，如对交通拥挤路段实行限流措施、加强对违规车辆的管理等，也是确保道路畅顺、减少拥堵的重要因素。例如，法国在治理交通拥堵上更强调人的因素。巴黎驾校就以考试严格而闻名，以确保在上路之前就培养驾驶员良好的责任和安全意识。巴黎还以"轻微违章不影响交通者不罚，交通高峰期尽量不罚"为原则，尽量避免由此造成的交通拥堵。而对严重超速和违章停车等容易造成堵塞的驾驶员就不放过。出租车大多需要提前预约，街上很少见到招手打车的情形，这既降低了出租车的空驶率，也减少了因出租车随意停车载客而造成拥堵的可能性。同时，巴黎对道路标志设置也很讲究，几乎每个交叉路口都设有指示近、中、远目的地的醒目路标，以确保司机不会因找路分散注意力而引发事故。在城市快速路和高速公路上，还设有电子显示牌，循环显示交通信息，帮助司机提前做好选择，以减少拥堵。

5. 实行智能化交通管理

为了提高道路通行效率，世界大城市大都致力于利用智能交通管理系统（ITS）来提升通行效率。例如，东京路面上交通信号、标志、标线非常齐全，大多由智能信息显示，让市民可以方便地了解实时路况，而且大部分车辆都安有导航仪，以便于选择最佳行驶路线，避开拥堵路段。1995年3月，美国交通部正式发布《国家智能交通系统项目规划》，全面推广应用智能交通系统。纽约的智能交通系统，拥有86台闭路电视，负责对全市5个区的主干道交通状况进行实时监控。纽约市6600个交通信号灯和4000个用于测定车流量的环形探测器由该系统进行管理。一旦某一路段发生交通事故或出现拥堵状况，计算机就会立即发出指令，对附近地区的信号灯重新进行编程，闭路电视也会马上对准现场，以便为工作人员处理事故和交通拥堵提供实时信息。

6. 倡导绿色出行

目前，西方各大城市都在提倡绿色出行，重视既环保又有益健康的步行或骑自行车交通方式。例如，在城市中心区公交发达、商业繁华地带开辟步行街，或设立无汽车街区，不仅可以疏导交通，还有助于促进商业繁荣及城市环境和景观的改善。在巴黎、慕尼黑、苏黎世等城市，步行街区均成为这些城市中的亮点。又如，哥本哈根居民长期以来一直保持着骑自行车出行的良好传统，超过40%的人选择骑车通勤，该市早在20世纪60~70年代就建成局部自行车路网，后又建造了一条自行车"高速路"，路上使用特别的交通信号系统，让骑车族几乎"一路绿灯"。再如，荷兰的自行车交通也非常发达，人口只有1600万人的国家，却拥有至少1700万辆自行车，人均自行车数量远超中国。荷兰人30%以上的旅行是靠骑自行车完成的。荷兰法律规定，在城市规划中，道路设施不能截断主要自行车道，城市建设不能给自行车交通造成不便。在各个城镇，几乎每条道路上都有自行车专用线。为了推行自行车交通，荷兰的部长、市长等政府官员大都以身作则，骑自行车上下班。

7. 实行弹性工作制

为了避免上下班高峰时间交通拥挤，许多大城市都鼓励各单位实行有弹性的工作时间。例如，美国圣何塞市部分公司允许员工根据个人的具体情况选择在不同时间段上下班，大多数人可以每周在家工作两天。如果工作性质许可，有的员工甚至可以每周五天都在家工作。这既保证了员工的工作时间和效率，又减轻了城市道路的交通压力。

8. 优化城市空间布局

世界大城市大都表现为单中心、"摊大饼"式的空间扩展方式，很容易强

化向心聚集功能，从而造成人流和车流的过分集中。因而，优化城市空间功能结构，也是减轻交通拥堵程度的重要途径。通常办法是，在城市各个片区（包括卫星城或新城）提倡功能适度多样化，大体按照"职住平衡"的原则来配套人口与产业，以避免因功能过于单一（如开发区、"卧城"等）而产生不同片区或功能区之间过大的通勤客流。例如，新加坡将城市规划为55个小区，每个小区内不仅有住宅，还有办公楼、购物中心、学校、医院、餐饮娱乐设施及公园等，居民上班及生活休闲基本上都可以在一个小区内得到满足，从而大大减少了不必要的通勤出行。另外，非常重要的一点是，在城市各片区或功能区均等地配置公共服务和基础设施，相互间落差不宜过大，以避免人口往条件优越的片区或功能区移动，出现过度集中的情况。

（四）环境污染

环境污染是城市化和城市快速发展过程中最容易出现的"城市病"。环境污染的表现形式是多种多样的，最常见的是大气、水体、垃圾和固体废弃物及噪声污染等。其中，最难治理的是大气污染，因为污染媒介是气体，易于流动和扩散，人工难以控制。因而，新时期"城市病"最突出的表现就是大气污染不断加重。当前，大气污染的主要表现形式是雾霾。下面主要探讨世界各大城市在治理雾霾方面的经验和措施。

由于地理位置、气候条件及产业结构等差异，各大城市雾霾的成因也互不相同。1943年7月26日开始的洛杉矶雾霾，通常表现为淡蓝色烟雾，其原因主要是汽车尾气在阳光作用下与空气中其他成分发生化学反应而产生的一种刺激性很强的光化学烟雾。1952年12月6~9日伦敦发生的毒雾事件（大气中二氧化硫浓度高达 $3.8mg/m^3$，烟尘 $4.5mg/m^3$，先后造成12000多人死亡），主要表现为极浓的灰黄色烟雾，其直接原因是燃煤产生的二氧化硫及粉尘污染。20世纪60年代，东京的大气污染主要表现为由亚硫酸气体构成的白烟，主要原因是石化工业的过度集中。1962年12月，德国鲁尔工业区发生的严重雾霾，主要污染物是二氧化硫（浓度曾高达 $5mg/m^3$），主要原因是燃煤工业污染。在过去几十年里，虽然巴黎没有出现过灾难性的空气污染问题，但也一直被大气污染所困扰，其主因是汽车尾气（巴黎的主要能源是核能）。

由于大气污染物主要来源于能源在燃烧后排放出来的废烟及废气，因而治理雾霾或大气污染主要是围绕着能源使用展开的。首先，提升能源使用效率。例如，在城区使用集中供暖，取消家家户户的小煤炉，就可以大幅度提升供暖效率，减轻煤烟污染。其次，优化能源结构。通过提升能源品质，使用清洁能源，减少劣质能源的使用量，也是控制大气污染的有效途径。在欧美国家，目前已普遍使用天然气等优质能源来取代煤炭。在法国能源结构中，核能成为支柱。再次，压减能源消耗规模。例如，欧洲国家为了降低私人汽车对能源的使用，普遍采取高油价政策，以抑制对石油资源的过度消耗。最后，控制大气污染物排放强度。在早期推行的控制大气污染的措施，主要是要求各个污染物排放源，如工厂锅炉、汽车发动机等，采取技术措施，以使废烟、废气排放达到符合要求的排放水平。美国加利福尼亚州于1965年率先制定了机动车辆尾气排放限制标准，1975年要求所有汽车配备催化转换器。欧盟不断提高机动车尾气排放标准，从最初的欧Ⅰ标准逐步提升到目前的欧Ⅴ标准。

　　除了以上具体的办法之外，治理雾霾还需要一些综合性的策略和措施。主要包括五个方面。

　　一是实施跨区域联防联治。针对大气污染物易于流动扩散的特点，必须采取跨区域的治理措施。美国加州于1977年成立了南海岸空气质量管理局（SCAQMD），统一负责南加利福尼亚州地区的空气污染治理。欧洲多个国家在1979年也签署了长距离跨国界空气污染条约（LRTAP），以推进联合治理。

　　二是强化监测网络。对大气污染进行实时监测是把握大气环境质量、有效治理大气污染的基础。日本建立了全国大气质量监测网和地方大气污染监测网，并于2003年设立"大气污染物质广域监视系统"网站，让全社会监督。美国加利福尼亚州于1970年率先监测PM_{10}，1980年监测废气中的铅和二氧化硫，1984年监测$PM_{2.5}$，1990年分析$PM_{2.5}$的化学成分等。洛杉矶建立了37个大气环境监测子站，空气污染数据24小时实时在网上发布，公众可随时查看。欧盟很早就始对SO_2、NOx、NH_3等污染物进行监测，并建立了较为完备的监测网络。

　　三是推进产业升级。无论采取怎样严格的强制性治理措施，都难以遏制不断扩张的经济总量和高消费带来的污染物总量的增长。对于这一难题，一项根

本的举措就是大力发展知识产业，推动产业升级，优化产业结构，逐步淘汰传统落后的高能耗、高污染产业。1973年第一次石油危机爆发时，英国不仅面临着工业发展带来的巨大环境污染，也日益承受资源短缺的巨大压力。于是，英国产业政策的重心由工业转向服务业，使得长期依赖政府补贴的纺织、造船、机械、钢铁及煤炭等产业大幅度萎缩，航空、化工、机电、石油等产业也逐步从规模生产向高端设计、集成、品牌等方向转变，同时加大对服务业的扶持力度。到1989年，英国三个产业的结构已调整为1:31:68，基本完成了由制造业为主向服务业为主的转变。2012年，英国第三产业比重进一步提升到78.2%，远高于世界63.6%的平均水平。1990~2011年，英国人均GDP从17687美元快速增长到39038美元，而国内能源消耗总量却基本持平。2011年，英国人均能源消耗量为3.38百万石油当量，比20世纪90年代（人均能耗的3.85百万石油当量）有了明显下降。

四是发展清洁能源。自20世纪60年代以来，在世界能源与环境危机的倒逼作用下，西方国家一直在调整能源结构，重视利用可再生能源，如水能、风能等。2008年的国际金融危机，又催生了新能源革命，各发达国家都致力于发展太阳能等新能源，逐步取代化石燃料，以从根本上遏制大气污染。

五是引入市场机制。如何建立和完善大气污染长期治理机制，保障治理行动的可持续性，是世界各国面临的共同难题。为此，许多国家实行大气排污许可证制度，允许排污企业进行排污权交易，利用市场机制促进减排，以提升治理效率。1993年，美国加州南海岸空气质量管理局实施世界上首个区域空气污染排放交易计划（RECLAIM），企业之间可以自由买卖污染物排放配额。

六是加强绿化。人口稠密，空间拥挤，开发强度高，也是造成空气污浊的重要因素。因而，扩大绿地面积，降低人口、车辆和机器设备的密度，也是治理雾霾的重要手段。例如，伦敦不仅在城市外围建有大型绿化带，在寸土寸金的市中心地带也保留着海德公园、詹姆斯公园等大片绿地，全市拥有100个社区花园、14个城市农场、80公里长的运河和50多个自然保护区，城区1/3的面积都被公共绿地所覆盖，人均绿地面积达24平方米。

总之，西方国家的大城市，经过长时期的治理，雾霾等严重的大气污染现象已经很少见了。例如，伦敦目前已是蓝天白云，绿树成荫，碧水粼粼，当年的"雾都"景象难见踪影。

三 国外"大城市病"治理的经验与启示

从前面的分析可以看出，经过长时期的持续治理，目前主要发达国家的"城市病"已得到有效缓解，而不少发展中国家的"城市病"治理尚需时日（袁东振，2005）。认真总结国外大城市治理"城市病"的经验和教训，可以为中国大城市提供有益的借鉴。

（一）治理"城市病"的主要经验

世界各国大城市在快速发展过程中均出现过不同程度的"城市病"。由于时代背景和文化差异，各国在治理"城市病"的过程中采取了各种各样的措施和手段。这些措施和手段，有些是方法性的，有些是策略性的；有些是针对单个问题的，而有些则是综合性的。当然，实施效果也不相同，有些是成功的，而有些则效果不明显。经过实践证明比较有效且能够解决综合性问题的措施和手段，主要有以下几个方面。

1. 立法应对"城市病"

国外大城市应对"城市病"的一个共同策略就是将其纳入法治渠道。"城市病"是顽疾，不是简单的几项措施就能够解决问题的，必须打持久战。同时，治理"城市病"涉及经济和社会体制变革及发展模式的转变，需要付出巨大的代价，是一场消耗战。因而，治理"城市病"必须是国家的意志，并通过法制途径，调动全社会的力量才能够解决。虽然通过法律途径治理"城市病"的过程是漫长的，甚至会曲折反复，但只要长期坚持下去，就一定能够收到应有的效果。例如，19世纪70~80年代英国的住房政策多有反复，但整体看还是基本上依照法律程序一步步向前推进的。

2. 充分发挥政府的主导作用

从西方国家"城市病"的发生和治理过程来看，"城市病"之所以日益严重，主要是政府过于信任市场的力量，长期放任自流的结果。英国历史学家克拉潘就把英国"城市病"的根源看作是"市场失灵"的结果。因而，西方国家治理"城市病"的一个基本策略，就是促使政府从被动的放任自流转变为在法律框架下进行积极主动的干预，并建立起统一的管理机构和监督机制，从而承担起治理"城市病"的重任。发展中国家的政府，由于自身能力有限，治理"城市病"的难度很大。正因为如此，更应该强调政府的主导作用。否则，只能看着问题越积越重。当然，强调政府的主导作用，并不是可以忽视社会力量和市场机制，而是需要更加重视政府的主导作用与社会力量的广泛参与和市场机制的基础性调节作用相结合，只有三者有机结合起来才能够显著提高治理"城市病"的效率。

3. 在发展的过程中逐步化解"城市病"

"城市病"的出现，不是一天两天形成的。同样，要治理"城市病"，也不可能一蹴而就，一举成功。西方资本主义国家早期的大城市，由于长期实行自由放任的政策，政府不积极干预，"城市病"病入膏肓之时，才着手治理，代价巨大，对城市的伤害也非常严重。直到今天，许多发展中国家的大城市，仍然没有摆脱"城市病"的困扰，其原因就在于在"城市病"发展的早期，大多没有给予足够重视，或虽然重视但治理力度不够，"城市病"越来越严重。新加坡政府奉行积极的行动主义和干预主义政策，对城市快速发展过程中出现的各种矛盾和问题及时着手解决，逐步得以化解，就没有形成"城市病"。事实上，城市在快速发展过程中，既是各种矛盾和问题集中出现的时期，也是解决这些矛盾和问题的最佳时机。一旦快速发展时期错过，再去处理这些矛盾和问题就非常难了。墨西哥城正是这种情况。

4. 发展转型是化解"城市病"的根本途径

前面的分析可以看出，"城市病"是发展不平衡所引起的。虽然在快速城市化过程中城市发展不平衡是正常现象，但过度的不平衡，本身就是发展方式不完善的表现。从根本上说，"城市病"是由粗放的发展方式引起的。要想根治"城市病"，从长远看，就必须转变发展方式。只有发展方式转变了，城市经济、社会及环境的品质提升了，城市整体的发展质量改善了，就会远离"城市病"。所以，"城市病"事实上是逼迫城市转型发展的压力和动力。例如，伦敦经过几十年的产业调整，目前已经转变成优良的经济结构，服务业成为城市经济的主体，金融成为主导产业，从而远离了"城市病"。

5. 加强社会建设是治理"城市病"的根本保证

借鉴欧美及新加坡等发达国家的经验，并吸取发展中国家的教训，治理好"城市病"的一个重要前提就是要加强社会建设。从各国的经验看，发展方式不完善，首先表现为社会发展和环境建设滞后（张淑华，2007）。要想转变发展方式，一条重要的途径就是加快社会和环境建设步伐，以增强城市发展的协调性和平衡性。事实上，西方国家治理"城市病"最有成效的时期，就是在"二战"后，通过提高社会福利和增加公共服务，使社会各个阶层及群体之间的差距拉近了，社会变得和谐了，尤其在住房问题得到缓解之后，其他"城市病"也迎刃而解。

6. 立足区域建设多中心城市

从空间上看，"城市病"主要是城市功能过于集中造成的。如果将中心城市的功能分散在一个较大的区域范围内，建设网络型的区域－城市体系，这一问题会在很大程度上得到解决。所以，国外大城市治理"城市病"的一个基本策略，就是通过调整区域规划来优化空间布局，构建多中心的区域－城市，来疏散中心城市过度拥挤的人口和产业，抑制或缓解"城市病"。例如，伦敦20世纪50年代就在离市中心50公里的半径范围内建设了8个卫星城。2011年，莫斯科也着手建造新城，以缓解交通拥挤难题。另外，美国大西洋沿岸的城市带，日本太平洋沿岸的都市圈等，也都是区域－城市的反映。为了加强区域内各城市间的协调，国际大城市通常都有一个区域协调机构，类似于"大都市规划委员会"，以便对城市发展和区域规划进行统筹协调，更好地实现区域内的资源整合和产业布局，促进区域整体的发展。例如，1898年成立的大纽约市政府，1929年成立的区域规划协会，20世纪60年代成立的纽约大都市区委员会等，都曾在纽约发展和区域规划协调方面发挥了积极的作用。

（二）国外"城市病"治理实践对中国的启示

当前，中国正处于城市化快速推进的时期，由此所带来的人口、资源、环境、交通、产业、就业、社会、文化、安全等领域的问题频繁出现，"城市病"凸显。要想治理好"城市病"，必须注意从国外的治理实践中得到某些启示。

启示一："城市病"的治理过程正是城市发展转型升级的过程。

世界各国大城市的实践表明，城市化不是简单的经济增长和城市发展过程，而是一个国家和地区从传统社会向现代社会的转型过程；城市化并不单纯是人口的空间转移过程，而是一场深刻的社会变迁。因而，治理"城市病"也不是简单地去解决几个矛盾和问题，而是通过解决这些矛盾和问题来为城市发展释放动力，并促进其转型升级。所以，需要从战略高度来看待"城市病"及其治理。"城市病"并不可怕，怕的是对"城市病"视而不见，或治而无方，或治理不力。

启示二：治理"城市病"愈早愈好。

从世界各国的经验和教训来看，一方面，治理"城市病"需要几十年甚至上百年的时间，拉美等发展中国家的大城市至今深受"城市病"的困扰；另一方面，则是早治理比晚治理效果要好，如果能提前预防则完全可以避免"城市病"。例如，新加坡在快速发展过程中由于及时解决了遇到的各种矛盾和问题，就没有出现严重的"城市病"。又如，东京和首尔在快速发展过程中所遇到的"城市病"，由于政府及早着手解决，且整治力度大，其治理过程就比伦敦要短（伦敦花了一个多世纪才达到今天的状态，而东京和首尔只花了30年左右的时间就基本上控制住了"城市病"），"城市病"所带来的危害也比伦敦轻。中国作为一个发展中的大国家，情况复杂，治理"城市病"既要有打持久战的思想准备，同时还必须早做谋划，尽快行动，越早越容易。

启示三：治理"城市病"重在治本。

任何一种"城市病"往往都有很深的社会经济背景。如果仅仅针对具体的症状下药，并不能解决实质问题。只有对引发问题的根源采取有针对性的治理措施，才能够做到真正有效。例如，伦敦、纽约、芝加哥等大城市早期治理"贫民窟"，就是简单的清除贫民的房屋，因而并没有多少实际效果，只是把贫民从一个地方赶到另一个地方，至多是将他们从城里赶到了城外。后来，政府出资为贫民建造廉租住房，资助他们购买住房，或帮助他们就业，"贫民窟"才真正被清除掉。事实上，"城市病"是历史欠账，早晚都要还，还的越晚越被动，代价也更大。

启示四：综合化解"城市病"。

治理"城市病"需要下大力气，不是简单的几项措施就可以解决问题的。在通常情况下，需要综合运用政治、经济、法律、行政及民众广泛参与等多种手段来应对"城市病"。同时，"城市病"往往表现为多种城市问题的并发现象。如果只关注局部和眼前，无益于整体形势的好转。例如，新加坡在城市治理上就是在先做好经济发展、社会保障和安居乐业这几个核心问题后，再去抓城市管理、交通拥堵及环境卫生等问题，就容易多了。

启示五：发展是治理"城市病"的前提。

治理"城市病"需要雄厚的经济基础。一方面，治理"城市病"需要投入大量的人力、物力和财力，成本巨大。另一方面，治理"城市病"必然影响到城市正常的运行、发展和生产，经济增速会有所放缓。因而，没有雄厚的财力，是治不起"城市病"的。至今发展中国家的许多大城市仍然百病缠身，一个重要原因就是经济基础薄弱，治理力度小。所以，要想治理"城市病"，就必须先发展，并在发展的过程中对"城市病"加以治理。事实上，城市在快速发展过程中，既是各种矛盾和问题集中出现的时期，同时也是解决这些矛盾和问题的最佳时机。一旦快速发展时期错过，再去处理这些矛盾和问题，就非常难了。

启示六：有为的政府是防治"城市病"的决定性因素。

从东西方国家治理"城市病"的实践来看，政府是城市发展的主导力量，同时也是防治"城市病"的重要保证。如果城市政府涣散无力，就不可能去战胜"城市病"，只能是病症越来越多，病情越来越重。即使城市政府很有力，但不稳定，经常换班，就不可能有一套连贯的治理策略，治理效果自然要大打折扣。所以，有为而稳定的政府，再加上一个英明、务实而坚强的领导核心，是战胜各种困难，使城市走上健康、繁荣发展轨道的根本保障。

需要说明的是，虽然中国相关城市的"城市病"越来越重，但与其他国家的城市相比，则要轻微得多。无论西方发达国家，还是广大发展中国家，大多实行资本主义制度，个人利益至上，城市公共利益空间受到严重压缩，这是"城市病"产生的制度根源。同时，西方文明崇尚个人私利，而东方文明则重视集体利益和人间亲情，所以东亚国家的"城市病"比西方国家轻一些。中国是社会主义国家，又是东方文明的主体，在防治"城市病"上有着制度和文化优势，理应比其他国家做得更好。中国各大城市只要善于从国外大城市的治理实践中汲取经验教训，"城市病"一定能够得到彻底的根治。

参考文献

马仲良、潘银苗、赫军、鹿春江：《国外大城市调控人口的对策与措施研究》，《城市管理与科技》2007年第5期。

王超、林清华：《国际大城市交通拥堵社会问题处理经验借鉴——基于交通社会学的视角》，《当代经济管理》2011年第1期。

许志强：《应对"城市病"：英国工业化时期的经历与启示》，《兰州学刊》2011年第9期。

袁东振：《国外如何应对"城市病"》，《科学决策》2005年第8期。

张淑华：《美国社会转型时期的"城市病"及其治理》，《广西社会科学》2007年第8期。

朱介鸣：《城市发展战略规划的发展机制——政府推动城市发展的新加坡经验》，《城市规划学刊》2012年第4期。

B.4 特大城市的社会治理

张海东 谭奕飞[*]

摘　要： 特大城市的社会治理转型是推进国家治理能力现代化的重要议题。中国特大城市的发展既体现了城市化发展的一般规律，又极具中国特色。城市产业结构、人口结构、社会结构、空间结构和治理结构等结构性问题相互关联，它们既是原有城市社会管理体制的直接后果，也是倒逼中国特大城市社会治理转型的真实问题，同社会治理能力的提升密切相关。本文分析了目前中国特大城市的结构性问题及其对社会治理转型的客观影响，并结合国外大城市社会治理的实践经验及社会治理概念的内涵，为中国特大城市的社会治理转型提供相应的政策建议。

关键词： 特大城市　社会治理　结构性问题　多元主体　社会组织

现代特大城市的发展不是简单的人口聚集，而是人口的高流动性和异质性紧密嵌入特大城市的经济结构和社会结构。评价特大城市的发展应侧重科学规划和质量提升，发挥其作为中心城市的辐射带动作用，以及在全球化竞争中提升综合实力。《国际城市发展报告（2014）》将上海、北京与其他国际大城市进行了比较，这两个城市的社会升级水平、经济升级水平等指标的排名处于中等偏上位置，但在城市综合升级水平、治理升级水平、文化升级水平和生态升

---

[*] 张海东，教授，上海大学上海社会科学调查中心常务副主任；谭奕飞，上海大学社会学院博士研究生。

级水平等方面的排名处于中等偏后位置。尤其是在城市生态环境的排名中,上海和北京分别被排在倒数第五位和倒数第二位。排名情况既反映了北京和上海的发展状况,也是当前中国特大城市发展模式的真实写照,即城市发展的创新潜力、总体规划和公共服务远不及经济发展的速度,人口膨胀、交通拥堵、环境污染等"大城市病"阻碍城市宜居水平的提升,这些真实问题折射出当前中国特大城市面临着极高的发展风险和治理压力。

比照西方国家的城市化发展过程,中国特大城市发展问题未被及时解决反而逐步积累,以及城市治理过程中乱象丛生、社会矛盾加剧的原因在于城市治理体制长期滞后于经济发展速度,其无法及时认识和有效应对城市结构性问题的新变化。本文以分析目前特大城市的结构性问题作为切入点,梳理社会治理转型过程中要思考的问题,并结合国外大城市社会治理的实践经验及社会治理概念的内涵,为中国特大城市完善社会治理结构提供相应的政策建议。

一 特大城市的结构性问题

当代中国是一个农业社会、工业社会和信息社会等多种社会形态并存的综合体,不同社会形态的特点相互影响、碰撞,造就了特大城市社会结构的复杂性和社会矛盾的多元性。概括地说,当前特大城市的结构性问题主要体现在产业结构、人口结构、社会结构、空间结构及治理结构等方面,这些结构性问题既是原有城市社会管理体制的直接后果,也是倒逼中国城市社会治理转型的真实问题,同社会治理能力的提升密切相关。

(一)产业结构

城市产业结构是指城市中各个产业的构成形态及各产业之间的联系和比例关系。改革开放以来,国家积极推进现代市场经济体系建设,将科技创新和产业优化作为经济转型的重要任务。各大城市为激发自身的经济活力,出台各项有利于"退二进三"的产业结构调整政策,即第二产业从市区退出,转为以发展商业、服务业等第三产业为主。改造重污染、能耗大、效益差的工业企业,引导其撤离市区或彻底关闭。因此特大城市的产业结构发生了明显变化,具体表现为第三产业占地区生产总值的比重逐年上升，成为吸纳就业的主导产业，但第三产业内部传统服务业所占比重仍然较大。

以上海为例（见表1），1999～2013年，第一产业的比重从2.0%下降到0.6%；第二产业的比重从48.4%下降到37.2%；第三产业则呈现出快速上升趋势，比重从49.6%上升至62.2%。北京和广州的产业结构变化趋势与上海相同。

表1 地区生产总值构成变化

单位：%

城市	年份	第一产业	第二产业	第三产业
北京	1999	2.9	33.9	63.2
	2010	0.9	24.0	75.1
	2013	0.8	22.3	76.9
上海	1999	2.0	48.4	49.6
	2010	0.7	42.0	57.3
	2013	0.6	37.2	62.2
广州	1999	4.5	45.7	49.8
	2010	1.8	37.2	61.0
	2013	1.5	33.9	64.6

资料来源：3个城市2000年、2011年的"统计年鉴"、《2013年国民经济和社会发展统计公报》。

上海第三产业提供了大量工作岗位，吸纳就业的人数逐年上升（见表2）。

表2 上海市各产业就业人数

单位：万人

部门	年份				
	2000	2005	2010	2011	2012
第一产业	89.23	61.02	37.09	37.28	45.70
第二产业	367.04	322.33	443.74	445.08	439.96
第三产业	372.08	479.97	609.93	621.97	629.84

资料来源：历年《上海统计年鉴》。

虽然第三产业已经成为特大城市吸纳就业的主导产业，但这并不意味着经济结构的成熟度与国外发达城市一致。特大城市第二产业的自主研发能力和创新能力薄弱，高新技术产业的产值虽然逐年增长，但是核心技术多被外资企业掌控，先进制造业发展动力不足。从第三产业内部就业人数的分布状况可以看出城市服务经济中传统服务业仍占据较大比重，生产性服务业和现代服务业比重较低。例如，依据《上海统计年鉴2013》，第三产业从业人数较高的三个行业为批发零售业（185.8万人）、租赁和商务服务业（64.6万人）及交通运输、仓储和邮政业（60.1万人），现代服务业如信息传输、金融和技术服务等行业吸纳就业的能力要远低于零售、餐饮等传统服务业。第三产业内部结构的滞后性反映出特大城市尚未形成以高新技术产业为核心、先进制造业为基础、生产性服务业为延伸的现代都市产业结构。现代服务业的发展需要高质量的人力资本，而特大城市外来人口主要从事对教育程度和技术能力要求不高的低端服务（见表3），外来劳动人口的整体质量不高。这不仅限制了特大城市高端服务业的发展和产业竞争力的提升，也加大了控制人口规模、提高人力资本质量等方面的治理难度。如何应对城市经济结构"质变"转型的发展压力考验了政府的治理能力。

表3 上海市外来人口就业的行业构成比例

单位：%

行业	2010年 外来就业人口	2012年 新生代农民工
交通运输、仓储和邮政业	5.7	4.9
批发和零售业	18.4	15.6
住宿和餐饮业	6.8	15.5
金融业	0.9	2.1
房地产业	2.0	2.1
科学研究、技术服务和地质勘查业	0.8	2.2
居民服务和其他服务业	5.3	10.7
教育	0.8	1.2
卫生、社会保障和社会福利业	0.8	0.6
公共管理和社会组织	0.2	0.0
其他	5.8	7.8

资料来源：卢汉龙、周海旺主编《上海社会发展报告（2014）》，社会科学文献出版社，第83页。

"退二进三"的产业结构调整政策使城市人口结构、空间布局的变化同经济转型过程相关联。人口流动的最主要方式是职业变动，而产业结构转型直接关乎就业。党的十八届三中全会提出要严格控制特大城市的人口规模，其根本解决办法还是要依赖于产业结构的合理布局。例如北京近年来尝试通过产业布局调整和产业升级来促成人口的合理分布，采取工业区外迁的方式缓解主城区的人口压力、交通拥堵及环境污染等问题。工业区外迁的意图虽好，但执行过程中需注意循序渐进和科学规划，是否会造成污染的转移、新工业区公共服务资源的供给是否到位等问题是城市治理在调整产业结构的过程中必须要考虑的新问题。仅凭政府单一主体的管理模式不能确保决策的全面性和有效贯彻，必须构建政府和社会的合作伙伴关系，鼓励多元社会主体共同参与产业结构转型升级和合理布局治理工作。

（二）人口结构

特大城市城市人口结构的特征主要表现为城市人口规模膨胀，外来流动人口比例上升，人口老龄化问题严重。

作为某一区域，甚至国际重要的人力资源、物质资源与金融资本流动枢纽，数百万以上的流动人口使得特大城市人口规模急剧膨胀，直接影响城市居民的人均资源占有量和生活品质的提升。《中国流动人口发展报告2013》指出目前全国流动人口总数达2.36亿，也就是每六个人中就有一位是流动人口。过多流动人口集中在特大城市已成为其人口过密化的最主要原因（见表4）。《北京城市总体规划（2004年—2020年）》计划2020年人口规模为1800万，但依据北京市《2013年国民经济和社会发展统计公报》，常住人口数已经达2114.8万，常住人口密度为每平方公里1289人，其中常住外来人口增至802.7万，约占人口总数的38%。同样的，《上海市城市总体规划（1999年至2020年）》计划2020年人口规模为2000万，而上海市《2013年国民经济和社会发展统计公报》公布的数据显示常住人口数已达2415.15万，外来常住人口990.01万，比重为41%。与人口规模膨胀密切相关的是特大城市的建成区面积成倍翻番。1987年北京市建成区面积仅为653平方公里，2010年则达2483平方公里，增长了近3倍（李强，2013）。北京和上海中心城区的人口密度过高问题加大了城市公共资源配置的难度和交通系统的压力。

表4　北京、上海常住外来人口数

单位：万人，%

城市	年末总人口			常住外来人口		
	2000年	2010年	2013年	2000年	2010年	2013年
北京	1363.6	1961.6	2114.8	256.1(18.8)	704.7(35.9)	802.7(38)
上海	1608.6	2302.7	2415.2	313.5(19.5)	898.0(39)	990.0(41)

资料来源：两个城市2001年、2011年的"统计年鉴"和《2013年国民经济和社会发展统计报告》，括号内为外来常住人口比重。

特大城市的外来人口不仅包括国内流动人口，还包括外籍人口。根据《上海统计年鉴2013》公布的数据，2012年国外常住人口数为17.4万人，比2005年的10万人增长了74%，来自日本、韩国和美国的外籍人口约占一半（49.1%）。外籍人口主要聚集在上海市静安、徐汇区和长宁区等城区，空间分布特征比较明显。广州市外国流动人口主要为非洲裔，通常聚集在环市东路片区和三元里片区，多为从事小额贸易活动的商人。虽然没有官方的正式统计数据，但依据《广州日报》的报道，广州市非洲人口可能以十万计，《南方周末》报道指出在粤非洲人口正在以每年30%~40%的速度递增（许涛，2009）。很多非洲裔外来人口属于"三非人员"。由于语言和文化习惯的差异，他们在社会融入方面存在很多困难，经济纠纷屡见不鲜，与当地居民的摩擦事件也时有发生，影响城市的治安环境和人际和谐。

流动人口的激增使得特大城市人口规模失控，外来人口构成的复杂性导致社会群体的多元化和利益需求的多样化，本地居民和外来人口的矛盾逐渐增多，这些问题反映出城市公共服务资源供给未能与人口增长速度相匹配。特大城市人口的控制工作充满紧迫性，妥善解决人口问题的难度和压力不断加大。

特大城市人口的年龄结构呈现老龄化趋势。上海是中国人口老龄化程度最高的城市。依据《上海市统计年鉴2013》，2012年上海各区、县户籍老年人口（60岁以上）共计367.32万人，占户籍总人口数量的25.7%，其中65~79岁老年人口178.24万人，80岁以上的人数为67.03万人。总体上，人口高龄化趋势明显，老年保健和医疗护理的需求日渐增加。北京、广州等其他特大城市也呈现出同样的人口老龄化趋势。目前上海市的养老服务格局是"9073结构",即90%的老人靠家庭养老,7%的老人在社区接受养老服务,只有3%的老人享受机构养老服务。老龄化问题不仅增加了每个家庭的生活成本,也挑战了城市有限的医疗服务资源,政府在完善养老保障和服务方面的财政负担沉重。如何建立以需求为导向的养老服务供给体系,在社区层面建构起"多元主体共同参与"的老龄人口服务平台是未来特大城市治理转型的任务之一。在2014年的民政会议上,上海市政府已明确提出要构建服务供给、社会保障、政策支撑、需求评估、行业监管等"五位一体"的社会养老服务体系。

(三)社会结构

这里的社会结构是指社会阶层结构。相对其他城市而言,特大城市社会阶层结构的新特点为中产阶层比重较高、相对贫困群体的人数不断增多、城市新移民群体崛起。总体上阶层结构日益复杂化,由于不同社会阶层的属性、发展现状和具体利益诉求不同,增加了特大城市的治理难度。

中国的中产阶层主要分布在城市,尤其是特大城市。北京市符合中产阶层特质的人群约占总人口的15.9%,就业人口的30%;上海市中等收入阶层约占总人口的13.2%,就业人口的25%(李春玲,2011)。根据上海市第六次人口普查资料,若以机关企事业单位负责人、各类专业技术人员等职业群体作为城市中产阶层,那么其在城区、镇区和农村的分布比例为39.8%、21.2%和12.0%,中产阶层在市区的分布比例远高于镇区和农村。

中产阶层历来被视为社会稳定的基石,能否形成以中产阶层为主体的"橄榄型"社会结构既是某一国家或地区稳定发展的重要基础,也是实现高质量民主的前提。虽然当前中国特大城市中等收入群体的比重越来越高,但其能否作为"社会稳定器"仍不确定。特大城市物价水平总体偏高,而中产阶层一向注重生活品质,消费需求旺盛。因此对中产阶层内部比例较高的中低收入群体来说稳定的经济收入与大城市的工作和生活压力并存。由于住房、休闲和子女教育等生活负担沉重,他们不得不成为"车奴"、"房奴"和"孩奴","奴化生存"现象十分普遍。伴随经济压力而来的是焦虑的心理情绪,极度缺乏安全感和自我认同感。制度保障的匮乏导致中产阶层的利益诉求得不到充分

满足。因此，目前特大城市的中等收入群体缺乏社会责任感和政治参与热情，尚无法成为社会治理的重要参与主体，不利于形成多元共治的城市治理结构。

特大城市尚未形成以中产阶层或中等收入群体为主的阶层结构，两极分化现象日益加剧，相对贫困群体的人数不断增多，这主要是指城市失业群体和低收入的农村流动人口。20世纪90年代由于工厂的关闭、转产和改制，出现大批下岗失业工人，他们成为老工业城市的新贫困群体。据不完全统计，仅上海先后就有100多万国营工人下岗。大部分下岗职工离开单位后成为"非正规经济"的就业人员，缺少必要的劳工法律和社会福利保障。如今，当年的中年下岗人群已退出劳动力市场，成为高龄弱势群体。作为经济改革中的利益受损群体，他们在生活中饱受经济难题的困扰，存在强烈的心理落差和被剥夺感。低收入的农村外来人口也是相对贫困群体的主要组成部分。根据之前对特大城市产业结构和人口结构的分析，农村外来人口不仅数量逐年上升，而且多从事技术含量较低的传统服务业和劳动密集型工业。经济收入较低，生活负担沉重，而且由于户籍原因缺乏基本的社会保障和社会支持，农村外来人口在住房、医疗和子女教育等方面困难重重。随着相对贫困群体人数的增多，引发社会阶层间贫富两极分化和矛盾加剧等社会问题。"仇富情绪"在社会中弥散，群体性事件的参与者也多为城市相对贫困人群，政府的"维稳"压力十分大。

近年来，特大城市中的新移民群体也引起了广泛的社会关注，包括新生代农民工、"蚁族"和城市低收入白领人群。新生代农民工较早来到城市就业，却没有享受市民的福利待遇，同时又缺乏父辈的农业生产技术和能力，肩负"半市民化"和土地边缘化的双重角色。"蚁族"是"大学毕业生低收入聚集群体"的别称，在北京、上海等特大城市，这部分群体已经和低收入的白领群体逐渐重合，并呈现出群体规模增大、学历层次提高及聚居类型增多等特点（廉思，2011）。比起改革开放初期的流动人口，城市新移民群体参与公共事务的意识和能力更高，也更渴望在大城市落户安家，实现自我价值，共享社会经济发展的成果。随着新移民群体对特大城市经济社会发展的影响力不断提升，城市治理必须要积极回应新移民群体的利益诉求并引导其成为多元共治社会治理结构的参与主体。

（四）空间结构

城市空间结构是指与城市各种功能活动相适应的地域分异和功能分区及其空间组合状态。特大城市空间结构的主要特征是"郊区化"和明显的空间隔离状况。

随着人口规模的膨胀，城市建设用地迅速增加，北京、上海等特大城市已经开始从近域郊区化向远域郊区化发展，多数新开发区域建立的主要目的是疏散市区人口和转移工业生产。然而城市空间面积的合理扩张要与道路交通网络的不断完善相结合，才能保证城市新区和市区之间的连贯性，并真正有利于生产效率的提高和居住环境的改善。然而目前特大城市的空间布局和道路建设还不是以发展公共交通为导向，市政基础设施建设落后于空地开发速度，功能分区的疏离化和城市用地的碎片化特点明显，这反映出目前特大城市空间结构的"郊区化"尚处于"摊大饼"似的粗放式发展阶段，环境污染、交通拥堵等"大城市病"降低了城市居民的生活幸福感，政府治理成本居高不下。例如首都北京又被称为"首堵"城市。由于中心城区房价过高，中低收入群体逐渐集中于郊区，"职住分离"现象引发大规模跨区域交通。"单中心+环线"的空间布局使得市区交通拥堵成为常态，北京市的上班时间成本为全国最高。为改善交通环境，北京市出台了很多限行措施，例如"单、双号限行"、"尾号限行"、"限上牌照"和"错峰上班"等，但成效不明显。主要原因在于国内大城市往往侧重城市主干道的建设，一般道路设施和轨道交通的发展质量反而不高。相比之下，人口密度同样非常高的日本东京则更注重路面交通的"疏导"。城市规划理念的差距反映出政府治理能力还有很大的提升空间。尽管各大城市纷纷出台了主体功能区的总体规划，但社会治理主体的单一性使得城市规划在具体实施过程中缺少有效的评估和反馈，未能与市场机制相协调，贯彻过程困难重重。

特大城市空间结构还呈现出明显的隔离状况，其实就是社会阶层分化在居住空间上的反映。改革开放以来，伴随住宅商品化的过程，中国各社会阶层在居住模式和空间分布上出现了明显分化。尤其特大城市中兴建的大批高档住宅已成为典型的"富人区"，而旧街区和城乡接合部则成为外来人口和低收入群体的主要聚集区。以上海为例,通过对2010年1月至2012年6月期间有房产交易的大约一万五千个居民小区的分析,发现31%的高价小区聚集在内环以内,而68%的小区聚集在外环以外;高房价小区周边的公共服务设施也较好,同样的,这些小区聚集在内环以内(大约60%),低房价的小区周围的公共服务设施也较差,并聚集在外环以外(大约80%)(李会平,2014)。公共服务越完善的城区往往房价越高,这说明各个行政区财政实力的差距加剧了居住空间的隔离状况。

城市空间不仅是物质生产和人际交往活动的发生场所,也遮蔽和固化了社会变迁中社会分层、权利冲突、利益争夺等社会问题(吴宁,2008)。居住空间隔离现象不仅造成个体发展空间和生活环境的巨大落差,也阻碍特大城市公共资源的公平分配的实现。社会阶层之间的互动频率由于居住空间隔离状况的加剧而降低,阶层固化状况进一步增强,不利于城市社会结构的稳定和谐。城乡接合部地区人口的高流动性与有限的环境承载力相互矛盾,私搭乱建现象普遍,社会治安混乱,这些现实问题进一步增加了城市的发展风险和治理难度。

(五)治理结构

特大城市的结构性问题是彼此关联的,产业结构调整会影响人口就业和城市空间布局,城市居住空间隔离现象又是社会阶层结构的反映。特大城市结构性问题的根本原因在于目前城市治理结构的局限性和滞后性。

城市治理结构是指城市治理的制度基础和组织架构,是参与治理的各主体的权责配置及相互关系(谢媛,2010)。我们目前的城市管理体制形成于20世纪90年代末即单位制解体时期。改革开放后,随着市场在配置资源过程中的影响力越来越大,政府作为单一决策中心的"总体性支配"格局逐渐瓦解,以条为主的管理格局难以维持,属地管理方式应运而生。在城市形成了以块为主、条块结合、分级领导、权责一致的新型管理体制。这种管理体制融合了传统的再分配机制和市场机制,是高度总体性的国家体制和快速发展的市场经济相互融合的产物,曾有效应对了"后单位社会"来临的城市管理难题。以上海为例,目前上海实行的是"两级政府,三级管理,四级网络"的城市管理模式。市区政府"抓大放小",工作重心转移到公共政策的制定和管理的统筹协调上。街道办事处、社区获得更多权力和资源,负责解决一般性的基层管理问题。这种城市管理体制提高了市级政府的宏观调控效率、区级政府的积极性和街道社区的基层管理能力,在改革开放前期促进了经济的繁荣发展。但随着30多年的时间流逝,城市前进的步伐不断加快,发展内容日新月异。外来人口大量涌入,社会需求迅速分化,社会问题累积催生"大城市病",各种结构性问题折射出现有管理结构的局限性和滞后性,不利于特大城市社会发展质量的提升,也使社会发展的风险逐步积聚。

特大城市现行管理体制的主要问题在于政府作为单一主体承担社会政策制定、实施和经济建设任务,社会管理还依赖自上而下的行政手段。这种治理结构在内部管理机制及同市场、社会基层的联系方面存在很多问题。其一是行政链条长,为提高经济利益,条块各自为政的现象时有发生。"职能同构"引发各级管理主体出现职责越位或不到位的现象,有些问题无人管,而有些问题又都争着管,因此政府行政效能较低,行政工作的规范化、法制化和政策的连续性得不到保证。其二是公共权力的运用和资源配置的路径依赖情况仍很普遍。政府在资源配置过程中占据主导地位,政绩工程和长官意志屡见不鲜。政府采购缺乏监管机制,"寻租行为"催生腐败现象,降低政府的公信力。城市公共服务和制度环境的建设不以需求为导向,没有落实市场在资源配置上的决定性作用。城市规划缺乏科学性、全面性和连续性,因此行政机构在控制人口规模、调整产业结构和合理规划城市功能布局等问题上往往力不从心。经济发展带来的社会问题未能得到及时的认识和妥善处理,治理难度逐步累积。其三是政府机构缺乏同社会组织、基层民众的协商和对话,这导致了政策的规划过程没有合理的监督反馈机制,贯彻实施时不能调动群众和组织的参与热情,很难完成既定目标。所有工作都靠政府来做的直接后果是政府承担所有责任,直面社会风险,治理成本居高不下,一旦出现问题,政府将面临巨大的舆论压力。

随着城市发展速度的加快,依靠政府单一主体的治理结构的弊端日渐明显。特大城市必须探索全新的社会治理模式,为推进国家治理体系和治理能力的现代化提供宝贵经验。

二 国外城市社会治理经验

特大城市在社会治理转型过程中要保持开阔视野，参考国外大城市成熟的社会治理理念和经验，提高城市规划的科学性，鼓励社会多元主体合作共治。

（一）芝加哥经验：科学城市规划助推经济转型

2013年7月辉煌一时的"汽车之城"底特律因产业危机不得不向州法院递交了破产保护申请，而与之一湖之隔的芝加哥却凭借其系统科学的城市治理体系实现了产业结构的转型升级，目前正以《大芝加哥都市区2040区域框架规划》为指导继续前进。

芝加哥的城市发展史印证了城市规划的与时俱进对经济社会发展的重要意义，下面将从三个历史阶段简述芝加哥城市治理的实践经验。第一阶段是城市规划理念的起步阶段。作为典型的老工业城市，芝加哥的发展得益于有利的自然地理位置，传统的产业基础是商业贸易、制造业和重工业。同样的，经济发展也带来诸多社会问题，如贫困、政治腐败、种族冲突、犯罪和环境污染等。1871年一场火灾横扫了芝加哥的整个商业区，造成了巨额经济损失。这场大火在客观上促进了城市工业和人口的自然外迁及建筑的更新换代，木质建筑和低层建筑逐渐被钢结构的高层建筑取代，建筑业的进步为城市规划理念的兴起奠定了基础。1893年芝加哥承办了哥伦比亚世界博览会，博览会期间召开的一系列国际会议共同探讨了人类进步和发展问题，并催生了"改造城市生活应该通过严格规划"的新理念，会议场馆"白城"更是成为美国历史上第一个市民活动中心。市民和访问者在参观期间也深刻感受到城市整体环境与展馆区的脱节情况，人们开始思考如何通过改善城市物质环境和社会秩序来解决经济发展引发的社会弊病，因此本次博览会成为芝加哥"城市美化运动"兴起的催化剂。1909年出版的《伯莱姆和伯尼特·芝加哥规划》被誉为美国历史上第一个现代城市总体规划。该规划是在芝加哥商业俱乐部的支持下出版的，并有政府官员、社区委员会与众多组织的参与，规划委员会召开了信息发布会、公共听证会和政策咨询会等数百次会议，广泛的公众参与体现了社会组织和市民已成为城市建设的中坚力量（吴之凌、吕维娟，2008）。第二阶段是"二战"后城市中心区的经济恢复阶段。"二战"后芝加哥的城市发展出现新的问题，即旧城区衰落、郊区繁荣，大批新移民涌入市中心造成了中产阶级的集体逃离，中心城区的空心化和贫困化阻碍了经济发展。20世纪50年代末的"城市更新运动"就是在这样的背景下进行的。为恢复城市中心区的发展活力，政府与社会开展密切合作。政府同该区的商界团体建立联盟，于1956年成立了芝加哥中心区委员会（CCAC），制定了"共同的中心"的再开发战略（黄玮，2006）。此外，政府与私立机构合作，雇用专业人士成立芝加哥规划局，研究城市中心区的土地利用并进行重新布局。在此期间市长J·戴利与劳工组织、社区建立了良好的合作关系。多项政府投资的公共基础设施建设项目鼓励了就业和私人投资，不断完善的交通网络推动了服务业和房地产业的发展。第三阶段是20世纪90年代城市多元经济结构的建立。面对经济全球化和信息技术革命的冲击，芝加哥通过城市治理战略的升级来支持产业结构调整。放弃钢铁、冶金等重工业，鼓励第三产业如商业贸易、现代金融业和高科技产业的发展。有利于中心区再开发的综合项目得到了政府的大力支持。市长M·戴利倡导将芝加哥由"蓝领城市"变成以金融、商业、信息服务为主导产业的现代都市，且并非只强调创造就业，而是为了提供更好的生活设施和商业服务，将芝加哥的产业结构由"劳动密集型"转为"资金密集型"（孙锦，2013）。至20世纪90年代中期，芝加哥新的产业基础已转变为以服务业为主的多元化经济结构，国际大都市地位得以巩固。

芝加哥的发展历程表明，只有实现城市规划治理和经济结构转型之间的良性互动，才能使经济社会发展充满活力。当前我国特大城市也面临着经济结构调整与社会治理如何实现有效配合的问题。芝加哥在产业升级过程中注重以科学系统的城市规划为指导，强调发挥市场化和社会化机制，对我国特大城市有重要的参考价值。在借鉴芝加哥经验时，我们还需要结合中国特大城市传统治理结构特点、社会组织不成熟等具体国情，进一步思考如何建立政府、市场与社会的合作伙伴关系。

（二）韩国首尔："以人为本"的清溪川改造

韩国首尔市的清溪川是一条流经市中心的城市河流，在历史上一直发挥着天然的"城市下水道"的作用。20世纪50年代中期河两岸聚集了大量难民，增多的生活污水和混乱的社会秩序造成了该区生存环境的恶化，"清溪川"成了"难民窟"的代名词。20世纪60年代韩国经济复苏，由于资金不足、技术能力有限，政府对清溪川的治理采取简单覆盖方式，并修建了一条长5.6千米的高架桥以提高交通运输能力。然而清溪川的覆盖工程在促进城市经济腾飞的同时也引发了诸多问题，自然景观、人文景观被严重破坏，繁忙的车流造成严重的空气污染和噪声污染。高架桥不但破坏了传统的街道结构，也间接造成南北城区的贫富分化。

为调整产业结构，改造生态环境，提高城市宜居水平，2002年新上任的市长李明博决定改造清溪川，这意味着要在保证市民正常生活秩序的状态下拆除高架桥，开挖河道，排出污水，打造成带状公园，恢复清溪川的原本风貌。此改造项目在提出之时就遭到了高架桥两侧数万商家的集体抗议。面对这种情况，政府的态度积极主动，行政人员分区分片召集商家开会，进行细致耐心地讲解。仅在开工之前，李明博就和商家座谈4000多次，最终将全部商家妥善安排并按规定合理补偿，这为工程顺利启动铺平道路（张达明，2013）。此外，在项目执行过程中还建立了有序高效的民主决策体系，政府鼓励各种机构共同参与清溪川改造。由专家和市民组成的市民委员会负责政策指导、收集和反馈公众意见，召开听证会；项目研究组主要职责是进行预先的可行性研究及项目规划设计；工程总部负责项目的执行；成立若干临时办公室加强地方与公共部门的联系；共有25个独立团体参与市民联系和人员培训等工作（李允熙，2012）。在改造清溪川的过程中，有组织的公众参与机制使政府和社会之间一直保持及时的对话、协商和信息沟通，项目信息的公开化、透明化提高了规划的科学性和民主性。政府积极邀请社会团体和市民共同参与使项目的制定和执行取得合法性，获得公众的支持。因此改造工程不仅取得了技术上的成功，也产生了积极的社会影响，即提升了政府治理能力，激发了公民社会的民主活力。

改造清溪川以提高城市的可持续发展能力为根本出发点，执行过程强调多元社会主体的共同参与，真正做到了以"人"为核心。对比之下，我国很多城市的空间改造多侧重经济发展，缺少对人文和生态环境的关怀，城市面貌变得"千篇一律"，生活环境恶化使得人民生活质量下降。2014年出台的"新型城镇化规划"提出以人为核心的发展理念，强调构建生态友好型城市，提高城市宜居水平，因此改造清溪川的成功经验和理念非常值得我们借鉴。

三 特大城市社会的治理转型

（一）特大城市社会治理转型势在必行

近年来，北上广等特大城市的"城市病"越发严重，市民的工作生活饱受人口膨胀、住房紧张、就业困难、交通拥堵、资源短缺、环境恶化和公共安全事件频发等"城市病"的困扰。"大城市生活还有多少幸福感可言"不仅是社会大众的热门话题，也引起了政府和学界的共同反思。依据世界城市化发展的经验，我国正处于"城市病"的集中爆发期。由于城市化发展速度远高于西方发达国家，中国的"城市病"不仅"急性病"和"慢性病"一同发作，蔓延速度加剧，而且成因更为复杂。分析中国特大城市的"城市病"集中爆发不应简单地归因为人口聚集和环境承载力之间的矛盾，而要将我国特有的体制性成因纳入考虑。例如对地方政府的政绩考核体系长期偏重经济指标，忽略测量人和社会的可持续发展，造成的结果是城市资源过度集中，大多建设项目属于为了招商引资的"面子工程"，忽略了关乎民生的基础设施建设、制度保障和福利资源分配等"里子工程"。"多中心"的城市定位缺乏科学性，一味追求成为"全能选手"只会使城市的资源环境不堪重负。

近期发生的社会事件同样体现了目前的城市管理体制无法有效应对快速城市化带来的社会问题，像茂名PX项目事件、杭州垃圾场事件反映了城市发展政策的制定过程缺乏有效沟通机制和基层民主意识觉醒之间的紧张关系。城管伤人事件反映出城市管理标准未能结合流动人口的特质而进行及时调整，行政管理手段单一低效，工作队伍本身的构成和管理存在很多问题。如果保持现有

的政府单一主体的城市管理结构,特大城市的"城市病"问题不仅得不到有效解决反而会进一步恶化,产生较高的治理成本,社会发展风险逐步累积,政府本身的公信力和权威性也会被逐渐瓦解。因此,特大城市的社会治理转型势在必行。

2013年11月12日,党的十八届三中全会闭幕,在长达5000余字的三中全会公报中被官方和学界所熟知的"社会管理"变为了"社会治理"。习近平在参加第十二届全国人民代表大会二次会议上海代表团审议时强调,治理和管理一字之差,体现的是系统治理、依法治理、源头治理、综合施策。因此,在社会治理视域下政府和社会之间是一种合作伙伴的关系,包括政府、社会组织和群众团体在内的多元社会主体在法治规则下合作共治、共同协作,以达到对发展问题的追根溯源和标本兼治。特大城市的社会治理转型就是推进城市治理结构的转变,政府不再是城市管理的单一主体,改革政府机构设置、优化工作流程,加强制度建设,激发社会组织活力,鼓励公民和社会组织依法参与社会治理。社会多元主体运用自身优势和发展逻辑共同引导、控制和规范社会生产和生活,最大限度上增进公共利益。

(二)政策建议

特大城市的社会治理转型是一个复杂的系统工程,在实施执行中必须深化对"治理"概念的理解,讲究科学规划和循序渐进,力求成为合法有效的"善治"。虽然社会治理模式的路径选择强调因地制宜,即各城市间的具体环境和历史发展状况的差异将使具体做法有所不同,但一般性的政策建议可以归纳为以下四点。

(1)改革城市治理结构。特大城市的市场化、社会化发展程度较高,这意味着政府在公共事务的管理中应更注重利用正式权威之外的管理方法和技术,以监督和协调为主要责任,简政放权,完善民主法治机制,逐步退出社会管理领域。尽可能由社会组织来治理社会,建立公共生活领域的"多元共治"治理结构。考核评价城市发展状况时要注重指标的全面性和科学性,更侧重社会公平正义的实现和人的全面发展。政府的行政改革要结合信息技术,不断完善"网格化治理",提高对数据信息的分析处理能力,及时发现问题。压缩现有行政层级，推进职责划界和部门精简等工作，以扁平化管理加强行政机关内部的资源整合，提高行政效率。

（2）以需求为导向，提高公共服务能力。随着特大城市社会阶层分化和人口流动速度加快，社会发展的风险递增，城市居民需要更健全的公共服务体系，为其参与社会经济、政治、文化活动提供制度保障。政府扮演公共服务的生产者和安排者的双重角色。一方面要搭建有制度保证的服务交易平台，主抓协调、指导和监督等宏观工作；另一方面要坚持市场对公共资源配置的决定作用。以需求为导向，在充分调研的基础上，明确公共产品服务的具体对象和需求，避免盲目性和低效率，加强可及性和便利性，有效整合资源，及时化解社会矛盾，保证特大城市社会的和谐稳定。

（3）提高公众的参与意识，促进民主决策。如前文所说政府单一主体的社会管理结构缺乏对话和协商机制，对政策的贯彻和公众民主意识的发展有消极影响。社会治理转型中应强调政府和社会的合作关系，鼓励社会公众积极参与社会政策的制定过程，提高社会公众的自主性和民主行事能力，与政府、社会组织共同分享权力和承担风险。一要促进城市规划和社会政策信息的透明化和公开化，充分利用现代网络技术和大众传媒，落实公民知情权；二要通过建立对话协商机制，组建民主团体行驶监督政府行政工作的基本权力，拓宽民众利益表达和政策建议的渠道；三要重视基层民主建设，在社区层面建立并完善公民参与机制，倡导每一位社区成员都能积极参与社区公共服务的规划、建设和审核过程，形成"主人翁"意识。

（4）培育社会组织，推动城市治理结构的转型。《中共中央关于全面深化改革若干重大问题的决定》指出要正确处理政府和社会的关系，实施政社分开，推进社会组织明确权责、依法自治、发挥作用。社会组织作为政府、社会和公民之间的润滑剂和黏合剂，可以回应城市居民的多元需求，化解政府与公众的矛盾，保证社会稳定。因此，社会组织在社会治理结构中占据重要位置。目前中国的社会组织尚处于起步阶段，在人才、经费、组织架构等方面困难重重。社会治理转型过程中，政府应当重视社会组织作为实现公民自治的有效平台的重要地位，与之建立合作伙伴关系。适合社会组织提供的公共服务和决议的事项交由社会组织承担，完善社会组织层面的法律法规，推进其自主性和自

治化发展，真正使社会组织成为民众表达意愿和参与社会治理的有效平台，实现社会多方力量共同参与公共事务的目标。目前对社会组织放开登记的城市并不多，仅为北京、广州、深圳等大城市，而且对组织类型有明确限制。以广州为例，市民政局规定从2012年1月1日起，除依据国家法律法规需前置行政审批外，行业协会、异地商会、公益服务类、社会服务类、经济类、科技类、体育类、文化类等8类社会组织可以直接向登记管理机关（即民政部门）申请登记。地方政府应依照党的三中全会精神支持和发展志愿服务组织，尽快降低登记门槛，与行政机关实现真正脱钩。

参考文献

黄玮：《空间转型和经济转型——二战后芝加哥中心区再开发》，《国际城市规划》2006年第4期。

李春玲：《中产阶级的消费水平和消费方式》，《广东社会科学》2011年第4期。

李会平：《上海应尽早防范城市贫富隔离》，第一财经网，http：//www.yicai.com/news/2014/03/3564457.html。

李强：《治疗北京"城市病"需"内外兼修"》，社会学视野网，http：//www.sociologyol.org/shehuibankuai/shehuipinglunliebiao/2013-10-14/17044.html。

李允熙：《韩国首尔市清溪川复兴改造工程的经验借鉴》，《中国行政管理》2012年第3期。

廉思：《"蚁族"身份的认同》，《社会科学家》2011年第12期。

孙锦：《"城市美化"化解芝加哥"成长的烦恼"》，《深圳特区报》，http：//sztqb.sznews.com/html/2013-08/27/content_2601363.htm。

吴宁：《列斐伏尔的城市空间社会学理论及其中国意义》，《社会》2008年第2期。

吴之凌、吕维娟：《解读1909年〈芝加哥规划〉》，《国际城市规划》2008年第5期。

谢媛：《当代西方国家城市治理研究》，《上海经济研究》2010年第4期。

许涛：《广州地区非洲人的社会交往关系及其行动逻辑》，《青年研究》2009年第5期。

张达明：《复原清溪川》，《新一代》2013年第2期。

B.5 特大城市交通拥堵治理策略

刘治彦*

摘　要： 本文系统梳理了大城市交通拥堵的各种影响因素及类型，分析了国内外治堵主要思路、实施效果和难点问题，在此基础上，结合中国经济社会发展趋势，提出了中国大城市交通拥堵治理的创新性方案和政策建议，并对实施中可能存在的风险进行了评价，提出了相关应对策略。

关键词： 特大城市　交通拥堵　治理策略

2013年底中国城镇化率达53.7%，已经步入城镇化中后期，大城市化趋势愈加明显。同时，随着新一代信息技术崛起和人们交往日益增多，小汽车逐步进入家庭，改变了人们的生活方式，影响着国民经济发展。汽车给出行带来便利的同时，也造成了交通拥堵等负面效应，引起了众多非议。但发达国家走过的历程，似乎说明这些问题并不能阻碍汽车产业的发展。因此，必须从缓解交通拥堵出发，认真思考和寻找有效措施，进而平衡相关利益主体之间的矛盾，实现交通与经济社会的可持续发展。

一　交通拥堵类型与特征

（一）交通拥堵因素关联矩阵

大都市交通治堵实质就是解决交通供需矛盾。供给不能满足需求，就会导

---

* 刘治彦，经济学博士，中国社会科学院城市发展与环境研究所研究员，城市经济研究室主任，主要研究方向为城市经济发展战略、城市问题经济分析、城市模拟与智慧城市、生态经济学等。

致供需失衡，这是交通拥堵的根本原因。治堵实质就是减缓供需失衡，其方法无非是减缓需求或增加供给，力争实现供需平衡。从供给角度来看，即存在因道路总量不足引起的供给绝对不足，也存在因技术管理手段不到位而导致的供给相对不足；从需求角度来看，同样存在因道路需求总量较大引起的需求绝对过大，也存在因需求结构导致的需求相对过大。但无论哪一种供给或者需求，都受政府管制、市场调节和社会参与三大机制的调控（见表1）。

表1 交通拥堵因素关系矩阵

类别		供给(S)		需求(D)	
		总量(S1)	技术管理(S2)	总量(D1)	结构(D2)
管制(G)	存量(G1)	总量不足（经济发展）(S1G1)	交通管制（道路设计）(S2G1)	相对刚需（削峰调控）(D1G1)	无效需求（优化空间）(D2G1)
	增量(G2)	增量不足（优化建设）(S1G2)	研发推广（ITS）(S2G2)	绝对刚需（机动车增加）(D1G2)	低效需求（产业升级）(D2G2)
市场(M)	存量(M1)	交通体系(S1M1)	营运主体(S2M1)	票价水平(D1M1)	票价补贴(D2M1)
	增量(M2)	建设效益(S1M2)	票价结构(S2M2)	人口与收入(D1M2)	限购与限用(D2M2)
社会(C)	存量(C1)	建设监督(S1C1)	交通协管(S2C1)	大众信息(D1C1)	绿色出行(D2C1)
	增量(C2)	市政债券(S1C2)	协作出行(S2C2)	职住平衡(D1C2)	遵守规制(D2C2)

经过多年的治堵实践，我们认为大都市治堵的基本思路或总体原则就是：优化存量、调节增量；加大供给、减缓需求；政府规制、市场调节、社会配合。

（二）基本特征

现就表1展开分析，首先，从政府来看。

（1）S1G1——大城市化加剧，人均道路面积较低。目前中国城市人均道路面积为13.21平方米（2010年），低于国际水平的15~20平方米。北京市辖区人均道路面积仅5.26平方米，市区为7.59平方米（2011年），上海市辖区为7.36平方米，市区仅为4.04平方米（2011年），比人均道路面积较少的东京10平方米还低，更低于美国纽约的27平方米。

可见，中国北京、上海等地人均道路面积不足是交通拥堵的首要因素，治堵首要任务是尽可能增大人均道路面积，而在城市用地紧张情况下单纯扩大道路面积可能难于实现，因此只能考虑扩大现有道路通透能力和控制城市人口快速膨胀，从分子和分母两个角度增加人均道路面积。

（2）S2G1——交通设计不合理，道路网络不完善。道路网络体系，如同人体的血液系统，不完善的循环系统是不可能成为一个健康的有机体，城市路网设计，特别是道路交叉节点设计存在硬交叉，轨道交通、公交干线、支线之间不能实现零换乘，地上、地下未达到无缝衔接的立体交通体系，都会导致交通拥堵。在一些人流密集地区，除设公交换乘站外，社会车辆也应有临时驻车换乘点，否则也将因临时停车引起交通拥堵。

（3）D1G1——相对刚需，削峰调控。城市交通拥堵，从时间来说是不连续的。对于不同规模城市拥堵程度是不同的，一般来说，交通拥堵程度、拥堵时间与城市规模呈正相关。越是规模大的城市，拥堵程度与频率越严重。就日周期来看，拥堵峰值主要集中在上下班时间，即7~9时和17~19时。在这些时段，出行需求较大，供需失衡严重。尤其是早高峰期间，出行刚性需求几乎是难以避免的，远甚于晚高峰。因此，错峰出行对缓解交通拥堵十分重要。

（4）D2G1——无效需求，优化空间。因城市空间结构不合理，特别是职住分离导致无效需求过多，从而造成交通拥堵。随着城市化推进与城市综合发展，城市空间结构也在不断扩张和完善。从同心圆结构，向扇形结构、多中心结构乃至葡萄串式组团结构不断演化。城市空间形态结构变化，对城市交通影响较大，旧城区改造、CBD建设等内城区结构变动会提高交通承载力；城市新区、卫星城等建设会减少内城交通流量，但会增加区际交通流量。

（5）S1G2——道路增量不足，交通刚需过快。大都市外来人口一般增长较快，都市群建设与产业转移滞后。以北京为例，近15年来外来人口呈逐步增加态势，由1999年的157万人增加到目前的810万人。

（6）S2G2——研发推广智能交通系统（ITS），减缓有效存量不足。由于存量管理不善,特别是道路交叉路口的规划、设计、建设、管理的缺陷,以及信息技术应用与管理不到位,交叉路口成为交通拥堵点。

(7) D1G2——生活水平提高,小汽车增长过快。以北京机动车增长为例,由2006年的200万辆增加到2010年底的400多万辆,实行新政以来,增速放缓,2013年达500万辆。由公交为主到公交与私家汽车并重,再到以私家汽车为主,最后到公交优先,决策者导向历经一个反复过程。在这一过程中,由于小汽车占用道路资源效率较低,运送能力仅为公共交通的1/10~1/5,而人均占用道路面积是公共交通的10~20倍,加剧了车与路的不平衡。同时,部分道路或路段车与行人道路混杂,各种交通工具不能有效衔接,以及不规范的交通行为,导致交通效率下降,交通拥堵变得严重。

(8) D2G2——产业低效需求过多,产业结构亟待转型升级。北京就业人口中,制造业105万人,批发业35万人,交通运输仓储业56万人,建筑业40万人,约占总就业人口670万人的1/3,涉及相关人口700万人左右。这些产业人均GDP不高,产品单位附加值较低,却大量占用宝贵的城市交通资源,因此产业转移与转型升级亟待大力推进。

其次,从市场来看。

(1) S1M1——营运主体多元化。在长期以计划经济和公有经济为主体的惯性下,北京等大都市交通运营主体主要为公有的公交、地铁和出租公司经营的出租车,没有为私营运营主体留下发展空间,不仅引起"黑车"(未经政府允许的营运车辆)泛滥,埋下交通隐患,同时给百姓的出行带来不便。公有交通系统未能实现无缝换乘、换乘不便、耗费时间成本较高均导致交通效率下降,也为"黑车"的存在留下了空间。

(2) S2M1——在建交通量较大,暂时增量缺乏,线路配置欠佳,微循环不畅。公共汽车是介于地铁轻轨与社区之间的公交支线系统,部分快速公交汽车(BRT)可以代替地铁轻轨而成为中小城市或交通不发达城市的公交主体。公交体系不完善或质量不高将影响公交发展,并可能迫使人们出行选择小汽车。

(3) D1M1——票价水平,价格措施。各种出行方式选择,无疑是在舒适性、时间效率、空间效率之间进行权衡的结果(见表2)。

特大城市交通拥堵治理策略

表2 各种出行方式综合比较

类别	步行	自行车	公交车	地铁	小汽车
舒适性	差	较差	一般	较好	好
时间效率	差	较差	一般	好	较好
空间效率	好	较好	一般	好	差
费用成本	好	较好	一般	较差	差
效用积分	12	12	12	16	11

注："好"计分值为5；"较好"计分值为4；"一般"计分值为3；"较差"计分值为2；"差"计分值为1。

从总效用来看，地铁出行方式是最高的，而小汽车最低，步行、自行车、公交的出行效用相同。当然，地铁的安全性要严格把关，特别是在社会治安较差地区，安全性是影响人们选择地铁出行的一大因素。

（4）D2M1——票价补贴，刺激无效需求增加。2008年奥运会以来，北京一直实行公交补贴政策，每年高达200亿元。尽管出租车价格上调多次，但地铁单一票价2元，公交0.4元的政策已实行多年，出于对公交出行的鼓励，一直采取补贴政策。票价补贴具有双刃性，在鼓励乘坐公交的同时，由于不计出行成本，并未起到缓解交通拥堵难题，反而吸引低端产业聚集和外来人口增加，导致大都市蔓延和低效无效出行增多，进一步加剧交通拥堵。同时，低公交价格并未达到吸引私家车使用人群放弃或减少驾驶私家车出行，大量不计成本使用公交导致公交乘车环境变差，促使更多人购置和使用私家车。同时，因出租车使用成本较高和乘车不便，也促进了私家车使用。

（5）S1M2——规划增量缺乏，道路拓宽和加密不足。交通拥堵的另外原因在于政府投入交通拓展与道路加密力度不够。北京等大都市的一些道路因路面质量与衔接规划不到位，面积使用率大打折扣。

（6）S2M2——车辆使用成本结构亟待改善。2008年奥运会以来，北京地铁、公交实行优惠的单一票价制，同时小汽车在不同地段和不同时段使用成本也没有详细的区分，这破坏了市场调节交通供给的机制。尽管一些地段实行差异化的停车收费标准，但停车费的收取与使用环节不够规范，存在严重技术漏洞和收支信息不透明现象，导致差异性停车费调控车辆失灵。因此，通过提高

129

停车费无论在限制交通需求,抑或改善供给能力方面均不够理想。

(7)D1M2——人口与收入。人口与收入的增加,势将导致两方面的变化。一是交通需求总量的上升,二是收入增加导致购置小汽车的人数增多,从总量与结构两方面加大道路需求,加剧路与车之间的矛盾。

(8)D2M2——票价分时。交通拥堵主要在上下班出现高峰,因此高峰时段的交通供给应主要满足上班族,其他大部分人出行应尽量避免在高峰出行。通过在高峰时段提高车辆使用成本,以及对上班族采取返还机制,可减少高峰时段不必要的出行,从而缓解高峰时段交通拥堵。

最后,从社会公众来看。

(1)S1C1——建设监督。市民是交通顺畅的受益者,也是拥堵的受害者。哪些地段道路供给不足或拥堵严重市民了如指掌。因此,治堵必须依靠广大市民的监督,通过媒体、研究机构、公众信息平台、社区代表会议等及时提出城市道路交通合理化建设的建议,这对城市"治堵"是十分重要的。

(2)S2C1——交通协管。具有中国特色的交通协管制度,是由于政府交通管理力量不足,而出现的动员社会力量参与交通管理的一种特殊方式。按照参与者不同,分为编制外有偿交通协管员和无偿志愿者交通协管员。

(3)D1C1——绿色出行。绿色出行就是环保、低碳、健康出行方式。绿色出行一靠良好的绿色出行环境,例如安全舒适的专用自行车道、静谧的步行道等;二靠公众愿意选择绿色出行方式,两者缺一不可。

(4)D2C1——大众信息。移动终端和交通广播公众信息平台,使信息能够及时传播,大众沟通得以实现,作为交通主体的社会公众有条件参与交通信息传播,从而有利于发布路况,缓解拥堵。

(5)S1C2——市政债券。市场化改革对城市建设来说,就是要改变单一融资渠道,本着"人民城市人民建"的原则,多元化筹措资金。从发达国家经验来看,发行市政债券是解决交通基础设施投资问题的一大举措。市民在参与市政交通设施建设的同时,也在此过程中得到投资收益,增加了投资渠道,可谓一举两得。

(6)S2C2——协作出行。目前北京等地私家车激增、单人驾驶使用车辆较为普遍,极大降低了道路使用效率。因此,建立严格的小汽车使用条例,鼓励私家车搭乘有同向出行的使用者，可以极大提高道路使用率。

（7）D1C2—均衡配置资源。将名牌医院、学校连锁化，是减少机动车刚性需求的有效措施。就医难、上学难的根本原因在于优质医疗、教育资源配置失衡。不解决这一问题，"天价房"和交通拥堵将无法解决，而且还会激化社会矛盾，产生新的社会问题。

另外，北京、上海等大都市的就业机会在中心城与卫星城之间配置不合理，一些卫星城功能单一，未能实现职住一体化，上下班流向单一、集中，势必引发大量无效交通需求。

（8）D2C2—遵守规制。遵守交通规则是公民素质的标志，谦让、理解将会减少交通摩擦和事故，在一定程度上影响交通拥堵。一些发达国家车辆驾驶者在人行道前主动减速慢行或"行人优先"，不抢行和不随意变更车道，体现了较高的文明素养，减小了事故的发生率及缓解了交通拥堵状况。

二 治堵政策与效果

可以看出，"治堵"关键在于实现道路供需平衡。概括起来，措施无疑是增加道路供给，抑或减少道路需求，或者二者兼而有之。增加供给方面来看，首先是扩展道路，增加新路，但常受到占地制约；其次要对现有道路挖潜改造，增加道路通过能力。减少道路需求，具体包括：机械减少需求总量；调控各种出行方式比例，提高道路使用效率，相应减少道路低效需求。综合措施是指同时提高供给与减少需求的举措，如修建地铁，可以提高道路供给，同时因提高道路使用效率，而相对减少低效道路需求。但由于修建地下施工，带来的成本上升，也是制约修建规模的主要原因。当然，优化城市空间布局是综合治堵的根本举措。

下面就各种治堵措施，进行梳理分析。

（一）供给管理

1. 增加道路面积

对于城市增长时期来说，这一举措仍然是可行，尤其是新城区，增加道路

面积仍是缓解拥堵的基本保障。按照机动时代的出行标准设计道路是避免拥堵的前提。但由于土地的稀缺性,这种道路占地不宜过多,要根据道路功能预测尽量合理安排道路占地。目前中国北京、上海等大都市人均道路面积仅为7~9平方米,比东京等人均道路面积较小的大都市还要小很多,因此增加道路铺装面积,增加道路供给仍然是治堵重要措施。当然实践证明,一些新增道路很快被新的交通需求所平衡,且大多会引发更多的交通需求。

2. 增强道路通过能力

增强道路通透能力是交通内涵式发展的一种方式,也是各地"治堵"的核心之策。具体措施如:发展城市快速路、加快地铁建设、新增公交专用道、修建立交桥、建设立体交通网、改进交叉点设计、无缝换乘等。上海等地积极推行P+R公共停车场换乘试点,北京四惠建立综合交通枢纽,实现了人行通道与车道分离,极大缓解了交通拥堵状况。

3. 应用智能交通系统(ITS)技术

通过GPS(全球定位系统)、GIS(地理信息系统)、RS卫星遥感、移动终端、摄像头、云计算、车联网等新一代信息技术,建立交通动态信息采集系统,并实时播报拥堵状况,有利于优化道路资源的配置。通过使用ETC、自动变换交通信号灯等ITS技术,提高道路使用率。澳大利亚的墨尔本、悉尼等地,推广使用ITS技术,提高道路使用效率。

4. 发展新能源汽车

研发推广使用电动或混动式新能源汽车,减少拥堵环境的健康成本和经济成本。

(二)需求管理

从交通需求方面考虑,治堵方案是较为快捷的治标之策。具体措施包括以下几个方面。

1. 价格措施

通过提高车辆使用费用,减少不必要的出行。如降低公交票价,增加小汽车使用成本。如广州等地,择机收拥堵费,公共交通低票价策略,适时适度提高停车收费标准总水平。

2. 鼓励手段

如北京在2008年实行了低票价制度，提高了公共交通的载客量。同时，鼓励商场、公司、学校的班车错开交通高峰时段。此外，还推广网上购物，通过立法鼓励和补贴弹性办公和远程办公等。

3. 公车管制

通过政府用车制度改革，减少公务车数量，由"公车私用"变为"发放补贴、私车公用"，减少了政府开支，同时减少低效政务交通流量。同时，电子政务、电子商务的普及，也为政府公车减少提供了技术支持。

4. 绿色出行

根据居民出行目的不同，选择出行方式也不同。上下班通勤需求量大、时段集中，易于采取地铁、公交等公共交通，而休闲、社交、就医等易于选择小汽车。为此，应加快电动汽车或混合动力汽车的普及。

5. 抑制车辆增速

北京实行的摇号上牌、不再增加公务车指标等措施，上海实施的拍卖车牌等举措，都旨在抑制车辆增速，在一定程度上减缓了交通拥堵程度，为地铁、公交发展赢得时间。

6. 汽车尾号区域限行

汽车尾号区域限行，在国外一些大城市早已使用。近些年在中国一些城市如北京等地推广。但这一措施常常会导致家庭二次购车行为，增加停车场紧张程度，降低汽车使用效率。同时，给就医、社交等紧急使用车辆带来不便，因此备受诟病。

（三）空间管理

城市空间布局很重要，以北京为例，交通拥堵与"棋盘式"城市空间布局结构有很大关系。除长安街、两广路、平安大街为东西主轴外，各环线之间的联络线较少。现阶段中国城市发展还处于城镇化中期阶段，与发达国家大都市差别很大。现在的国外城市发展基本成熟，已完成由聚集到扩散的过程。边缘组团和卫星城基础设施都比较健全，生活环境总体质量要比市中心区生活环境要好，易于居住。中心区主要作为一种高回报率的商务区或商业区，很少有居住功能。北京是穷人才住郊区，市政府把一些经济适用房建在城市的边缘组团和卫星城，交通系统和小区内基础设施跟不上，富人不愿去。当然，中国大都市空间布局模式和国外不一样，不能照搬国外，但随着经济的进一步发展，无疑要向这个方面努力。

城市空间结构一方面取决于市场经济发展的阶段，另一方面取决于政府政策调控，调控主要通过规划和投资来实现。规划应该有前瞻性、全局性。应按规划投资市中心区的外围交通系统。尤其在信息社会，SOHO族大都在家里办公，没必要去市区上班，在卫星城基本可以解决日常工作与生活问题。城市空间布局优化后，人们对小汽车的需求量自然会减少，交通状况将大为改善。

（四）实施效果评述

1. 进一步完善交通供给

根据前述国内外大都市人均道路面积对比可以看出，增加道路有效使用面积，改善路况，增加人均道路面积，对处于成长阶段的中国大都市来说，仍是治堵的主要途径。尤其是北京、上海等一线城市，至少还有50%的提高空间。

2. 加大交通需求管理

汽车，是现代工业文明的重要标志，也体现了一种崭新的生活方式。目前中国生产结构、人口结构都正处在加速调整转型中。综合考虑，汽车对中国整个生产和生活都会产生重大影响。从这一角度来看，需求管理逐步转向以市场调节为主，而不再是政府的限购政策管理。限购只是迫不得已而为之的权宜之计，而非治本之举。

3. 加大空间管理问题

从中国城市群合理布局和城市群内部大中小城市与小城镇合理体系构建角度来考虑，产业、公共服务和人口合理分布才是治堵的治本之策。城市治堵也不可能是一个模式。日本城市用地面积和车辆矛盾特别突出，所以交通建成以快速轨道运输体系为主，私人小汽车只是作为补充。东京周围有20几个大的组团和卫星城。人们从卫星城开车到东京，把车停在市郊免费停车场，换乘快速交通系统到商务区上班，但日本的地铁造价很高，票价也很高。新兴工业化国家资金短缺，其大都市像巴西的首都巴西利亚一样，可用公交列车向轨道交通逐步进行过渡。特大城市像北京、上海、深圳、广州，可采取东京、大阪模式，其他一些省会城市可采用欧洲模式，中小城市可以采取美国模式。

三 中国特大城市治堵优化方案与政策建议

（一）创新性方案

1. 国土均衡开发

从宏观角度来看，均衡的国土开发，有利于克服人口过度聚焦，形成反磁力。同时，在工业化与城镇化进入中后期阶段，城乡区域发展差距缩小有利于减缓人口涌向大都市。为此，在全国几大都市密集区发展一线城市、准一线城市，有利于分散人口过度向一线城市聚集，可谓治堵总方略。

2. 发展城市群

大中小城市与小城镇协调发展是避免"大都市病"的重要措施。当前中国大城市出现的"城市病"根本原因在于"超载"，因此治理举措重在"减人"，这是"釜底抽薪"的治本之策。为此，中央高度重视城市群协同发展问题。通过区域城市群建设，来缓解"大都市病"。例如，2014年提出的京津冀协同发展问题，在很大程度上就是为了通过城市群融合发展来缓解大城市病。

3. 多中心空间形态

推进中心城区与卫星城公共服务均等化，促进职住混合化可极大缓解交通拥堵。在城市一级功能分区基础上形成若干功能相似的二级或三级功能区，围绕大型社区形成商业购物、餐饮娱乐、卫生医疗、教育文化、家政养老等混合功能区，减少居民不必要的交通出行。

4. 改善交通设计

交通节点设计对于治堵具有关键作用。可循环式的四通八大交叉点可以避免不同方向车辆排队等候。北京建国门是一个比较成功的案例。而大多数城市立交桥没有起到应有作用，反而成为交通拥堵节点，成为治堵目标区域。

（二）提高道路供给效率、加强需求侧管理、完善城市空间布局多管齐下

拥堵源头是因为城市规划中没有科学的顶层设计。城市各功能区人流量缺乏准确的估算，道路系统与标准同人流量之间缺乏匹配性，道路交叉口设计不能实现循环顺畅都会导致拥堵。另外，与发达国家相比，我国城市路口装备配置水平较低，交警的素质、道口通过能力等方面也都有很大的提高余地。

必须充分利用现代技术手段，加大智慧城市建设，提高大城市的道路通透能力。例如在十字路口，很多时候是一侧方向的车很少，而另一侧方向的车很多，但此时交通信号灯还是"一刀切"，在同一时间点变换红绿灯。实际上，我们完全可以根据两侧的交通流量来随时调整交通信号灯，以大幅提高现有道路有效使用率。

在人流密集地区建立便捷的综合交通枢纽，通过自动滚梯方便身体不便的行人换乘。充分利用地铁口作为地下通道的功能，在通道中引入一些商业，这样行人在过街过程中也可以来购买一些物品，既舒适又安全。通过这些改善，都可以提高道路的供给效率。

从需求来看，中国大都市交通拥堵与超载有关。2014年春节，不完全统计大约有900万人离京，北京城平时繁华拥堵的场面终于不见了。这一"实验"证明了，缓解大都市交通还是要加大需求侧管理。

中国一些大城市，上班与居住地分离较为严重，甚至出现"卧城"（睡城），如北京的天通苑、通州等，上下班出现的"潮起潮落"现象"蔚为壮观"，给"上班族"带来巨大时间损失与精神痛楚，也使城市交通拥堵"雪上加霜"。

尽管如此，大城市交通拥堵这个"城市病"也不是无药可治，只要因病施治，还是有药可医的，为此我们建议如下。

1. 重点抓需求侧管理

现在，"行"的问题已成为百姓关心的焦点。作为一个流动的空间，汽车与固定的住房，形成对应的人类活动的两个空间。从生活流动空间角度看，汽

车应当是越来越重要。在人类需求层次中，"行"的需求，属于中级层次。目前中国汽车保有量为1.3亿辆，平均每10人拥有1辆汽车，这其中包括货车、客车等，因此小汽车拥有量更低。按照小康生活每个家庭拥有1量小汽车标准，汽车保有量至少会到4亿辆。现汽车年产量为2000万辆，按照小汽车平均使用10年计，现有产量仍需翻番，这其中尚未考虑出口外销量。可以预见，随着中国城镇化推进和人口大城市化趋向凸显，以及新农村建设，城乡汽车需求量仍将继续增大，而同期城镇规模至多还会在现有基础上扩增50%，因此车与路的矛盾会进一步加剧。因此，在路与车的矛盾上，企图从提高道路供给方面来寻求平衡点是徒劳的，必须明确从需求侧来考虑解决。

为此，对大城市来说，毫不动摇地大力发展公共交通，建立健全的公交体系乃大势所趋。

而家庭小汽车只能是改善出行条件的"奢侈品"和"应急品"，这已被国际先例所证实。

2. 重点抓交通技术创新

充分利用新一代信息技术，将大数据、云计算、物联网、车联网、3S技术、个人移动终端、交通模拟等运用到城市交通管理上来，真正建成智能交通系统（ITS），方便市民出行，最大限度地减缓交通拥堵。

根据交通拥堵点不同方向拥堵情况，采取智能化调控，充分利用交叉路口的道路资源。依据实时交通信息，智能导航调整行车路线。

对长期拥堵交通路口，要根据交通流量模拟，重新进行交叉路口道路设计。达到各个方向车流能够在交叉点实现顺畅循环，如北京建国门立交桥设计较为合理。

3. 重点抓空间布局调整

大力推进大都市发展区域化，在大城市外围建立卫星城。通过城际之间基础设施一体化，推进都市密集区内大都市之间合理产业分工，实现互补发展。体制机制一体化，保障都市群同城化，减少大城市过度聚焦和交通拥堵。

（三）实施风险

交通供给管理遇到的问题似乎是占地面积增加及建设投资增加。但我们的研究表明北京等地城市用地紧凑度较低，尚有较大扩充道路面积的余地。同时，投资问题只要与收益结合起来，通过市场机制亦能够解决。

交通需求管理会遇到两方面问题：一是交通收费透明化与法制化管理问题，这亟待通过现代信息手段和立法予以解决。二是市民认可问题，这有待于引导和宣传。以摇号限购来说，会遇到被限购者抱怨的问题。其实，任何治堵政策措施都不可能是绝对公平政策。北京市通过摇号的方式分配机动车号牌，最起码给了每位摇号者一个平等的参与机会，同时经过一段时间的等待，相信摇中的概率也不是特别难，这还是一个比较妥当的做法。

（四）应对策略

建立"便捷、安全、舒适、实用、环保"的城市交通体系是健康城市发展目标。为此，必须一方面重点抓住较为充足的高质量道路、高智能的交通装备和现代化交通服务等核心领域。通过现代城市交通模拟技术，对城市产业发展、人口聚集、空间扩展、交通流量进行系统模拟分析，对城市交通进行顶层设计。另一方面，从市场作为交通资源配置的决定性机制出发，谋划城市交通治堵问题，才可能找到一条可持续的发展之路。

参考文献

陈佩虹：《综合交通规划：解决城市交通拥堵的对策》，《决策探索》2010年第12期。

刘晓：《关于城市交通拥堵问题研究的文献综述》，《经济研究导刊》2010年第4期。

刘治彦、岳晓燕、赵睿：《我国城市交通拥堵成因与治理对策》，《城市发展研究》2011年第11期。

徐东云、张雷、蒋晓旭：《大城市中心效应地位与城市交通拥堵问题》，《北京交通大学学报》（社会科学版）2010年第3期。

徐东云：《城市交通拥堵治理模式理论的新进展》，《综合运输》2007年第5期。

B.6
特大城市雾霾治理对策

李宇军*

摘　要： 近年来，雾霾污染引起社会各界的高度关注，国家也将特大城市及重点区域雾霾治理列为环境保护工作的重中之重。北京、上海和广州三个特大城市在雾霾治理方面做了大量工作，大气污染物排放量大幅减少，虽然空气质量不断改善，但仍然没有达标。为推进雾霾治理，本文提出了六个方面的建议。

关键词： 特大城市　雾霾　治理对策

2013年，雾霾成了中国最热门的词语之一，雾霾更是公众最关心的污染事件。

2013年1月，中国中东部、东北及西南共计10个省区市遭遇了五次强度高持续时间长的雾霾污染天气，8亿多人的生活工作受到影响，京津冀区域最为严重，其中有两次雾霾天气$PM_{2.5}$的最高观测值超过了1000 μg/m³。在1月9～15日的第二次雾霾污染中，北京空气中$PM_{2.5}$最高值达680 μg/m³，并且持续46个小时$PM_{2.5}$超过300 μg/m³，按照国家《环境空气质量标准》（GB 3095—2012）中$PM_{2.5}$ 24小时平均值一级标准35 μg/m³评价，1月份北京只有4天晴好天气。2013年12月，华北地区、东南沿海及西南地区大面积持续出现雾霾天气，全国25个省份100多座大中城市都受到雾霾天气的影响，其中河北中

---

* 李宇军，副研究员，中国社会科学院城市发展与环境研究所环境经济与管理研究室主任，主要研究方向为环境规划与管理、环境政策、固体废物管理、生态城市。

南部、天津、山东、河南中东部、湖北东部、湖南东北部、江西北部、江苏、上海、浙江、安徽中部及四川盆地西部和东南部等部分地区出现的霾日数为6~7天。

2013年，在全国74个重点城市中仅海口、舟山、拉萨3个城市空气质量达标，达标率仅4.1%。全国平均霾日数为35.9天，比2012年增加了18.3天，是1961年以来最多的。京津冀和珠三角区域所有城市空气质量均未达标，长三角区域仅舟山六项污染物全部达标。

京津冀、长三角及珠三角都出现了大面积、高频率、长时间的雾霾天气，引发了全社会对雾霾污染的广泛关注。

一 雾霾的成因及危害

雾霾是雾和霾的组合词。雾是指大气中因悬浮的水汽凝结导致能见度低于1公里时的天气现象，且雾是由悬浮在大气中微小液滴构成的气溶胶。霾是指大气中因悬浮的大量微小尘粒、烟粒或盐粒的集合体导致水平能见度降低到10公里以下的一种天气现象，霾是由悬浮在空气中的灰尘构成的气溶胶颗粒。

（一）高污染是引发雾霾的主要原因

形成雾霾的条件主要有三个：第一是空气中污染物浓度高。人类在生产、生活过程中，持续不断地向空气中排放大量污染物，导致空气中污染物浓度水平非常高；第二是特殊的气象条件，在静风天气条件下，不利于污染物在水平方向扩散；在逆温天气条件下，不利于污染物在垂直方向的扩散；第三是空气相对湿度大，污染物气溶胶颗粒吸湿后膨胀，极易形成雾霾。雾霾的形成主要是空气中悬浮的大量微粒和一定的气象条件共同作用的污染过程。

在正常天气情况下，大气扩散条件好，大量排放到空气中的污染物会随风扩散，大大降低空气中污染物的浓度，但在静稳天气时，污染物不易扩散，就好像将污染物排放到了一个密闭的大型透明气球里，随着污染物持续的排放，气球中污染物的浓度就会持续增加，气球的透明度也逐渐降低，不难想象生活在装满污染物的透明气球里的人的感受。

如果空气中污染物浓度极低，即使是在静稳、湿度大的天气条件下，也很难形成雾霾天气，因此，严重的空气污染是形成雾霾天气的最主要原因。

（二）雾霾的主要成分及来源

雾霾主要由二氧化硫、氮氧化物和可吸入颗粒物等主要物质组成，可吸入颗粒物是雾霾产生的主要成分。中国环境监测总站发布的研究结果表明，在雾霾天气条件下，空气中 PM_{10} 及 $PM_{2.5}$ 浓度均比非雾霾天气时增加明显，表明颗粒物浓度增加是灰霾产生的重要原因之一。同时，试点监测城市的数据显示，$PM_{2.5}$ 浓度占可吸入颗粒物 PM_{10} 的比例分布集中在 50% 左右。$PM_{2.5}$ 排放主要集中在燃煤烟气、机动车尾气、工业废气、粉尘、餐饮油烟、扬尘等。

（三）雾霾的危害

雾霾对人身健康有明显的危害。因为雾霾天气压低、湿度大，人体无法排汗，诱发心脏病的概率会升高；研究显示，2.5 微米以下的颗粒物，75% 在肺泡内沉积，有害颗粒物一旦进入呼吸道黏着在肺泡上，极易诱发心血管疾病、呼吸道疾病；因为光照严重不足，近地的紫外线明显减弱，杀菌能力减弱，发生传染病的概率增加。长期吸入污染空气容易引发鼻炎、支气管炎等病症，同时也会加剧慢性支气管炎和哮喘病人的病情。

持续出现雾霾天气，长时间看不到阳光，会影响心情，导致情绪低落，工作效率降低；也会影响正常的生产和工作的秩序，整个社会将蒙受较大的经济损失；同时，雾霾天气频繁，也会对生态系统正常运行产生影响。

二 特大城市雾霾治理措施与行动

为了推进大气污染防治，遏制雾霾污染，改善空气质量，2013 年 9 月 10 日国务院颁布实施了《大气污染防治行动计划》（简称"大气十条"），提出了改善空气质量的目标：经过五年努力，使全国空气质量总体改善，重污染天气较大幅度减少；京津冀、长三角、珠三角等区域空气质量明显

好转。力争再用五年或更长时间，逐步消除重污染天气，全国空气质量明显改善。到2017年，全国地级及以上城市可吸入颗粒物浓度比2012年下降10%以上，优良天数逐年提高；京津冀、长三角、珠三角等区域细颗粒物浓度分别约下降25%、20%、15%，其中北京市细颗粒物年均浓度控制在60 μg/m³。

2014年3月5日，李克强总理在《政府工作报告》指出："以雾霾频发的特大城市和区域为重点，以细颗粒物（$PM_{2.5}$）和可吸入颗粒物（PM_{10}）治理为突破口，抓住产业结构、能源效率、尾气排放和扬尘等关键环节，健全政府、企业、公众共同参与新机制，实行区域联防联控，深入实施大气污染防治行动计划。"

北京、上海和广州作为京津冀、长三角和珠三角的首位城市，由于雾霾污染严重，三个特大城市空气质量备受全社会的关注。长期以来，为改善空气质量，三个城市在大气污染治理方面做了大量卓有成效的工作，污染物排放总量大幅下降，但经济总量大，人口众多，污染物总量基数仍然很大，再加上区域间污染物的传输等因素，导致空气质量仍没有达标，对三个特大城市来说，雾霾治理任重而道远。

（一）$PM_{2.5}$源解析初步结果

为了更有针对性地治理雾霾污染，环保部发布实施了《清洁空气研究计划》，拟重点突破大气污染源排放清单与综合减排、空气质量监测与污染来源解析、重污染预报预警和应急调控等问题，北京、上海和广州三个特大城市已经完成了$PM_{2.5}$源解析的初步研究工作。

北京市$PM_{2.5}$源解析结果。北京市本地污染占64%~72%，区域传输占28%~36%。北京地区$PM_{2.5}$本地排放源以机动车、燃煤、工业生产、扬尘为主，占比分别为31.1%、22.4%、18.1%和14.3%，餐饮、汽车修理、畜禽养殖、建筑涂装等其他排放占比为14.1%；$PM_{2.5}$主要成分为有机物、硝酸盐、硫酸盐、地壳元素和铵盐等，质量浓度依次为26%、17%、16%、12%和11%。有机物、硝酸盐和铵盐主要由气态污染物二次转化生成，是$PM_{2.5}$浓度升高的主要因素。

上海市 PM$_{2.5}$ 源解析结果。上海市外部输入性污染占 21.5%，本地污染占 78.5%，其中上海本地的主要污染源是工业和交通，工业排放占 32.9%，其中工艺过程排放占 15.4%、工业锅炉和炉窑排放占 10.2%、电厂排放占 7.3%；交通排放占 25.8%；扬尘排放占 10.4%、民用涂料和餐饮排放占 5.4%、农业和生物质排放占 3%、海盐和植被排放占 1%，另外还有 21.5% 的污染来自上海以外区域的排放。

广州市 PM$_{2.5}$ 源解析结果。广州市 2013 年第四季度空气中 PM$_{2.5}$ 来源分析显示，燃煤电厂、锅炉等工业源占 33.09%、机动车尾气排放占 23.14%、生物质燃烧排放占 13%、扬尘占 10%，其他一些污染源占 20.77%。

北京、上海和广州的 PM$_{2.5}$ 的源解析结果显示，燃煤和工业为首要污染来源，其次是机动车、扬尘等排放源。

（二）北京市雾霾治理行动

近五年来，北京市二氧化硫、二氧化氮和可吸入颗粒物年均浓度均呈现显著下降趋势，二氧化硫已经实现达标，但空气中其他污染物仍然超标，如 2013 年的细颗粒物（PM$_{2.5}$）、可吸入颗粒物（PM$_{10}$）和二氧化氮（NO$_2$）年平均浓度值分别为 89.5 μg/m^3、108.1 μg/m^3 和 56.0 μg/m^3，分别超过《环境空气质量标准》（GB 3095 – 2012）二级标准 156%、54% 和 40%。

为了贯彻落实《大气污染防治行动计划》，有效治理大气污染，改善空气质量，北京市颁布实施了《2013—2017 年清洁空气行动计划》，明确了空气质量改善目标：经过五年努力，北京市空气质量明显改善，重污染天数较大幅度减少。到 2017 年，全市空气中的 PM$_{2.5}$ 年均浓度比 2012 年下降 25% 以上，控制在 60 μg/m^3 左右。通过实施源头控制、能源结构调整、机动车结构调整、产业结构调整、末端治理、城市精细化管理、生态环境建设和空气重污染应急等八项工程，推进空气质量的有效改善。

2013 年，北京市通过以下六个方面，促进污染减排，强化雾霾治理。

创新领导机制。北京市成立了"大气污染综合治理领导小组"，北京市市长王安顺任组长，领导小组定期开会协调解决大气污染治理的重点难点问题；发布实施了《北京市空气重污染应急预案（试行）》，成立"空气重污染应急指挥部"，将空气重污染应急纳入全市应急体系一管理。

严格依法治污。2014年3月1日，北京市发布实施了《北京市大气污染防治条例》，条例对违法行为实施从严处罚，罚无上限；明确总量控制，并对新建项目实施"减量替代总量减少"原则；明确对机动车数量和燃煤总量进行控制；运用经济手段促进污染物减排，企业要实行最严格排污权分配，通过排污许可证方式，下达逐年减少的排污权指标。

明确各方责任。北京市政府与区县政府、市属委办局、市属重点企业签订《北京市大气污染防治目标责任书》，明确各自大气污染治理责任和时间节点，保证治理措施落实到位。

严格环境准入。严格禁止建设高污染、高耗能项目及燃煤设施，控制水泥、石化新增产能。市、区（县）两级政府全面施行建设项目主要污染物总量前置环评管理，对重点行业项目新增大气污染物实施"减二增一"削减替代制度。

加强监督管理。由北京市市政府督查室、市监察局全面督办大气污染防治和污染减排任务落实，与有关部门组织联合督查组，多次进行现场督查检查，对进展迟缓的减排项目发出预警。

引入经济手段。将环境违法企业的信息纳入银行征信系统，实施绿色信贷；提高二氧化硫、氮氧化物、化学需氧量和氨氮等四项主要污染物排污收费标准，提高违法成本；鼓励资源综合利用，实施增值税减免政策；继续实施主要污染物总量减排奖励政策和老旧机动车提前淘汰经济鼓励政策，实行京V油品优质优价政策，农村散煤整治财政补贴政策等。

重点措施与行动。2013年，北京市分解落实了84项治理大气污染的重点任务。特别是针对燃煤、工业生产、机动车和扬尘四大污染源落实了具体的控制措施。一是降低燃煤使用量。在核心区对4.4万户平房实施了"煤改电"工程，将全市3428蒸吨燃煤锅炉改用清洁能源；在农村地区实施"城市化改造上楼一批、拆除违建减少一批、炊事气化解决一批、城市管网辐射一批、优质燃煤替代一批"的减煤换煤工程，替代分散小锅炉156台。二是工业污染控制。淘汰落后产能，全年调整退出288家高污染企业，提前关停两家水泥企业，压缩水泥产能150万吨；提高污染治理效率，全面完成华能北京热电公司和北京京丰燃气发电公司燃煤机组高效除尘改造和燃气机组烟气脱硝治理，全市所有水泥生产线均开展脱硝治理，石化、汽车制造等重点行业开展挥发性有机物治理。三是机动车污染控制。率先实施第五阶段汽油车排放标准和第四阶段柴油车排放标准，更新高排放老旧机动车36.6万辆。北京市政府动员全社会都参与到"清洁空气·为美丽北京加油"的全民大行动中。

（三）上海市雾霾治理进展

从2000年开始，上海市开始滚动实施五轮环保三年行动计划，在经济总量增加2.4倍、煤炭消耗增加1倍的条件下，上海市通过工程减排、结构减排和管理减排等一系列措施的实施，主要大气污染物排放量大幅削减，空气质量得到一定改善，但仍有几项指标未能达标。从2013年数据分析，$PM_{2.5}$、PM_{10}和二氧化氮年日均值分别为62 $\mu g/m^3$、82 $\mu g/m^3$和48 $\mu g/m^3$，分别超过《环境空气质量标准》（GB 3095-2012）二级标准27 $\mu g/m^3$、12 $\mu g/m^3$和8 $\mu g/m^3$。

为加大大气污染治理力度，改善环境空气质量，上海市根据国务院《大气污染防治行动计划》，发布实施了《上海市清洁空气行动计划（2013—2017）》，计划到2017年，重污染天气大幅减少，空气质量明显改善，细颗粒物（$PM_{2.5}$）年均浓度比2012年下降20%左右。

上海市主要是以削减污染物排放总量为核心，落实在能源、工业、交通、建设、农业、生活等六大领域的污染治理措施，推动生产方式和生活方式转变，计划五年内完成33个方面的187项具体工作，实现空气环境质量的持续改善。

2013年，上海市通过以下五个方面工作，促进全市污染减排。

出台落实经济政策，促进污染减排。上海市出台了农业源减排补贴政策，"十二五"燃煤电厂氮氧化物超量削减激励政策及高效除尘改造补贴政策，深化燃煤（重油）锅炉和工业窑炉清洁能源替代政策等。上海市全年共落实电厂脱硫超量减排奖励0.87亿元、脱硫电费10.30亿元、脱硝电费1.80亿元、脱硝工程建设补贴0.78亿元和黄标车淘汰补贴约9亿元，极大地促进了减排的积极性，提高了减排效果。

严格产业节能环保准入。禁止新建钢铁、建材、焦化、有色等行业的高污染项目，严格控制石化、化工等项目，严格控制劳动密集型一般制造业新增产能项目。将污染物满足总量控制指标作为环评审批的前置条件，并挂钩区域、行业减排状况和落后企业淘汰进度。

加快淘汰落后产能，压缩高耗能行业，促进战略性新兴产业发展。

降低燃煤总量措施。上海市主要推进散烧煤的天然气替代工程，鼓励集中大规模用煤企业的升级改造。

设立大气污染治理专项，保障污染治理措施落地。上海市建成了石洞口第二电厂10台机组脱硝工程，完成外高桥电厂9台机组高效除尘改造、1036台燃煤（重油）锅炉清洁能源替代或关停、4个重点行业VOCs治理试点示范工程；累计安装64套建筑工地扬尘污染在线监控设备；淘汰黄标车6.3万辆，出台S20以内无绿标车辆限行规定；推进油品升级，完成"沪Ⅴ"标准汽油和"国Ⅴ"标准柴油置换工作。

（四）广州市雾霾治理

近五年来，广州市通过抓空气污染综合治理，空气质量得到一定改善，但仍未能实现空气质量全面达标。如2013年，广州市空气中$PM_{2.5}$、PM_{10}和NO_2年均浓度分别为53 μg/m³、72 μg/m³和52 μg/m³，分别超过国家《环境空气质量标准》（GB 3095-2012）二级标准0.51倍、0.03倍和0.30倍，三项指标比2012年分别上升了3.9%、4.3%和6.1%。

2013年，广州市通过落实各项措施，减少大气污染物的排放。一是燃煤污染控制。广州市通过"高污染燃料禁燃区"划定，控制和减少高污染燃料使用；对572台锅炉进行改燃清洁能源或淘汰。二是机动车污染防治。继续实施中小客车总量控制；2013年3月起，对燃气汽车实施国Ⅴ标准，7月起，对柴油车和重型汽油车实施国Ⅵ标准；落实全面供应国Ⅳ标准车用柴油计划；继续扩大黄标车限行区面积，已达建成区面积的42%；对146.8万辆汽车进行排气检测，合格率达99.7%。三是餐饮业油烟治理。广州市发布实施了《关于全面推进餐饮业环境管理进一步强化污染综合整治的意见》、《广州市餐饮场所污染防治管理办法》，为大型餐饮业户（250餐位以上）核发了排污许可证。

四是产业结构调整与工业源污染治理。关停了74家挥发性有机物重点监管企业，273家企业完成了治理工作。五是扬尘控制。制定实施《广州市实施扬尘污染控制管理工作方案》，在7大方面，加强监管，严控扬尘污染。六是严格环保准入。广州市印发了《关于严格环保审批 强化$PM_{2.5}$污染源头控制 推动新型城市化发展的意见》，通过加强对$PM_{2.5}$污染的源头控制，促进产业转型升级。

2014年2月广东省发布实施了《广东省大气污染防治行动方案（2014—2017年）》，2014年6月广州市发布实施《广州市大气污染综合防治工作方案2014—2016年》，以"减煤、控车、降尘、少油烟"为方针，制定了"优化能源及产业结构、深化火电机组及工业锅炉污染治理、强化机动车船舶排气污染控制、防治扬尘污染、加强挥发性有机物及有毒气体排放污染控制、整治餐饮业油烟污染、强化农村环境综合整治、完善空气质量监测体系和信息发布机制、完善环境空气重污染应急响应机制和发动公众参与"等十大行动，围绕控制工业、机动车、扬尘、油气等四大污染源污染，制定了57条污染治理措施，近3000多个项目，促进实现广州市空气质量目标，到2017年，$PM_{2.5}$年均浓度下降到43 $\mu g/m^3$，二氧化硫、二氧化氮、PM_{10}年均浓度实现达标。

三 推进特大城市雾霾治理的对策建议

在《大气污染防治行动计划》中，提出了十条大气污染防治措施：一是加大综合治理力度，减少多污染物排放。二是调整优化产业结构，推动经济转型升级。三是加快企业技术改造，提高科技创新能力。四是加快调整能源结构，增加清洁能源供应。五是严格投资项目节能环保准入，提高准入门槛，优化产业空间布局，严格限制在生态脆弱或环境敏感地区建设"两高"行业项目。六是发挥市场机制作用，完善环境经济政策。七是健全法律法规体系，严格依法监督管理。八是建立区域协作机制，统筹区域环境治理。九是建立监测预警应急体系，制定完善并及时启动应急预案，妥善应对重污染天气。十是明确各方责任，动员全民参与，共同改善空气质量。

如上所说的"大气十条"已经为中国大气污染治理指出了明确的方向，关键是如何将这十条措施落到实处，根据目前大气污染治理现状提出如下建议。

（一）加快优化产业结构力度

从北京、上海和广州的 $PM_{2.5}$ 源解析结果分析，三大城市工业污染源所占比例都在两成以上，因此，必须加快优化产业结构，降低重工业比重，特别应将石化、建材、家具、水泥和化工等重污染企业搬迁出特大城市，提高技术服务业比例，培育战略性新兴产业，提升第三产业占 GDP 的比重，发达国家第三产业比重一般占九成，因此，特大城市通过产业结构调整，可从源头上大幅削减大气污染物排放量。

（二）加强环保执法监管力度

2014年2月，环境保护部通报对河北石家庄、唐山、廊坊等地大气污染防治的督查情况，三地几乎都存在企业治污设施不健全、运行不正常的情况，唐山被督查的46家工业企业中，34家存在各类环境污染问题。在北京，如燕京啤酒、金隅集团、牛栏山酒业等著名企业仍然存在超排偷排的现象。企业缺乏社会责任感，为了企业自身利益，致使全社会福利遭到损害，也造成社会治污资源的浪费，因此，应进一步加大环境执法监管的力度，严惩环境违法行为，对全社会起到警示作用，促进企业自觉守法。

（三）推进环境污染的第三方治理

环境污染第三方治理是指一个或多个污染排放组织（委托方）委托第三方即专业化环保公司（受托方）对其在生产或服务中所排放的污染进行处理，第三方服务质量达到双方约定的环境污染治理目标后，委托方付费给受托方。目前，中国执行"谁污染，谁治理"原则，企业自身负责污染治理，但由于企业缺乏社会责任感，环境监管不到位，以及污染治理设施运行成本高，企业治污设施不正常运行，企业超标排放严重。引入第三方专业污染治理公司提供污染治理服务，可以大大降低污染治理成本，提高污染治理达标效率，同时，可以降低环境监管工作难度，推进第三方污染治理，还可以促进环保产业发展，进而促进污染治理技术水平和治理效率的进一步提升。

（四）尽快推进大城市油品升级

据统计，2012年全国废气中氮氧化物排放量为2337.8万吨，其中，机动车氮氧化物排放量为640.0万吨，占全国氮氧化物排放总量的27.4%；全国烟（粉）尘排放量为1234.3万吨，机动车颗粒物排放量为62.1万吨，占全国烟（粉）尘排放总量的5.0%。环保部报告指出，机动车尾气排放已成为我国空气污染的主要来源，是造成灰霾、光化学烟雾污染的重要原因。而油品质量直接影响汽车尾气污染物的排放。上海、广州、深圳和南京等城市的汽油和柴油均执行"国Ⅳ"标准，将含硫量控制在50ppm以下，北京执行"国Ⅴ"标准，将含硫量控制在10ppm以下，但是，中国大部分城市使用的油品标准仍为"国Ⅲ"，即含硫量不超过150ppm，车用柴油含硫量不超过350ppm，远高于欧盟、日本10ppm的标准，"国Ⅲ"汽油标准含硫量是欧盟和日本的15倍，是美国的5倍；柴油含硫量标准则是欧盟和日本的35倍，是美国的10多倍。油品中硫含量降低，汽、柴油蒸发所排放的污染物将随之减少，另外，还可以减少对机动车尾气净化装置的损害，提高净化效率。油品升级，将会取得协同叠加的减污效果。

（五）研究探索区域联防联控合作机制

特大城市雾霾污染有2～3成来源于区域传输，因此，必须推进区域联动共同治理雾霾。2008年北京举办奥运会期间，空气质量得到大幅改善，主要得益于京津冀晋蒙共同实施联防联控措施，京津冀晋蒙的部分污染企业停产，确保北京空气质量的改善。2013年9月，环保部等六部门发布实施了《京津冀及周边地区落实大气污染防治行动计划实施细则》，推动了京津冀区域联防联控的进程，但区域内存在经济、技术和设备设施水平不平衡的情况，这就需要建立区域联防联控合作机制。实现区域合作的多方共赢、共同发展，成为推动联防联控的关键。

（六）雾霾治理是一场持久战

1943年7月8日，美国洛杉矶出现了光化学烟雾事件，在烟雾污染发生

的最初几年里,政府官员、高级管理人员都曾承诺几年内就要改善这种烟雾污染,事实上,洛杉矶经过70余年的持续污染治理,空气质量才有了较大的改善。虽然我们与洛杉矶所处的时代不同,我们现在拥有更为先进的技术、设备,以及宝贵的经验和有效的相关政策做支撑,治理雾霾的进程会缩短,但由于产生雾霾污染的因素比较复杂,雾霾治理将是一项长期的系统性工程,而且是一场持久战,需要不懈努力,不能急于求成。

参考文献

北京市环境保护局:《2013年北京市环境状况公报》,2014年3月。

杜娟:《广州"雾霾元凶"年底现形》,《广州日报》2014年4月14日。

奇普·雅各布斯、威廉·凯莉:《洛杉矶雾霾启示录》,曹军骥等译,上海科学技术出版社,2014。

广州市环境保护局:《2013年广州市环境状况公报》,2014。

环保部:《2012年环境统计年报》,环保部网站。

环保部:《环境保护部通报河北石家庄、唐山、廊坊大气污染治理督查行动情况》,2014。

环保部:《2013中国环境状况公报》,环保部网站。

鲁畅:《北京发布 $PM_{2.5}$ 源解析本地污染贡献六七成》,新华网。

上海市环境保护局:《2013年上海市环境状况公报》,2014。

佘惠敏:《揭露雾霾背后"元凶"》,《经济日报》2013年2月4日,第3版。

孙自法:《中科院:京津冀1月共5次强霾污染仅4个晴天》,中国新闻网,http://www.chinanews.com/gn/2013/02-03/4544001.shtml。

孙秀艳:《环境保护部通报北京郊区各区县大气污染治理督查情况》,《人民日报》,2014年2月20日,第9版。

郁文艳、舒晓程:《上海雾霾"源解析":外来污染仅两成》,《新闻晨报》2014年4月15日。

中国环境监测总站:《2011年灰霾试点监测报告》,http://www.cnemc.cn/publish/106/news/news_27409.html。

B.7 特大城市房价过高和上涨过快治理

罗 勇[*]

摘　要： 特大城市房价过高、上涨过快似乎已成定论，但仍不能笼统地认为中国的房价普遍都上涨。关于房价上涨原因，有观点将其归结为等级化的城镇管理体制，宏观方面的原因也基本认定为"不均衡发展让大城市房价高烧不退"。然而，当前有必要区分房价的正常上涨与房地产泡沫，并对社会上各种房价统计数据保持明辨。国外经济学界对中国的房地产市场泡沫持担忧态度，但他们并不确定房地产市场会崩溃。针对城市房价问题的解决之道，分类施策、分城施策是比较典型的意见，打破政府对土地资源的垄断也呼声较高。从中央的动作来看，房地产调控完善的方向直指市场化；而双向调控则具有一定的过渡性特征。我们认为，特大城市房价高涨过快的治理对策，首要在于稳。当前治涨最重要，治高要慎重。其次是顺，就是要顺应市场，顺其自然。好的房地产政策在本质上应该着眼于利用市场机制的修正。最后是调，原则应该是先顺后调，不能顺的领域才调，尽可能少调，而且多调顺少调逆。

关键词： 特大城市　房价　治理

特大城市的房价问题一直备受社会各界关注。虽然所关注的热点在不

---

[*] 罗勇，博士，教授，中国社会科学院城市发展与环境研究所研究员，主要研究方向为城市可持续发展。

同时期似有转换,但焦点始终没有离开"房价过高"和"上涨过快"等范畴。不久前发布的《全国35个大中城市房价收入比偏离度排行榜》(上海易居房地产研究院)显示:多数大中城市房价收入比自2001年起一直呈上行态势,峰值出现在2010~2011年。2011年后房价收入比的偏离有所改善,但至今仍未回归到合理区间。报告列出了35个大中城市房价收入比的排行榜,并重点分析了历年来15个典型城市及全国的房价收入比合理值及偏离程度。

2013年,一线大城市的房价收入比呈现出如下特点:第一,一线城市普遍地显示偏离度大,部分东部沿海城市的偏离度也较大。第二,四个一线城市房价收入比偏离度的差异较大,其中深圳、北京偏离度最大,上海、广州的偏离度则排在35个大中城市第十、第十一位。

一 评价与影响

近期以来,学术界、开发商,以及政府官员都很关注房价,相关的讨论也比较深入。特大城市房价过高、上涨过快似已成定论,宏观方面的原因也基本确定在"不均衡发展让大城市房价高烧不退"(《中国产经新闻报》,2013)之类说法上。其他城市与特大城市相比,在经济、社会、教育、文化、医疗卫生和就业环境等方面存在巨大的差距,人口持续不断地聚焦涌入特大城市,因此购房需求表现得更为集中和迫切。尽管现有的房地产调控措施看起来不可谓不严厉,从中央到地方层层加码,但特大城市的房价仍未见多少松动。房价实质性降低的希望一再破灭,需求一如既往地强劲;供给似乎总与需求存在无法调节的市场形势让特大城市的房价"高烧不退"。

国家发展和改革委员会官员的说法更加全面些:"我们不能笼统地判断中国的房价上涨"(李铁,2013),其将房价上涨原因直接指向等级化的城镇管理体制。这种体制的特征是,市场资源的分布在很大程度上受行政资源分布的影响,等级越高的城市优质资源越集中。然而土地资源的情形有些不同,由于土地的限量供给,特大城市尤其是其核心区域土地资源的稀缺程度较高。一方面是市场优质资源的高度集中导致高端人口的聚集,另一方面是土地资源的稀缺性特征导致房地产供给的失衡，特大城市房价的过高与过快上涨也并不足为奇。当前很多相关政策文件与研究报告把城市分为一线城市、二线城市、三线城市、四线城市，也不能不说带有行政化、等级化的痕迹。

经济的快速增长在客观上必然带来社会收入群体的分化与不平衡。按照一般的预计，全国有占人口总数10%的高收入人群，那么仅国内就存在着1.36亿潜在的高端购房群体。在当今中国，房地产除了一般居住办公使用外，相比于金融、银行存款、证券、基金等，还是为数不多相对稳定的投资需求。北京、上海等特大城市的核心条件好、优质资源集中，到这样的城市购房，是当下中国最合乎理性的选择。因此，特大城市高端、高层次房地产的持久性有强度需求是必然的，特大城市房地产的特色需求形成了对高房价的持续支撑，而特大城市土地资源的稀缺性进一步刺激了房产价格的上扬，并形成了高位态势。

进入2014年，关于房价的讨论更加细致深入，比如，要"区分房价的正常上涨与房地产泡沫"（《中国经济时报》，2014）。美国、日本、欧洲一些国家，以及中国香港等典型经济体的发展过程中都曾经历房价高、上涨快的情况，但房地产市场大部分时间是正常的，只在一些特定条件下才出现泡沫危害。1960~1975年，日本土地价格的年均增幅为12%，房地产市场的运行基本正常；其较为明显的房地产泡沫出现在1986~1990年，这个时期的土地价格年均涨幅达50%。2001~2005年，美国的房价年均上涨幅度为8.7%，就已出现严重的房地产泡沫，并导致了影响全球的金融危机。实证说明，房价高、上涨快可能只是出现房地产泡沫的必要条件，而非充分条件，即房价高、上涨快并不必然导致房地产泡沫，房地产泡沫的出现一定会表现为房价高、上涨快。

那么，房地产泡沫的充分条件是什么？一些研究认为，判定房价上涨是否"正常"，需要比较房价涨幅是否明显高于收入涨幅。1975~1986年，日本的居民可支配净收入年均增幅为15.75%，名义人均GDP的年均增幅为15%，结果是日本这一时期的房地产市场有惊无险；1986~1990年，日本的居民可支配净收入年均涨幅只有6.4%时，房地产泡沫才愈加明显。2001~2005年，美国的居民收入涨幅不到4%，房地产泡沫随之爆发。

当然，中国的房地产发展不能简单地与欧美、日本的泡沫情况进行类比。这些国家的城市化程度已经饱和，而中国才刚刚过半。中国的城镇化率在2012年上升为52.6%，同期按城镇户籍人口计算的城镇化率为35.3%；两者之间存在着17.3个百分点的较大差距，这种差距代表着2.5亿农民工和约7500万城镇流动人口。仅仅是使他们在城市享受到与城镇户籍居民同等的公共福利这一件事，就将会释放出非常大的城镇化现实需求。一般预计，到2020年中国城镇化率将达到或超过60%（按照每年一个百分点的增长速度），届时城镇人口将达8亿人，乡村进城的新增城镇人口将会在现有基础上再增加近1亿人。可见，城镇住房的需求潜力和空间还是相当大的。

社会上对房价数据之真假难辨也颇有微词。最具权威性的国家统计局每月发布的70个大中城市房价月度统计数据，就经常与人们的现实感受出现明显的反差。据媒体披露，目前公开发布的每座城市月度房价数据，是高、中、低三个类别房屋的成交均价，再经加权后综合计算得出。有媒体因此质疑，如某城市政府想人为压低一些本月的房价数据，完全可以招呼一下本地的开发商（最好是高档大盘），延期到下月推盘即可。如果再同时加大低档楼盘在当月的签约业绩，则本月房价数据更能够显示出明显下行（《西部商报》，2014）。官方权威数据尚且如此，其他的统计数据分析发布就更是让人难以把持，特别是因统计方法缺陷、数据采集精准度不足及抽取样本受限等问题，更难给出令人信服的结论。

这样的统计数据不仅仅误导了广大个体买房人，还对整个市场，甚至宏观经济形势产生误导。目前除了以"网签"数据为基础统计的房价数据有时不靠谱外，库存量等数据的统计也有更多更大的问题。许多城市的住建部门都说不清楚本地究竟有多少商品房库存，甚至一直以来对库存商品房就没有明确的统计口径，统计依据和统计标准更无从谈起。

国外经济学家也很关注我们的房价问题。2014年4月5日《新民晚报》的一篇报道就吸引了不少眼球："诺贝尔经济学奖得主罗伯特·希勒认为中国一线城市房价下跌风险很大"。罗伯特·希勒在访谈中谈到，北京的房地产价格已经与伦敦和纽约很接近了，也就是说，北京已经位居世界最高价位的房地产市场行列了，所以有非常巨大的下跌风险。同时他也认为，为中国房地产市场进行把脉与定价是有一定困难的。根据相关的黄金规则，利率如果减去增长率，对于中国来说数值是负的；但现实情况不支持这样的计算，因为中国表现出的是相当迅速的发展。因此，我们不能利用现成的模型或公式去简单地计算中国的房地产市场。

另外，从中国2013年的房地产市场数据看，房地产有着非常大的交易量，即使其中存在一定的泡沫，也可以通过相关交易税费的增加来有效地进行化解。尽管对中国的房地产市场泡沫有所担忧，但希勒坦言，"并不知道如何来预测未来中国的房地产市场是否会崩溃"。他只是坚持自己一贯的判断，即坚定地看好中国经济和股市。

2010年4月，国务院等出台《关于坚决遏制部分城市房价过快上涨的通知》的限购政策，"限购令"已在全国40多个城市得到不同程度的实施。2014年以来，由于各地纷纷出现房价下跌的状况，要求限购松绑的呼声此起彼伏。3月18日国家统计局发布的2014年2月70个大中城市住宅销售价格变动情况，再现了房价统计与市场信号出现背离的现象。统计局的数据表明，2月份70个大中城市中，仅温州的房价同比下降，上涨的城市有69座；其中上海的涨幅最高，达18.7%。一些权威人士将其解释为：房价统计是总结市场的既往变化，难免带有一定的时滞；数据说明房价依然高位运行，但房价上涨动力在下降（《中国经济时报》，2014）。2014年5月18日发布的4月份70个大中城市住宅销售价格变动情况显示，上海房价涨幅虽然最高，但已经降到13.6%；北上广总体房价涨幅收窄。尽管如此，我们还是清晰地看到了特大城市房价与其他城市不断加大的分化和不均衡。

目前出现了一、二线城市房价稳中有升，三、四线城市交易乏力的分化局面，这究竟是城镇化进程中的必然现象还是特殊现象？对于城镇化发展是有一定的促进作用还是有害无利的？这些值得我们辩证而深入地探讨。

大中小城市房价的分化，反映的仅仅是公共设施公共服务方面的问题吗？房价走势的分化，是否有助于增强三、四线城市的吸引力，且从长期看是否为一种缩小地区发展差距的有益市场力量？国家推行新型城镇化政策，真的就是要鼓励二、三线城市的发展，抑制人口、资源向特大型城市的聚集吗？人口、资源向特大城市的聚集就一定是过度聚集吗？我们现在需要美欧经济发展过程中曾出现过的"逆城市化"运动吗？在许多问题没有讨论清楚之前，政府新的房地产市场调控政策不宜盲目和仓促出台。房地产发展更应注重借助市场机制的调节作用。

二 治理思路

针对城市房价问题的解决之道，有两种比较典型的意见值得关注。

（一）分类分城施策

根据不同人群的需求提供不同住房就是所谓的分类施策，其政策指向是实现"住有所居"。应该建立体现中国特色并与时俱进的住房供应体系，体系的基础是根据不同群体规划分类需求，再按照分类需求施行分类供给的模式，即对较高收入者供给商品房，对较低收入者供给租赁保障房，对中间群体供给适度政策支持的产权性商品房。

针对不同的城市实行不同的住房政策是所谓的分城实施。区域性是房地产市场的特征，使市场空间呈现不可替代性。因此，房地产调控应该具有鲜明的区域性特色。不同地区、不同人群的住房需求各有特点，房地产供应体系和调控政策也应该因地制宜。这样灵活多样的住房政策，才能培育出平稳健康的房地产市场。由此可见，当年的"限购令"是典型的"一刀切"式行政模式，政策成本很高，副作用很大，至今无法顺利退出。今后，不能再出台全国性的"一刀切"式的房地产调控政策。"分类、分城调控"思路的提出，应该视为房地产市场机制回归的一种尝试。

（二）游戏规则改革

迄今中国的房地产市场游戏，近乎完全由政府来主导，其中政府垄断土地资源是最具特色的一项规则。一般认为，中国房地产开发项目的土地成本占开发总成本的比例，已达或超过60%。可见，房价上涨的最大原因是政府对土地资源的垄断和对地价的操控。在中国城市，尤其是在一、二线城市，要想有效摆平地价和房价，前提条件是房地产市场游戏规则的改革。这类建议好像有些偏激，但仔细思考这才是切入核心问题。只是在现阶段，建议的操作性还不够强。

前不久在"中国发展高层论坛"2014年会上，专家、官员和房地产领袖们纷纷讨论并认识到，曾经"一刀切"式的房地产调控正在悄然改变，分门别类和因地制宜的房地产市场调控新思路呼之欲出（新华网，2014）。其实，在十二届全国人大二次会议结束时，国务院总理李克强在记者会上就谈到对房地产市场要采取因城因地的模式进行分类调控。在"两会"期间，住建部部长姜伟新也向记者表示，将实行房地产市场的双向调控。

另一个显著的转变体现在房地产调控的方向直指市场化。近期以来，市场高度关注万科B股转H股、绿地借壳金丰投资、中茵股份和天保基建的再融资案，并纷纷猜测房地产的调控思路可能正从抑制开发商资金，向着增加有效供应的方向进行转变。

国泰君安证券近日发布的一份研究报告证实，房地产的调控方式与市场化渐行渐近，强制性行政手段逐渐退出。

双向调控转向，一方面，为房地产市场增加供给能力和弹性的措施已经初露端倪，比如，城市的住宅和土地供应将逐渐增加；对于优质房地产开发企业，其资本市场的融资将逐渐变得容易和便利；共有产权等房屋住宅模式将更加多样化；等等。另一方面，在房价上涨压力不减的重点城市，继续通过限购等强制性手段抑制投机性成分较大的购房需求。与以往不同的是，政府显然期望这些双向调控措施可以在恢复市场供求关系平衡方面发挥更大的作用，并时刻准备着在强制性行政调控政策效果达到之后，将其放弃。看来，双向调控体现着一种过渡性的特征。

三 对策建议

特大城市房价过高过快上涨的治理对策，首要在于稳。要确保房地产市场在平稳前提下的健康发展。暂不问房价高否，涨得快否，先稳下来再说。所以当前治涨最重要，治高要慎重。

在市场操作层面上,房产的刚性需求与投资需求其实是不好区分的,投资也未尝不是一种刚性需求。房产的投资需求与投机需求更不易区分,就像金融领域一样,不能轻易讲哪一次操作就是投机的。

其次是顺。就是要顺应市场,顺其自然。对特大城市房价过高、涨得过快的认定,主要是基于市场不能引导经济过程走向社会最优化的担忧。实际上,我们市场经济的主体早已不仅限于直接参与交易的开发商和消费者,政府已经以各种方式卷入了市场的运行。既然我们所分析的是一个并不纯粹的市场,那么对于出现的一系列房价问题,就不能简单地用市场无能为力来解释。许多情况下,一些主要问题的出现是不适当的政府干预所致。比如,当前推行整齐划一的行政命令和标准,导致房地产政策的费用-效果不断劣化,影响房地产业发展效益的充分发挥。

好的房地产政策在本质上应该着眼于利用市场机制的修正作用,善于使政府"模拟"市场的作用,并运用税收和价格等杠杆为开发商与消费者经济行为的社会成本提供正确的信号。

最后是调。原则应该是先顺后调,不能顺的领域才调,尽可能少调,而且多调顺少调逆。

对抑制需求和改善供给,应该统筹考虑。房地产需求应该引导而非抑制,尤其是对刚性需求应该采取柔性手段,展示市场的包容性。需求永远应该鼓励和拉动,就像发展是硬道理一样。

供给的改善应该是全面性的。在改善房屋产品本身供给的同时,应该把目光盯在土地的有效供给上。比如分类供地,给因需求量大而房价压力大的城市多供地,给房价压力小的城市少供地。分类指导,房地产政策不能全国"一刀切",对供不应求的热点城市,要提高住宅用地供应比重,加强供后监管,使之尽快成为有效供给;对交易乏力的城市,应根据区域经济社会和人口情况,控制住宅供地节奏,重点促进企业的库存消化。

除此之外,还应该考虑房地产金融领域的有效供给,如分类金融,对不同城市市场实施有区别的房地产金融利率调节。

与房地产相关的供给,或有助于改善房地产的供给还包括:开辟多元投资渠道、公共交通、城市群一体化等。

参考文献

林毅夫:《解读中国经济》,北京大学出版社,2012。
罗勇:《美丽中国之梦从绿色转型起步》,《中国经济时报》2013年8月1日。
罗勇:《"去霾"路径考量环境经济》,《中国报道》2013年第11期。
罗勇:《城市可持续发展》,化学工业出版社,2007。
罗勇:《低碳创新——我国可持续城市化的新契机》,《学习与实践》2012年第1期。
威廉·诺德豪斯:《均衡问题:全球变暖的政策选择》,王少国译,社会科学文献出版社,2011。

B.8
中国特大城市功能疏解与人口治理

李红玉　储诚山*

摘　要： 本文分析了中国特大城市功能特征和功能疏解面临的问题，以及当前中国特大城市人口治理模式和未来趋势。并通过对美国、日本等国家的特大城市功能疏解与人口治理的模式和经验的梳理，得出中国特大城市功能疏解应在去功能化、空间结构优化、人口合理疏解等方面进行治理的结论，并提出适合中国特大城市功能疏解和人口治理的基本原则及实现路径思路，为中国解决这一难题提供研究方向。

关键词： 特大城市　功能疏解　人口治理

一　中国特大城市功能分布特征及所面临的功能疏解难题

特大城市在本研究中指市区人口（即户籍人口和6个月以上暂住人口）100万以上的城市。

根据《中国城市建设统计年鉴2013年》，中国大陆有特大城市67座，其中市区人口1000万以上的巨型城市3座，人口400万~1000万的超大城市7

---

* 李红玉，中国社会科学院城市发展与环境研究所副研究员，主要研究方向为城市规划和区域经济；储诚山，博士，天津社会科学院城市经济所副研究员，主要研究方向为城市经济和气候变化。

座。根据《中国城市统计年鉴2013》①，共有特大城市127座，其中巨型城市3座，超大城市11座，人口100万~400万的特大城市113座。

虽然根据统计口径的不同，特大城市的数目，尤其是城市所属的规模等级有所变动，但特大城市都面临着功能巨大和人口聚集过度的压力。这一点在人口400万以上的城市中尤为突出，对中国特大城市的规模控制、功能及人口疏解迫在眉睫。

（一）中国特大城市功能分布特征

1. 特大城市多为区域政治中心

中国的4个直辖市、23个省、5个自治区的绝大部分省会城市和自治区首府均属特大城市范畴，占据了特大城市中的一半左右。中国特大城市具有明显的区域政治中心的特征。

2. 特大城市均为区域经济中心或重要经济节点

特大城市源于人口和经济的不断聚集，其最明显的表现就是特大城市即为该区域的经济中心。这一点对于人口400万以上的城市来讲毋庸置疑。而即使是人口100万~400万的特大城市，虽从全国来看，其经济实力并不突出，但也往往是该区域的经济中心城市，或该区域中重要的经济节点。例如西宁是青海省无可动摇的经济中心；而邯郸、唐山虽不是京津冀都市群的经济中心，但起到了联系和承接北京、天津等巨型城市与区域内中小型城市的重要的经济节点作用。

3. 特大城市多为或曾为工业中心

城市，随着工业化的发展而兴起。直到不久之前，工业兴市一直是中国城市发展中一个根深蒂固的思路。中国的特大城市都曾经是以工业为主发展起来的城市。近年来，随着经济发展、城市规模扩展和生态环境不断恶化，许多人口400万以上的城市逐步实现了由产业型城市到服务型城市的过渡。但人口为100万~400万的特大城市大多仍维持着鲜明的工业中心特色，例如京津冀都市群中的唐山仍是全国重要的工业中心，拥有钢铁、石油、化工、陶瓷等支柱

---

① 市辖区年末户籍人口。

产业，邯郸也为全国冶金、电力、煤炭等重要的生产基地。

4. 特大城市均为区域服务、文化中心

特大城市在区域中多集政治、经济及工业中心于一体，因此相对于区域内其他城市，其教育、文化、卫生等社会公共设施及服务均较为完备，同时具有该区域服务、教育和文化中心的职能。

5. 特大城市的内部及外部空间结构趋于完善

随着中国城市的不断发展，特大城市的内部均形成多中心式空间分布结构，且与周边城市的联系和交流越来越紧密，逐渐形成了（或趋于形成）较为完善的城市体系框架。这为以区域聚集生产要素，以特大城市带动全体区域发展，以城市圈及城市群等城市体系建设来疏解特大城市过度集中的功能、人口等问题提供了思路和方向。

（二）中国特大城市功能疏解难题

综上所述，中国特大城市的功能叠加现象非常显著，兼备区域的政治、经济、工业、服务和文化中心，聚集了各类政治、经济、管理和服务功能，这直接导致特大城市人口增长过快、交通拥堵、住宅紧张、环境污染严重、社会矛盾加剧等（特）大城市的症结。而这些问题在400万人口以上城市中尤为突出。

表1 400万人口以上城市环境资源状况

城市	年末总人口（万人）	土地面积（平方公里）	人口密度（人/平方公里）	人均公园绿地面积（平方米）	人均城市道路面积（平方米）	工业废水排放量（万吨）	工业二氧化硫排放量（吨）	工业烟（粉）尘排放量（吨）
重庆市	1779.1	29590	601.26	11.40	6.71	30611	509788	166142
上海市	1358.4	5155	2635.09	12.40	7.15	47700	240100	87100
北京市	1226.5	12187	1006.40	15.96	7.53	9190	59330	30844
天津市	812.5	7399	1098.12	8.43	14.29	19117	215481	59036
广州市	678.0	3843	1764.17	29.40	14.96	—	—	—
郑州市	587.2	1010	5813.86	6.07	6.07	14041	141246	51242
西安市	572.8	3582	1598.99	6.67	11.06	10224	83063	17463
成都市	554.2	2172	2551.57	11.30	13.43	11780	56730	24723
南京市	553.3	4733	1169.11	14.29	20.65	24223	119155	40679

续表

城市	年末总人口（万人）	土地面积（平方公里）	人口密度（人/平方公里）	人均公园绿地面积（平方米）	人均城市道路面积（平方米）	工业废水排放量（万吨）	工业二氧化硫排放量（吨）	工业烟（粉）尘排放量（吨）
汕头市	525.4	1956	2686.25	6.03	4.75	5097	23539	4783
沈阳市	522.1	3471	1504.24	13.62	12.73	7705	96756	53191
武汉市	513.0	2718	1887.38	12.14	17.60	20704	100072	20496
哈尔滨市	471.4	7086	665.20	9.19	9.81	6497	80740	52257
杭州市	445.4	3068	1451.86	12.65	11.86	42724	86181	33015

资料来源：《中国城市统计年鉴2013》。

参考表1中人口400万以上的城市环境状况指标可以看出，人口400万以上的城市人口高度密集，其中约有1/3的城市人均公园绿地面积不足11平方米，人居环境不尽理想。而近一半城市人均道路面积不足10平方米，道路拥堵状况可见一斑，且这一现象在人口1000万以上的城市显得尤为突出。从污染物排放总量来看，虽然这些城市市域广阔，且环境治理力度较强，但由于人口和经济的高度聚集，污染物排放总量巨大。由此可见我国特大城市，尤其是人口400万以上的城市的环境承载状况已颇为严峻，需要尽快疏解过度聚集的人口及城市功能。

表2 各级特大城市人口比重变化

单位：%

类别	2002年	2007年	2012年
人口1000万以上城市	7.10	10.71	10.82
人口400万~1000万城市	15.22	14.57	15.46
人口100万~400万城市	46.33	47.39	49.22
人口100万以下地级市	31.36	27.33	24.49

表2和图1显示出中国特大城市在地级市中所占比重。从中可以看出，在过去10年中，人口1000万以上的城市人口增长迅速，从2002年的7%，增长到2012年的11%。而其中主要增长表现在2007年以前。人口400万~1000万城市占地级市总人口比重基本维持不变。人口100万~400万城市占地级市总人口比重逐年增加，同时人口100万以下的城市占地级市总人口比重迅速下降。

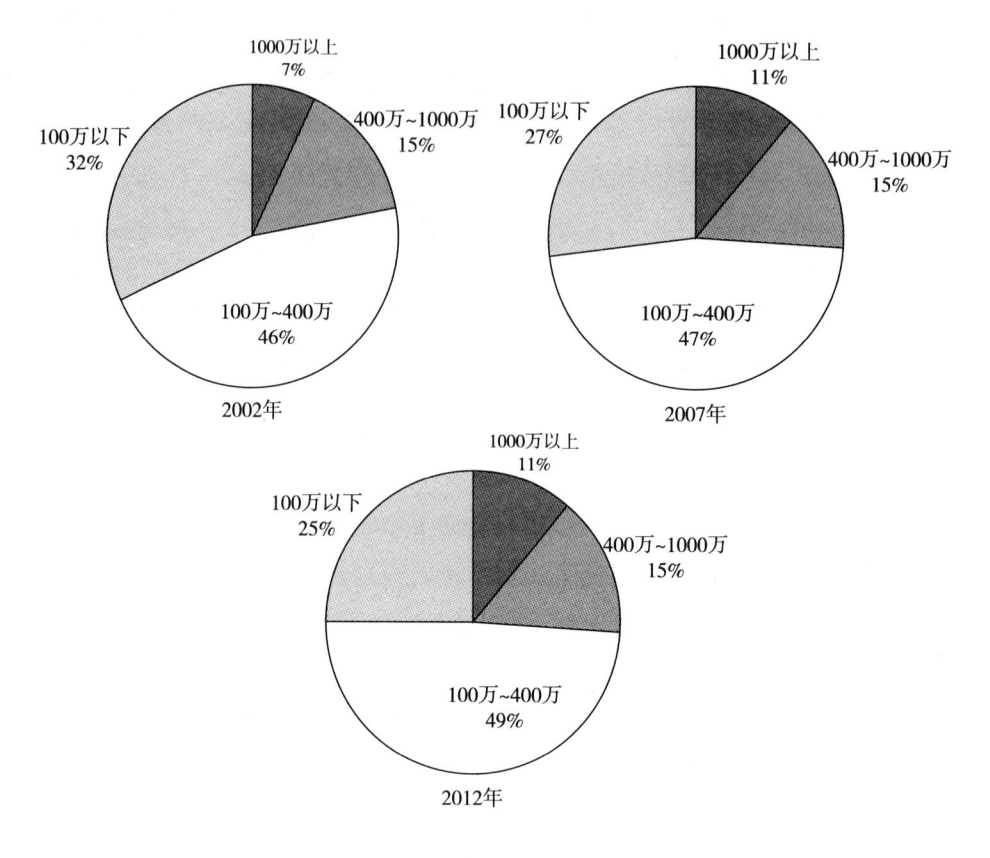

图 1　各级特大城市人口占地级市人口比重变化

表 3　1000 万以上城市人口变化

单位：万人，%

城市	2002~2007 年人口增长 数量	2002~2007 年人口增长 比率	2007~2012 年人口增长 数量	2007~2012 年人口增长 比率
重庆	526.97	53	253.08	17
上海	38.93	3	49.25	4
北京	75.48	7	84.02	7
全部	4231.96	13	3164.39	9

通过表3可以从另一个侧面了解到巨型城市的人口增长状况。其中以重庆市的人口增长为最。2002~2007年及2007~2012年人口分别增长了53%和17%。上海人口增速较缓，2002~2007年及2007~2012年人口增长比率分别

为3%和4%。

北京的10年内人口增长比率维持在7%。虽然从比率看数值并不突出，但从实际数量上看，平均每年增长户籍人口15万左右。由此可以推想北京的常住人口增长，每5年即相当于纳入一个百万人口的特大城市。因此疏解城市过度集中的功能和人口具有紧要性和必要性。

中国特大城市功能疏解归根结底要落在城市的科学发展规划之上，所面临的困难和障碍主要集中在如下几个方面。

首先，需要改变中国城镇化发展过程中单纯追求规模扩张，粗放经营的发展模式。城市发展中，由于乡改镇、县改市、区市的合并，由行政区划调整人为扩大城市规模的现象时有发生。由此引发的土地城市化甚至快于人口的城市化。在浪费了大量耕地资源的同时，城市建设用地粗放低效。并且缺乏科学合理的规划，导致城市无序、无度地蔓延，对内外部环境提出了严峻的考验。

其次，从表1中也可看出，由于人口的大量、快速涌入，城市化进程过快，城市发展规模失控，造成了城市环境负荷过重，水资源、土地资源等生态超载严重。今后，城市的持续发展与生态环境保护之间的矛盾将会越来越尖锐和突出。

再次，在功能疏解上存在着一个概念性的误区，即认为疏解就等于外迁。但如果是盲目的外迁，那么涌回城市中心或中心城市的人流、物流只会造成新的拥堵。盲目外迁最好的例证就是早期城市规划中的"卧城"。即使有大规模的人口迁出，但"卧城"没有相应的产业和就业支撑，也不能提供成熟、完备的公共服务。迁出的人口只是造成了巨大的交通压力及生活质量的下降。因此，功能疏解至少包括了两个含义——疏通调解、疏导疏散。在疏散外迁之外，也要注重城市内部的疏通调解，增强城市内涵建设，合理布局现有功能区的定位和分工，进一步提升服务质量和管理，促进功能区内部及功能区之间的要素流动，降低要素流动的成本和费用。

最后，城市基础设施和服务滞后也是我国特大城市功能疏解上的一个严重障碍。城市不仅仅是生产力发展的重要空间载体，也是人们生活聚集的主要场所。然而由于长期以来，单方面强调生产发展，忽视城市建设和服务发展，中国城市建设和服务相对滞后。随着特大城市的出现和发展，人口聚集加速，规模庞大，且人口构成复杂，生产与生活之间的矛盾愈演愈烈，城市的宜居水平不断下降。

基础设施总体水平偏低，不仅影响和制约着城市的经济发展，同时也造成了交通拥堵、环境恶化及生活质量降低，成为城市功能运行不畅的原因和表现。而城市管理、服务功能、信息化建设及与周边城市的交通网络建设更是影响城市功能疏解的直接因素。

二 中国特大城市人口治理模式现状及趋势

人口快速增长及增长规模过大是引发各种大城市病症的根本原因。由于各地区人口盲目、无序，且大规模地流入特大城市，城市环境、城市建设及公共服务不堪重负，从而出现交通拥堵、生活质量下降、就业环境恶化等一系列城市问题。因此，人口治理是特大城市功能疏解的重要一环。目前，特大城市人口治理的基本原则是"合理确定大城市落户条件，严格控制特大城市人口规模"，人们对这种仅凭行政手段而控制城市规模的方式提出了质疑。

特大城市人口具有城市化水平不断提高、总量持续增长、流动人口规模庞大、结构复杂等特点。特大城市的人口增长主要源自自由迁移，其中流动人口在弥补特大城市劳动力结构性短缺、缓解人口老龄化压力的同时，也给城市的公共设施和管理服务带来挑战。

但地区之间只要存在经济、社会及环境上的差距，人们就会为了就业、收入及舒适的生活而选择相应的地区，在地区间发生空间移动。城市是区位、环境、经济和社会要素优化配置的集合，对于产业和人口聚集具有强大的吸引力。虽然这种聚集在达到一定程度后，会引发各种要素向周边地区的扩散，但聚集和扩散，都是城市自身的发展规律。如果仅仅通过行政手段，尤其是户籍管理及社会保障的卡口来控制人口，并不会从实质上解决人口向特大城市迁移的问题，而仅仅是人为降低了外来人员的社会福利。

以北京市为例，在严格的户籍管理制度下，从第五次人口普查到第六次人口普查，10年间常住人口从1400万增长到2000万。这说明仅仅通过行政手段的严控并不会起到明显的作用。

今后随着经济和社会的发展，人口的自由流动将会进一步增强。简单的行政控制难以实现对人口规模增长的有效治理。人口是城市要素聚集和扩散的集中体现，因此，特大城市的人口治理与城市功能疏解紧密相关。今后人口治理的方向应主要集中在以下几个方面。

首先，要疏堵结合，变堵为疏，逐步减少简单的行政控制。逐步通过市场调控、信息公开、教育培养、社会保障制度的建设，实现从人口控制向人口疏导的转变。

其次，要从制度上逐步填补政策上的空白，以解决教育、卫生等公共服务的公平分配，以及外来人口的融入问题。

最后，要在科学、合理规划的前提下，加强特大城市及周边功能迁入地区的基础设施建设、提高公共服务质量及管理水平，切实改善特大城市与周边地区居民的生活质量。

人口的规模聚集并不一定就意味着"大城市病"的产生。人口的规模聚集是经济发展和增长的必然结果，不但不是城市发展的负担，还应是城市发展的动力。和其他生产要素一样，人口的流动有着自身的经济规律。因此，我们应该做且能够做的只是在科学的城市规划下，为城市人口的聚集和扩散打下坚实的物质基础，提供完备的社会服务，努力减少人口流动中的不便，并为其提供一个安居乐业的环境。

三 国外特大城市功能疏解与人口治理的经验

在各国的城市发展过程中，无一例外地都经历过由城市的快速发展而引发的不良后果。而造成"大城市病"的一个主要原因是城市的发展快于城市规划的进程，尤其是大量产业及人口的涌入引发交通拥堵、地价房价上升、生活质量下降、生态环境恶化等一系列"大城市病"。但在各国发展中，这些病患的表现程度有所不同，表现形式亦有所区别。因此各国所面临的问题、采用的解决方式亦有所不同。

其中，对于特大城市的功能疏解可以简单分为两种渠道：一种是经济角度的要素扩散。在城市化进程中，当中心城市发展到一定规模，在聚集的同时，还会发生产业和人口向周边地区（或周边城市）的扩散。另一种是通过行政手段，人为地控制城市规模或将一些产业及人口移出，主要表现为首都功能的迁移等。

（一）分散化与产业、总部外迁

美国地处北美大陆，幅员辽阔、资源丰富、平原广大，为城市的自由发展提供了先决的物质条件。随着工业化的繁荣，从东部大西洋沿岸到五大湖区，城市群遍布连绵不断。虽然城市群密集，且发展成熟，但美国特大城市的数量不是很多。按2013年统计，人口400万以上的超大城市只有1个（纽约市，8336697人），人口在100万~400万的特大城市只有8个。由此可以看出，美国是以少数超大城市、特大城市为中心，以中等城市为主形成了较为完备的城市体系。城市间以发达的交通网络为基础，各种生产要素流动频繁且自由通畅。

而且相对于其他国家，美国科学合理的城市规划、产业和人口的自然分散和转移也显著地降低了美国城市发展中功能过度叠加、人口规模过大的风险。当然这些并不能完全解决美国（特）大城市发展中存在的各种问题和症结。其中渊源已久的种族矛盾、城市发展中所产生的空心化问题，以及相较于其他国家程度较轻但仍然存在的功能叠加及拥堵问题，依然困扰美国城市的发展。从中，我们也可以更加明显地看出，对于城市问题的疏解一边需要物理环境方面的规划和整治，而同时，城市内在环境的质量提升和整备也同等重要。

人口密度极高的日本是海岛国家，平原面积狭窄。日本的特大城市主要集中于首都、近畿和中部三大都市圈。从20世纪50年代开始，日本各地区的人口不断涌入三大都市圈。按2013年统计，人口400万以上的超大城市只有1个（东京都，8945695人），人口在100万~400万的特大城市11个，逐步形成以超大城市、特大城市为中心，周边大中小城市聚集，城市体系较为合理的城市发展模式。日本都市圈经济的显著特点是，虽然在都市圈内各城市间分工合作密切，但三大都市圈之间的经济联系并不发达。说明三大都市圈的产业结构相近、互补性小、运输需求较少、经济相对独立（王建，2003。）

由此可见，日本都市圈的形成具有明显的要素聚集－外溢过程。产业和人口在迁移过程中明显指向该地区或全国的首位城市，之后逐步向周边城市扩散，与区域中其他城市一同形成较为完善的城市体系。日本的三大都市圈之间相对独立，比较符合我国幅员辽阔，城市间应以地域为范围建立科学城市体系的特征。且由于日本，尤其是首都圈的产业和人口高度聚集，其产业、功能和人口发展模式将对我国特大城市的发展起到重要的借鉴作用。

从国外发达国家城市发展经验可以看出，随着要素的聚集－扩散过程，合理的分散化和去功能化势在必行。分散化和去功能化既包括向周边地区扩散的郊区化，也包括向其他大、中、小城市的迁出。其中，企业及总部的外迁，主要依靠经济、市场调节，由企业自主迁出。

在郊区化发展过程中，最重要的是要杜绝城市的无序蔓延，一层一层向外"摊大饼"式的发展模式。要在科学评估和规划的基础上，实现向多中心空间结构的转变。以发达的交通网络为依托，将过度集中于主城区的人口和功能压力，有序转移至新城（区）。并以新城（区）为中心建立起合理的城镇等级结构，在各自区域内形成人流、物流循环，在区域之间形成功能的有机互补，从而分担主城区人口及功能过于集中的压力。

而对于特大城市，尤其是人口400万以上的城市，仅通过郊区化已不能有效疏解其庞大的人口和城市规模带来的压力，还需要通过向周边城市的功能扩散和转移，来合理引导城市所在区域城市群的健康发展。通过在区域范围内建立起结构合理、特色鲜明、分工协作、交通便捷的城市群落，有效疏解人口400万以上城市过于密集的城市功能及人口。

（二）首都功能迁移

首都功能迁移是人为控制城市规模的方法之一。通过行政手段，将首都功能中的一部分——国家立法、行政和司法机关等转移到其他城市，而非完全的迁都。其也不同于将人口和城市功能移至周边城市（例如横滨、千叶等）的辐射性扩展。且通过行政指令迁出的也仅限于政府机构，并不涉及企业。

在日本，关于首都部分机能迁移的讨论可以追溯到20世纪50年代。其主要源于日本东京的人口、政治、行政、经济及文化等功能过度集中，出现土地

利用失衡，城市中心部地价高涨等一系列交通、居住、水及能源问题，极大地降低了经济效益和居住、生活的满意程度。此外，之前的阪神淡路和福岛大地震使人们对东京应对大规模灾害的能力产生了疑问。

对东京首都功能迁移持赞成的论点主要有以下几个方面。

（1）降低了日本单极中心传统布局的指向性。预期通过政治中心与经济中心的分离而逐步形成分散性国土布局。在疏解首都圈功能和人口过密压力的同时，可进一步开发、促进地方城市的活力与发展。

（2）有利于政治和经济改革。通过将国会和官邸移出东京，可预期因物理距离的增加，减少企业与政府之间过密的联系，促进政治和经济改革的进一步深入。

（3）增强灾害应对能力。通过对政府功能的疏解，避免因东京受灾，日本在政治、经济方面同时受到重创。

对首都功能迁移的反对论点主要集中在以下几个方面。

（1）庞大的迁移费用。迁移费用目前预估12兆日元（约7200亿元人民币），而当前的日本政府面临着严峻的财政困境。反对论点认为，与其将巨额资金用于效果不明的首都功能迁移，不如直接用于地方城市的振兴及优化环境。

（2）对迁移效果的质疑。首先，首都功能的转移与总部外迁之间的联系薄弱。调查表明因东京的首都功能而将总部设于东京的企业数量较少。其次，预计迁移的立法、行政和司法机关，连带相关功能和机构及家庭成员，最高预估为60万人口。相对于东京都的1200万人口[①]，以及首都圈（1都3县）约4000万人口，占前者比例不过5%，占后者比例仅为1.5%。对改变日本单极集中的布局，其作用微乎其微。同时，反对论点对通过首都功能转移而降低自然灾害风险的认识也提出了质疑。认为无论搬迁至哪里，都无法完全避免灾害的产生。

（3）搬迁地的环境问题。预期30万人口，最大60万人口的大规模迁移，对迁入地的生活和环境必然会产生巨大的影响。虽然仍在计划阶段之中，但作

---

① 与上一节中东京都人口数据的来源有所不同，引自日本国土交通省官方网站。

为候选的迁入地方面，已有反对声音发出。

综上所述，虽然相对于目前首都圈的人口，即使是最大预期的60万人口的迁移，对城市功能和人口疏解的效果也备受质疑。但我们知道对于很多基础设施和公共服务，尤其是道路交通量来说，即使只有微弱的减少，也会改善拥堵状况和减少拥堵的时间。另外，如果不改变目前人口和功能继续向东京聚集的趋势，各种城市设施的建设费用及生产、生活和环境费用将不断递增。并且从中长期来看，首都功能的转移，有利于从社会和心理层面打破人口和各种城市功能向东京单极聚集的传统和机制，不但在一定程度上疏解了东京人口和功能过密的症结，也成为改善城市生活及环境的重要契机，是依靠行政手段完成城市功能疏解和人口治理的良好思路。

这样的事例还有荷兰，该国将国会和政府机构设在海牙，而非首都阿姆斯特丹。韩国也将集中于首尔的政府机能的一部分转移至中部的大田。此外，南非的一些国家，也将一部分政府机能设置于首都之外。而在美国，首都华盛顿和世界城市纽约之间呈现出良好的平衡，许多州的政府所在地和州的经济中心城市也并不相同。在交通与通信技术高度发达的前提下，政治中心与经济中心的分离不但不会造成系统性的运行障碍，还有利于土地开发的平衡、地方振兴，以及经济、行政壁垒的破除。

四　特大城市功能疏解政策的基本原则及实现路径

缺乏科学的规划，城市发展盲目扩张，以及单方面强调城市的生产发展，忽视宜居城市的建设，是我国城市功能、人口过度密集的根本原因。与其相对应，疏解特大城市过于聚集的城市功能和人口的基本原则，以及实现路径可以分为以下几个层面。

（一）特大城市功能疏解的实质即"去功能化"和空间结构优化升级

从前面的分析看，可以明显看到中国特大城市，尤其是人口400万以上城市兼有区域性的政治、经济、工业、信息、服务及文化中心等功能，可以不断

吸引企业和人口聚集，并远远超过了这些城市的环境和资源承载能力。对于这些特大城市，尤其是人口400万以上的城市，功能疏解的实质即是要卸载部分功能，即"去功能化"。而去功能化又与城市空间改造、优化升级紧密结合在一起。

一方面通过科学的评估和规划，从全国和区域的角度来决定舍弃哪些功能，将哪些功能转接、移交给哪些地区，将"去功能化"与城市群及城市体系建设结合起来。另一方面，还要重新规划城市内部现有功能区的定位、分工，促进城市空间的进一步改造升级，将"去功能化"与优化城市内部结构相结合，从而真正降低企业要素流动成本，提高居民的生活质量。并将科学评估规划、经济导向与行政调控相结合，做到以人为本，以集约建设、优化城市空间结构，加强城市体系建设为原则，确定实施路径，从而实现特大城市的"去功能化"。

（二）科学评估规划先行、不同能级城市分类指导

外部物理环境是制约城市发展的一个重要因素。而中国城市发展中，尤其是特大城市的空间及产业规划中，对环境承载能力的评估及相应规划存在严重不足。不但没有依据水、土地等物理环境资源制定相应的城市发展规划，而且公共设施等城市内部环境建设也远远跟不上城市化的速度。而城市空间结构规划的不合理也造成了交通拥堵及要素流动费用的增高。这也就要求我们一定要改变以往重经济、轻环境的发展思路，科学评估环境承载能力，在其基础上科学规划城市发展。尤其是对特大城市来说，需要将环境治理置于经济发展之上。

同为特大城市，其中既有人口1000万以上的巨型城市，又有人口400万~1000万的超大城市，也有人口100万~400万的"普通型"特大城市，不同人口规模的城市所面临的问题，以及问题的尖锐程度并不相同。而相同能级、处于不同区域的城市，它们的定位与作用也不尽相同。其中巨型城市所直面的应是迫切改变当前功能与人口过度聚集的症结；超大城市所面临的是功能疏解与健康发展间的矛盾；而"普通型"特大城市所面临的大多为进一步发展自身特色、增强区域凝聚力、在区域城市体系中的地位提升及避免城市功能出现

过度聚集的问题等。这些需要中央政府来统筹制定总体规划，并根据城市现状及区位进行分类指导。

（三）经济导向与行政调控相结合

市场经济体制中，城市的形成和兴衰，是各种生产要素在地域间自然流动和聚散的过程。城市化发展过程中，当聚集到一定程度，自然而然会发生向周边地区（或周边城市）的扩散。在特大城市功能和人口治理过程中，应通过市场经济规律，有序引导工业、部分企业总部和服务业的扩散方向，通过价值规律和市场规则进行城市功能的优化和调整。同时，应提高特大城市及迁入城市（地区），以及城市（地区）之间的基础设施建设及公共服务水平，进一步降低各种生产要素的流通成本，切实改善特大城市的生活质量。

其中，交通设施的建设是城市功能疏散的基础和保障。交通设施的建设既降低了城市内部交通成本，也可增强城市的对外联系，在有效提升城市内部空间利用的同时，促进了城市功能与生产要素的扩散，为有效控制城市规模提供了可能。而如今，通信技术的发展和普及也对要素与功能的分散化，以及城市空间结构的发展起到越来越重要的作用。

此外，政府行政干预一直对城市的发展有着重要的控制和引导作用。结合国内外城市功能疏解和人口治理的经验，在行政调控方面，应避免简单的人口准入机制，逐步实现变堵为疏的治理方针。结合中国实际情况，应普遍推行特大城市功能中政治中心与经济中心的分离。中国直辖市、省会城市及自治区首府占据了特大城市的一半左右，特大城市的政治中心地位及政府职能对城市规模和人口聚集效果明显。在大多特大城市面临功能过度密集及生态环境压力的情况下，通过行政调控，将政府、事业单位、文化及高等教育等职能迁移到周边城市或地区，促进特大城市的经济中心功能与政治中心、文化教育中心功能的分离，既避免了对市场、经济和人口自由流动的直接干预，也在一定程度上疏导了目前过度密集的功能与人口压力，同时也有利于周边城市（地区）和整体区域的协调发展。至于疏导和迁出的方向，应优先考虑所在区域城市体系中次级以下城市，并随着中心城市的规模能级，与迁入地之间的间隔距离也应相应增大。

今后，进一步将京津冀作为一个整体区域，在科学评估环境和资源承载能

力及科学的规划之下,确定可以承接首都部分行政事业单位、高等院校等功能的地区和城市,这将是实现中国特大城市政治中心与经济中心分离设想的实验性一步。

(四)坚持集约型城市建设方向

特大城市中的交通拥堵、生态环境恶化及人口规模的压力在很大程度上都源于对城市发展规模的失控。

城市发展具有自身的发展趋势和规律,通过行政手段控制城市规模,尤其是人口规模有悖于城市发展的自然规律。但结合国外城市发展经验,通过严格控制城市用地规模、严格控制城市发展边界、限制城市用地的供给、提高城市用地及投资效率来促进城市的集约发展,是有效控制城市发展规模尤其是控制城市无序蔓延的一个重要手段。

城市的无序蔓延会从生产、生活、交通、环境等多个方面对周边地区及耕地造成巨大的影响,这些影响不但在长时间内难以调整,而且往往具有不可逆性。对城市本身来说,会造成土地利用率低下、城市结构松散、功能模糊、城市基础设施建设滞后、城市建设成本增大、资源利用率降低等严重问题。我国可耕土地资源的稀缺性也决定了中国的城镇化道路不可能采用松散、粗放式的空间发展模式,而应是集约、节约的土地利用模式。

特大城市的集约型发展意味着城市内涵的提升及城市空间结构的进一步优化,主要从多中心城市空间结构的形成,以及城市所在区域内城市群的发展两方面得以体现。

虽然在中国大城市,多中心式空间结构已初步形成,新区和卫星城的规划和建设也已发展了多年,但功能和人口分流效果并不理想。这主要是因为疏散至新城(区)的城市功能得不到相应的产业、基础设施及社会服务的支撑,不能以新城(区)为中心形成功能区内部及功能区之间的人流、物流循环,从而不能分担中心城市的聚集压力。

(五)充分发挥城市群与城镇体系的功能作用

中国特大城市,尤其是人口400万以上的城市的快速发展,导致了城市功能和人口的过度聚集。这主要源于城市发展规划中对城市整体发展规模、城市内部空间，以及城市外部分工体系规划的不足。参考国外城市发展经验，仅通过郊区化及城市多中心空间结构的建立已不能有效疏解特大城市，尤其是人口400万以上的城市人口和功能过度聚集的状况。只有通过向区域内其他城市的功能及人口扩散，在区域范围内建立起结构合理、特色鲜明、分工协作、资源共享、交通便捷的城市群落才有可能有效解决特大城市的发展症结。

城市的发展，离不开所在的地域。在一个国家或区域中，不可能也不应该全部发展为（特）大城市，或所有的城市都平均发展，城市只是城市体系中的一个节点。随着中国经济的进一步发展，发展目标已由原来单纯的经济增长，逐步转变为公平分配、创造就业、消除贫困、保护环境等多重目标。从空间上看，则表现为通过城市群的建设和发展，逐渐实现由不均衡向均衡发展的转变。（特）大城市带动中小城市发展，而中小城市辅助、承接（特）大城市的一部分功能，优势互补、资源共享，通过分工协作，共同创造稳定的经济和社会环境是当前城市发展的主要趋势。但在中国城市群的发展和建设中也存在着以下几个主要问题。

①中国城市群发展方式粗放，生态环境破坏严重。
②城市体系建设不完善，城市群内中心城市对其他城市的带动作用不强。
③城市群内未形成合理分工及产业布局。
④城市群整体基础设施和服务建设滞后。
⑤城市各自独立的行政管理成为城市群整体发展的阻碍。

因此，中国的城市群建设应避免城市发展的盲目性，克服片面追求城市规模扩张，并首先考虑资源与环境的承载力，严格控制城市用地规模。其次，应大力培育、促进区域内合理城市体系的形成，通过特色鲜明、优势互补、大中小城市的协作分工，有效促进特大城市功能和人口在区域内的扩散和转移。并通过中心城市的辐射和扩散，带动区域整体的发展，提升区域整体的竞争力。最后，通过加强区域整体基础设施的建设，有效促进生产要素和人口在区域内的流动。并进一步通过政策制定及服务建设为生产要素的流动提供保障，从根本上推动特大城市功能和人口的转移。

（六）特大城市治理需以人为本、多元参与

城市是人类文明的标志，是经济、政治的中心，更是社会生活的中心。因此，特大城市的功能治理应体现以人为本、公平共享的原则，在尊重经济、市场规律的同时，避免简单的行政指令，合理引导人口流动，促进城市功能和人口的疏解。同时应公平分配公共服务资源，扩大和提升社会保障的范围及水平，让全体居民共同享有建设和发展的成果。

在城市治理中，除财税金融、土地及户籍主要通过行政方式管理、调控之外，其他部门，尤其是教育卫生、社会保障、生态环境等仅靠政府自身力量，很难满足不同社会团体的不同服务预期。随着社会发展的多元化，应给企业及社会民间组织更大的发展空间，通过多元参与的治理模式，建立健全互补及监督体制，有效实现生产与生活，发展与环境保护，政府、社会与公民之间的平衡。

五 城市功能疏解中人口治理的原则与路径

（一）人口与城市发展进程的关系

伴随着城市化进程，城市和人口规模通常表现为不断增长，但这种增长并非会一直持续下去。在城市化较早的欧美国家中，可以明显地看到城市由聚集到分散，以及衰退、再生的发展过程。

欧洲地域学家 Klassen 和 Paelinck 根据中心城市（区）和周边地区人口的相对变化，把城市化过程分为城市化、郊区化、逆城市化和再城市化四个阶段（见表4）。

城市发展的最初阶段，表现为周边地区向城市中心的人口迁移，城市呈现绝对集中的状态（类型①）；而后随着城市人口的进一步聚集，不仅中心区人口不断增加，周边地区人口亦表现为增长趋势，且中心区人口增长大于周边地区，城市呈现相对集中状况（类型②）。

表4　城市发展阶段分类

城市发展阶段分类			中心区人口	状况	周边地区人口	总人口
成长期	城市化	①绝对集中	增加	>	减少	增加
		②相对集中	增加	>	增加	增加
	郊区化	③相对分散	增加	<	增加	增加
		④绝对分散	减少	<	增加	增加
停滞期	—	⑤停　滞	减少	≈	增加	停滞
衰退期	逆城市化	⑥绝对分散	减少	>	增加	减少
		⑦相对分散	减少	>	减少	减少
	再城市化	⑧相对集中	减少	<	减少	减少
		⑨绝对集中	增加	<	减少	减少

资料来源：中村良平·田渕隆俊，1996。

随着人口聚集的进一步加剧，城市进入郊区化阶段。中心区人口仍保持增长趋势，但低于周边地区的人口增长，城市呈现相对分散状况（类型③）。在郊区化的后半期，中心区人口已开始呈现减少趋势，城市转入绝对分散状态（类型④）。

随后，在逆城市化的前半期，中心区人口的减少大于周边地区人口的增加，城市呈绝对分散状态（类型⑥）。后半期中心区和周边地区的人口都呈减少趋势，且中心区人口的减少大于周边地区，城市呈相对分散状态（类型⑦）。

如果中心区失去活力，出现了城市空心化等现象，则需要通过政策调节促进中心区再次的发展繁荣。这一阶段可分为中心区人口减少小于周边地区人口减少的相对集中型（类型⑧）和中心区人口转变为增加的绝对集中型（类型⑨）。

从中可以看出，人口的聚集和扩散是城市发展的根本动力，随着城市的发展不断自由迁移，很难通过人为的户籍管理制度得以控制。因此，在人口治理方面应做到变堵为导，并进一步加强对迁移人口及人民生活在物质、制度和服务上的保障。

同时，从城市发展阶段理论中也可以看出，对于大城市，合理的郊区化发展即可能有效缓解城市功能拥堵等严重问题。而对于特大城市，尤其是人口400万以上的城市，不但要促进城市自然发展过程中的郊区化，还要进一步加强逆城市化，才有可能切实解决城市整体功能和人口过于聚集的压力。但同时，也要注意保持中心城市活力，避免因为过度的逆城市化而发生城市空心化现象。

（二）功能疏解中人口治理的原则与路径

无论是产业外迁、总部转移等依循经济规律的郊区分散，还是行政调控色彩较为突出的首都功能迁移，这些疏解城市功能的方案都与人口治理密切相关，而人口治理也是这些疏解方案的手段与保障。结合中国特大城市发展与现行政策，主要应从以下几个原则来考虑城市功能疏解中的人口治理问题。

（1）尽快减少差别化落户政策

中国城市化发展虽未进入成熟期，但已有大量人口涌向城市，尤其是特大城市，人口超载现象严重。因此，在不得已的情况下，不得不暂时实施差别化落户政策，合理确定大城市落户条件，严格控制特大城市的人口规模。

但从人口与城市发展规律可以清楚看到，人口的聚集和迁移只是城市功能聚集和扩散的体现，人为地通过户籍控制并不能真正解决人口聚集所带来的拥堵，社会、生活及生态环境恶化等问题，反而增加了其治理的难度。

今后，应逐步实现人口的自由落户，不仅要放开小城镇落户限制，也要放宽大中城市，以及特大城市的落户条件。当然，这个过程应是逐步的，且具有引导性的。要依据城市的发展状况及综合承载能力，分别以职业技能、就业年限、居住年限、社会保险参保年限为基准，以自主选择为原则，以农业转移人口为重点，兼顾各类教育院校的毕业生源等，引导人口在城市间的有序移动。

（2）推进人口管理制度改革，以人口信息管理逐步替代户籍管制

参照《国家新型城镇化规划（2014—2020年）》，应考虑在合理引导的前提下，加快户籍制度改革。逐步消除城乡之间、城市之间的户籍壁垒，还原人口户籍原本的登记管理功能。

同时应尽快全面推行流动人口居住证制度。以居住证为载体，建立相应的公共服务提供机制，促进人口的合理分布、有序流动及社会融合。并在将来，通过全国范围、全民覆盖的社会保障制度，实现身份证一证即可的发展目标。

还应进一步加强和完善人口统计调查制度。通过科学全面的人口普查工作，推进全国范围内的人口基础信息库建设，实现跨部门、跨地区的信息整合共享，为人口服务和管理，以及进一步的城市发展、产业发展、基础设施建设、公共服务规划等提供有效的数据支撑。

（3）填补政策真空，统筹推进公共服务基本均等化

通过户籍准入的限制，以及仅向本地户籍人口提供公共服务的方式，并不能对人口向城市的迁移起到显著约束作用，而仅是增加了城市管理的难度。今后应逐步实现以常住人口为指向的公共服务目标，同时应公平分配住房、教育、卫生、和社会保障等公共服务资源，提升和扩大公共服务水平以及覆盖面。

具体措施包括：将其纳入外来人口的城镇住房保障体系；以提高全体居民的就业和创业能力为目标，建立以政府为主导、多方参与的职业技能培训模式；建立保障随迁子女平等享有受教育权利的全国中小学生学籍信息管理系统；建立覆盖全体居民的养老、医疗保险等。在人口流动中，可通过职业培训来培养、引导所需劳动力的迁移，以公平的公共服务和社会保障维护外来人员的基本权益，切实降低外来人口移动和融入的成本。

在此过程中，要强化各级政府的责任，并充分调动社会力量，合理分担公共成本。实现多元参与、共同分担的机制。其中政府主要承担迁入人口在义务教育、劳动就业、基本养老、医疗卫生、保障性住房及市政设施等方面的公共成本。企业需要落实同工同酬制度，加大职工技能培训投入，依法缴纳职工养老、医疗、工伤、失业、生育社会保险费用等。通过多元参与的治理模式，合理引导人口流动，促进和保障城市功能和人口的疏解或聚集。

参考文献

陈磊：《从伦敦、纽约和东京看世界城市形成的阶段、特征与规律》，《城市观察》2011年第4期。

陈锐、宋吉涛：《世界城市：城市化进程的高端形态》，《中国科学院院刊》2010年第3期。

陈玉光：《城市空间扩展方式研究》，《城市》2010年第8期。
林恩全：《北京中心城功能疏解方略》，《城市问题》2013年第5期。
沈金箴：《东京世界城市的形成发展及其对北京的启示》，《经济地理》2003年第4期。
王建：《中国区域经济发展战略的总体思路》，《领导决策信息》2003年第43期。
中村良平・田渕隆俊：《都市と地域の経済学》，有斐閣ブックス，1996。

B.9 聚焦中国特大城市贫困问题

蒋贵凰[*]

摘　要： 随着人们对贫困问题的关注，中国绝对贫困率一直呈下降趋势，温饱问题在全国范围内基本得到解决，但在许多特大城市出现了新型贫困现象，包括社会基本制度转型而产生的转型性贫困和经济增长速度长期超出居民收入增长速度而产生的收入萎缩与支出风险性贫困，这些使得相对贫困率和主观贫困率上升。未来随城镇化和城乡统筹的推进，农村贫困人口减少的同时，特大城市贫困问题将会变得越来越突出，需将扶贫重点由农村逐步转移到城市，特别是特大城市。研究针对特大城市的新型贫困问题，利用多维度贫困指标，对典型的特大城市进行测度，剖析特大城市贫困现象产生的主要原因，结合现行反贫政策存在的问题提出针对特大城市的反贫政策创新建议。

关键词： 特大城市　城市贫困　贫困测度　贫困机理　反贫政策

引　言

随着中国经济社会的全面转型和城乡一体化的逐步推进，中国的绝对贫困率一直呈下降趋势，温饱问题在全国范围内基本得到了解决，然而在许多城市

---

[*] 蒋贵凰，博士，北方工业大学经济管理学院副教授，主要研究方向为区域发展、城市管理、知识管理、战略管理等。

出现了新型贫困现象,特大城市表现尤为明显。这种现象产生的原因一方面是随着包括经济结构转型、福利制度转型、身份制度转型等社会基本制度转型而产生转型性贫困或结构性贫困;另一方面是经济的增长速度长期超出居民收入的增长速度,加上通货膨胀与货币贬值,使低收入人群的收入难以维持多方面的支出需求,面对支出突发性问题,更难以应对,抗风险能力较差。新型贫困现象表现出的特征是相对贫困率和主观贫困率呈上升趋势,这种贫困问题在特大城市尤为突出,它难以在短时间内被完全改变,其消除是一个长期而缓慢的过程。这种新型贫困问题也为城市贫困的研究带来了新的难题,因为它不是通过传统的仅靠收入与支出设定的贫困线来反映的,而是受到多方面因素的影响,为此,本研究将探讨适合于特大城市的多维度贫困指标,测度城市贫困问题,分析特大城市贫困问题产生的缘由和可行的解决措施。

一 贫困人口与特大城市贫困问题

贫困通常用来描述一个人或一个家庭不能获得正常生活必需品的缺乏状态,为此城市的低保对象通常是缺乏必要的生活资料和服务,生活处于困难境地,达不到社会可接受的最低标准的个人或家庭,这种仅关注经济状况的贫困标准具有较强的可操作性。然而,随着经济社会的发展,生活质量的提高和认识层次的深化,贫困的概念也在不断发生变化。阿马蒂亚·森(2002)从可行能力的视角扩展了人们对贫困的理解,认为贫困不仅仅是收入低的问题,还意味着基本可行能力的被剥夺,使得他们缺少获取和享有正常生活、创造收入的能力和机会。联合国开发计划署2003年的《人类发展报告》和《贫困报告》中有关贫困的定义进一步指出贫困是指缺乏人类发展所需要的最基本的机会或选择,包括自尊、受尊重、健康、长寿、自由、体面的生活、社会地位等。Yonas et. al(2014)在其研究中指出,经济的快速发展,虽然降低了客观上的贫困,使人们物质收入有所增加,但主观上的贫困仍在升高,家庭的相对经济地位是主观贫困的重要决定因素。可见当今人们对贫困人口,需要从物质收入、发展机会、就业能力、健康状况、风险程度及相对经济状况等方面多维度、多层次的来理解和评估。

特大城市通常是一个地区经济与产业发展的核心空间，承担着区域政治、经济、文化中心的重要职能，对国民经济增长和城市发展具有先导作用。由于特大城市人口众多，消费水平相对较高，贫困的问题也更为凸显。相对农村和一些相对贫困的城市来说，特大城市的绝对贫困率较低，特困居民主要是那些在城市中无生活来源、无劳动能力、无法定赡养人或扶养人的人。而较为严重、更受关注的是相对贫困问题。随着中国城镇化进程的快速推进，特大城市中出现的新型经济和社会矛盾更为突出，贫富差距不断扩大。近年来，不断上涨的物价和房价，与增长缓慢的百姓收入，使越来越多的城市人口陷入相对贫困之中，更引起不少人对未来缺乏憧憬，出现了主观性贫困问题，这类贫困人群主要来自两方面：一方面是失业、无固定工作、在职困难职工、离退休等收入低的人群；另一方面是部分外来务工不利，生活困难人群。这些贫困现象应当受到高度重视，否则会对特大城市的健康发展产生影响。

根据 *Global Monitoring Report 2013* 及对亚洲城市贫困研究的结果，2010年初，按照一天2美元的贫困线，中国农村贫困人口占总人口的17.5%，约2.347亿人，城镇占5.4%，约0.723亿人。按照每日1.25美元的贫困线，中国城镇贫困人口约0.385亿。尽管城镇贫困人口仍然低于农村贫困人口，但农村贫困人口下降迅速，而城镇贫困人口呈增长态势，研究表明1990~2010年增长的贫困人口绝大多数是城镇人口。中国的城镇化进程和城乡一体化，使农村贫困人口大幅度降低，但并未降低城镇贫困，城镇贫困伴随着不公平的财富分配机制而日益严重。在城市贫困中，特大城市贫困问题将会越来越突出，国家扶贫应该城乡统筹，重点应该由农村逐步转移到城市，特别是特大城市。

二 中国特大城市贫困状况的评估

（一）城市贫困程度测度方法

对城市贫困状况的评估和贫困主体的识别中，贫困线的确定是至关重要的。目前对贫困线的测算方法较多，包括比例法、绝对值法、恩格尔系数法、数学模型与调查法（线性支出系统模型ELES法）、基本需求法、基期固定法、

马丁法、因子分析法等。而对特大城市来说，更倾向于使用相对贫困线。在相对贫困线的计算中更常用的方法是比例法，即根据这个地区居民收入或消费的平均水平的某个比例来确定，其中欧盟各国普遍采用人均收入低于中位数50%作为相对贫困线。但传统的依据贫困线的方法只适合于贫困的识别的贫困人口规模的判断，其优点是居民收入或消费支出容易衡量，缺点是难以体现出贫困人群的贫困程度，且忽视了贫困产生的原因，如个体的脆弱性和外部环境造成贫困的长期性。

鉴于贫困线的弱点，在对贫困程度的测度中，更多采用是基于指数的测度方法，目前，国际上广泛采用的是FGT贫困指数，其具体形式为 $P_\alpha = \frac{1}{n}\sum_{i=1}^{q}[(z-x_i)/z]^\alpha$。其中，$x$ 代表居民收入或者消费水平；z 为设定的贫困线；α 为正参数，α 取值越大时，贫困指标对贫困差距越敏感。当 $\alpha = 0$ 时，该指数为贫困的发生率，反映了贫困广度；当 $\alpha = 1$ 时，该指数反映了贫困人口收入与贫困线之间的差距，是贫困深度指标；当 $\alpha = 2$ 时，反映了贫困的强度，在加权平均时越贫困的人口被赋予了越大的权数，因此该指数突出了对相对贫困人口的重视程度。尽管FGT指数分解的结果对政府的扶贫工作起到指导作用，但它仅考虑了收入或消费水平这一经济维度。

随着森（Sen）的"可行能力"概念的提出，人们逐渐意识到将单一的收入作为评估贫困的标准过于片面，从个体的脆弱性和贫困持久性来看，个体受教育程度、健康状况、财产拥有程度、公共品的可获取性等多方面的因素都可能会影响到个体的贫困程度，因此需要从多个维度来测度贫困状况才是更科学的。目前在学术界常用的多维测度法包括：模糊集法，基于单维测度的"交""并"法（双界线法），多维贫困指数法等。2010年由联合国授权和支持的"牛津贫困与人类发展项目"小组发布了一个界定绝对贫困人口的新指数，自此，在联合国开发计划署发表的人类发展报告中，多维贫困指数开始取代从1997年开始使用的人类贫困指数，即以日均花费1美元作为划分贫困人口界限的旧标准，多维贫困指数涵盖了单位家庭的关键因素，包括教育、健康、财产、服务、是否享有良好的烹饪材料、学校教育、电力、营养和卫生系统等10个主要变量来测算贫困水平。多维测度法正在逐渐取代单维测度法。

（二）中国特大城市贫困状况的测度

联合国通常将100万人作为划定特大城市的下限，本书已采取此标准，按照《中国城市建设统计年鉴2012年》数据，界定了66个特大城市。由于受到数据限制，研究选取了数据较为全面的北京、上海、天津、重庆作为特大城市的典型代表做重点分析。根据以往经验，城市贫困人口数在低保人数的2倍左右，根据民政部2013年10月公布的数据，估算特大城市的贫困人口状况如表1所示。

表1 特大城市绝对贫困人口状况估算

类别	总人口数（市辖区）（万人）	城市居民最低生活保障人数（万人）	城市居民最低生活保障户数（万户）	城市最低生活保障支出水平（元/人或元/月）	贫困人口估计（万人）	贫困率（%）
北京	1226.5	10.49	5.90	494.8	20.98	1.71
上海	1358.4	20.81	13.74	465.4	41.62	3.06
天津	812.5	15.97	8.62	459.4	31.95	3.93
重庆	1779.1	46.86	27.18	260.7	93.72	5.27
全国城市合计	40317.6	2077.60	1100.10	241.3	4155.20	10.31

资料来源：《中国城市统计年鉴2013》和民政部2013年10月的统计数据及相应估算。

若从多维的角度来测度和评估，需要首先确定具体的指标选择。基于《中国统计年鉴2013》、《中国城市统计年鉴2013》、《北京统计年鉴2013》、《天津统计年鉴2013》、《上海统计年鉴2013》、《重庆统计年鉴2013》，考虑到特大城市共性数据获取的限制，本研究具体采取三方面的指标来评估，即经济收入与消费支出方面的指标，就业与失业方面的指标，抗风险能力方面的指标。相关指标如表2所示。

表2中的各类贫困指数是通过各指标参照标杆数据加权平均得到，指标数据接近1表示贫困度和贫困风险越高，接近0表示贫困度和贫困风险越低。从上述指标情况可以看出中国整体城市贫困状况不容乐观，但特大城市中，北京、天津和上海在各项指标上都比中国整体城市贫困状况好，说明特大城市在反贫政策的执行下，相比其他城市起到了更好的效果，尤其是这两年北京、天

表2 特大城市贫困度及贫困风险评估

类别	指标	全国	北京	上海	天津	重庆
类别	市辖区人口(万人)	40317.60	1226.50	1358.40	812.50	1779.10
	2014年低保标准(元/人年)	2895.10	7800.00	7680.00	7680.00	4320.00
经济收入与消费支出	平均每人可支配收入(元)	24564.72	36468.75	40188.34	29626.41	22968.14
	城镇居民消费水平(元)	21119.68	32857.39	39095.22	25568.94	19873.33
	平均每人消费支出(元)	16674.32	24045.86	26253.47	20024.24	16573.14
	城镇平均每人食品支出(元)	6040.85	7535.29	9655.60	7343.64	6870.23
	城镇平均每人衣着支出(元)	1823.39	2638.90	2111.17	1881.43	2228.76
	城镇平均每人居住支出(元)	1484.26	1970.94	1790.48	1854.22	1177.02
	收入与支出贫困指数	0.67	0.32	0.46	0.29	0.56
就业与失业	在岗职工平均人数(万人)	8423.49	647.51	507.30	217.73	264.53
	在岗职工占总人口比重(%)	20.89	52.79	37.35	26.80	14.87
	城镇登记失业人员(万人)	917.00	8.15	26.69	20.40	12.43
	城镇登记失业率(%)	4.10	1.27	3.05	3.60	3.30
	就业贫困指数	0.70	0.10	0.43	0.59	0.68
抗风险程度	文盲人口比重(%)	4.96	1.46	2.23	2.24	5.27
	少年儿童抚养比(%)	22.20	11.43	10.26	15.08	23.24
	老年人口抚养比(%)	12.68	10.48	10.92	13.44	18.26
	总抚养比(%)	34.88	21.91	21.18	28.52	41.50
	养老保险参保人比重(%)	40.28	96.49	97.64	60.34	31.34
	医疗保险参保人比重(%)	62.98	114.43	120.63	120.78	23.77
	失业保险参保人比重(%)	24.54	80.51	45.45	33.07	14.78
	风险贫困指数	0.42	0.09	0.16	0.27	0.55

资料来源：主要基于《中国统计年鉴2013》和《中国城市统计年鉴2013》数据整理得出。

津和上海提高了低保标准，基本解决了绝对贫困现象。从就业状况来看，北京市的就业状况较好，就业员工占总人口比重高，失业率低，因此贫困风险最小，在文化程度、抚养比、参保情况等方面北京市也具有较好的优势。相反，重庆市在各方面指标显得差一些，这与重庆市县和县级市改区，市辖区人口迅速上升，而就业、参保等各方面工作尚未跟进有关。从其他一些特大城市的相关指标数据可以看出，大多数城市还存在就业比重较低和抗贫困风险能力较低的情况。而这三类指标中，问题最大的指标仍在收入与支出方面，可见老百姓收入偏低仍是特大城市贫困的重要原因。

三 特大城市贫困产生的机理分析

从空间来看，特大城市贫困的空间集聚主要有3种类型：退化的工人新村、"城中村"和老城衰败邻里。其中，退化的工人新村多为国有企业改革后下岗失业工人的聚居地；"城中村"多为大量农村移民形成的聚居地；而老城衰退邻里则多是设施不足的，由下岗失业人员、农民工和退休人员等形成的混合聚居区。从这种贫困空间的分析不难发现，特大城市的贫困人口除了城市低保对象中最脆弱、最无助、最贫困的无生活来源、无劳动能力、无法定抚养义务人的"三无"人员外，主要源自于转型性贫困、收入萎缩性贫困和支出风险性贫困。

转型性贫困，也是一种结构性贫困，是自20世纪90年代以来，随着中国经济体制的调整，在国家转型和市场构建的互动过程中形成的贫困现象，这一现象在特大城市尤为突出，其产生原因是福利模式与身份制度的转变造成的被动失业及社会结构逐渐边缘化。中国大城市的市场化改革过程，并非发生在经济萧条期，而是经济高速增长期，国企和事业单位中原有的行政依赖关系很快消失，在市场竞争中开始自负盈亏，然而低效的生产结构和落后的产业模式使大多数的国企事业单位逐渐被淘汰，造成裁员和整改，使大批原国企事业单位的人员失去工作岗位和生活来源，由于他们对大规模失业局面的到来既无法预见，也无力逆转，且生活来源主要是就业收入，因此很快陷入贫困状态。虽然这些下岗人群大多并没有丧失劳动能力，但以前的国企事业单位身份使他们常年受到体制保护，在意识形态上也形成一种光环，长期与社会的脱离，使他们掌握的生产技能和经验早已不具备竞争力，难以再度就业。内在的"自我封闭"与"自我隔绝"，以及外部社会环境对他们排斥而形成的压力，使他们难以从贫困中自拔，也加大了城市对这类人群的整合难度。

收入萎缩性贫困和支出风险性贫困是外来务工人员和城市低收入人群出现贫困的缘由，近几十年，中国经济一直保持高速增长态势，随之而来的是货币的贬值和物价的持续高涨，而大部分人群的收入增长速度远远低于物价的上涨速度，这使原本收入偏低的人群难以满足消费性支出，进入贫困的境地。自

1978年以来，中国经济增长率一直保持在世界各国的前列，2010年中国的国内生产总值为58786亿美元，超过了日本成为全球第二大经济体。近十年中国年度GDP增长率和通胀率都较高（见表3），但老百姓收入增长速度十分有限。中国经济转型由政府主导，尽管政府决策会避免政策中可能出现的重大失误，但也会出现此过程中因过度地关心经济增长而忽视民生的问题，老百姓收入增长缓慢及失业率的高升，使贫困问题显现出来。

表3 近十年我国GDP增长率与通胀率

单位：%

年份	2004	2005	2006	2007	2008	2009	2010	2011	2012	2013
GDP增长率	10.1	11.3	12.7	14.2	9.6	9.2	10.4	9.3	7.6	7.8
通胀率	3.9	1.8	1.5	4.8	5.9	4.3	3.3	5.4	3.25	2.7

资料来源：依据网络数据整理。

在中国经济转型的背景下，社会经济形态也发生了改变，农业产业的劳动力开始向收入较高的非农业产业转移，而特大城市对农民工最具吸引力，大量的农民工进入特大城市。他们通常会聚集在"城中村"，虽通过劳动能够获取正常的收入，但由于工作不够稳定，与城市中收入偏低人群类似，存在较大的贫困风险，这种风险主要表现为支出型贫困。所谓支出型贫困主要指在特殊情况下或一定时期内，面临远超出家庭收入承受能力的大额开支而导致家庭经济入不敷出，实际生活水平沦为贫困的风险，譬如重大疾病、突发事件、子女就学等原因，都可能造成家庭支出陡增，对收入较低的家庭，这种抗风险能力较差，易于沦为贫困人口。

四 中国特大城市现行反贫政策评述

目前中国特大城市推出了不少反贫政策，形成了包括城市居民最低生活保障制度，养老保险、医疗保险、失业保险、工伤保险、生育保险等社会保险制度，社区救助帮扶制度，以及就业扶持、专项救助、应急救助、社会互助等多层次的社会救助体系。但从调研情况看，特大城市现行采取的最主要的反贫困政策，仍然是基于"收入型贫困"的"被动救助"模式，即基于对收入的衡量，确定贫困人群，给予相应的补助和救助。而其他的救助活动，更多停留在形式层面，未能从根本上解决问题。在一些特大城市的社区，确实提供了就业培训和就业机会，但被调查的贫困人群反映提供这些福利项目对他们就业并无多大用处，就业机会基本是暂时性的，而他们经常会因为暂时的就业机会而丧失低保的资格或减少低保金补助，相比之下，不如不参加就业培训和获得这种临时性就业机会。在一些城市，非营利组织提供的救助形式远不能满足贫困群体的真实需求，因此更多地停留在形式上。可见，大城市的现行反贫政策仍存在许多不足之处，体现在贫困根源未能解决和扶贫工作的执行能力偏差两个方面。

从贫困根源来看，转型性贫困和收入萎缩与支出风险性贫困的产生，主要是缺乏就业能力、就业收入过低、就业供给不足和抗风险能力差。基于"收入型贫困"的"被动救助"模式存在四大缺陷：一是难以逾越贫困线，仅关注了基本生活保障，缺乏足够资金支持的贫困家庭仍无法从根本上消除贫困。二是缺乏贫困预防，是贫困后的事后补救，容易导致救助的高成本、低效率。三是忽视了贫困的心理救助。在转型性贫困中，大量下岗失业人员并非缺乏就业机会，如果放下身上原本的光环，放下精神和心理上的压力，从最基础的工作做起学起，脱贫的可能性是很大的。这这类人群，心理援助更加重要，但城市贫困救助多为实物和货币救助，忽视了"扶心"工程。四是救助难以惠及贫困边缘家庭。由于实施分类救助的分类标准尚未完善，采取的是简单划一的标准，使低保容易身份化，在叠加享受多种救助和优惠政策后，低保家庭收入通常远高于临界于低保边缘家庭的收入而形成"悬崖效应"，这不仅对贫困边缘家庭不公，而且削弱了具备劳动能力的低保人员的就业积极性。这四方面的缺陷说明"收入型被动救助模式"难以解决贫困人口就业与收入问题，也难以改变贫困边缘人群的抗风险能力。因此，从贫困根源来看，需要对这种被动救助模式进行改革，要从更深层面促进就业。

从具体的扶贫工作来看，即使是特大城市，在管理和执行能力方面仍存在较大问题，首先，各城市简单划一的分类标准难以体现特殊困难群体内部的细致差别，使有针对性的分类救助难以实现。譬如因病致贫的低保家庭可能并不

需要教育、住房、参保等方面的救助。因此缺乏对个人需求调查的社会救助针对性不足，会导致救助资源利用效率不高。其次，对家庭收入核查存在技术障碍，缺乏客观性和准确性。目前中国各单位部门间信息共享不足、法律和信用体系不健全、个人就业形式和收入来源多样化等因素，难以准确核实家庭收入和财产，而通过瞒报收入和财产骗取救助的情况即使发现，惩罚力度也过轻，难以形成威慑力，这些成为社会救助工作开展的一大瓶颈。最后，救助职能分散在不同部门，使得绩效难以评估。目前，中国贫困救助体系中民政部、劳动保障部、卫生部、工会、残联、妇联等均涉及不同的贫困救助内容，各管一块，但实际救助工作存在较大程度的交叉，这不仅使城市贫困救助工作环节增加，成本上升，效果下降，而且也难以进行有效的评估。

五　中国特大城市反贫政策创新建议

通过以上的分析，发现特大城市的减贫策略一方面要从解决贫困人口的贫困根源入手，另一方面也要从扶贫工作的管理和执行入手。基于这两方面，研究提出的减贫策略与建议如下。

（一）提升就业意愿与就业能力，增加就业供给

转型性贫困群体，是具备劳动能力的，对这类人，首先，需要从心理层面消除就业顾虑，以摆脱贫困身份为荣。其次，应加大对贫困群体的教育和培训投入，完善再就业培训体系，使贫困主体能掌握自主发展的机会，提高其在社会生活中对抗贫困的能力。最后，在单位社会转型过程中，应考虑到对下岗职工的补偿和安排，不要让他们自己来承担沉重的社会转型代价。调动贫困群体自身积极性，提高其重新参与社会竞争的能力，实现贫困群体再就业可以说已成为贫困治理的重要内容，这也是从"生存型"救助向"发展型"救助的转变。尽管在产业结构调整和产业升级过程中，过去大规模的劳动密集型产业被资本密集型产业所替代，出现劳动力资源过剩现象，然而第三产业的发展，对劳动力产生了巨大的需求，因此，加快发展第三产业，转变贫困群体以往对工作身份的要求，走进就业供给充足的服务性行业是脱贫的有效途径。而社会救

助的关键是消除受助者的精神贫困,培养他们健康的心理和积极向上的生活态度;提供基础实用性就业培训项目和充分的就业信息。

(二)提升底层人群的就业收入

贫困的根源是收入低,难以满足基本生活需求。调查中发现,多数贫困群体对推荐的临时性工作或低收入工作并不满意,原因在于这些工作并不能让他们摆脱贫困,反而少了贫困补贴。这说明中国的收入分配机制不平等问题仍然是造成贫困的直接原因。为此,应提高各类基础性,有供给却劳动力不足的工作岗位的收入,使具备劳动能力的人只要愿意工作,付出劳动,就一定能够获得满足基本生活需求的收入,这对转型性贫困和收入萎缩性贫困的治理更有直接意义。在发达国家,各行各业最基层员工,包括小时工、洗碗工、清洁工等服务性工作的收入都不低,这就实现了有付出就有足够的回报,多数人不愿意做的活都有人去做。近年,中国特大城市基本完善了最低工资制,提高了贫困线,并在制度上确保多劳多得,对防止贫困群体劳动利益受损具有重要意义。但力度仍然不够,仍然存在有些工作岗位劳动供给大于需求,有些需求大于供给的现象,需要进一步调节。同时,税制改革,减少中低收入群体的税赋负担也非常重要。还可通过其他转移支付手段调节不同群体间的收入差距,消除结构性的收入不平等状态,有效提升城市贫困群体生活水平。

(三)提高贫困边缘群体的抗风险能力

贫困的风险一般来自于支出性风险、健康性风险和老年性风险,随着特大城市房价的不断攀升,许多城市居民都背负着承重的房贷,使他们的抗风险能力都较差,而当今的社会又充斥着各种不安全因素,为了提高抵抗贫困风险的能力,必须完善和健全社会保障体系。社会保障体系可为个体的基本生活建立一道安全网,但它是一个全面系统的工程,需要政府的强力推动、持续投入和较长时期的完善。对于特大城市而言,不仅需要在城市居民低保制度、养老保险、医疗保险、工伤保险、生育保险、失业保险等方面加大投入,而且还需要在住房、医疗、教育、退休等各方面形成救助体系,为城市贫困和贫困边缘群体提供全面系统的制度保障。

（四）多元化筹集反贫资金，提高反贫能力

在中美城市反贫困体系的对比中发现，不仅政府，民间组织、市场组织和贫困人口等都是反贫困的行动主体。在美国，有许多非官方组织能够帮助贫困群体，政府也大力提倡和推进社会福利保障的民营化和市场化，从而形成由政府、企业、社会共同承担社会责任的模式，不仅有效缓解了政府的财政压力，而且促进了社会服务质量和效率的提升。中国也同样需要构建多元化的救助机制，并通过多元化的途径筹集反贫资金，以大城市政策为引导，调动社会、企业、群众的多方参与和监管，切实提高反贫能力。据统计中国2008年已有民间基金会1597个，且增长十分迅速，它们在社会贫困人口救助方面发挥了重要作用。国家应为这类民间组织提供相对宽松的制度环境，通过多元立体的全方位监督管理，促进其规范化、健康化发展，让他们做到管理有效、信息透明、运行规范，争取在城市贫困救助、社会帮扶、公益慈善等方面发挥更大的作用。

（五）建立公共信息平台、完善贫困群体核查机制、实现分级分类精准救助

要提高城市贫困家庭社会救助的效率，必须首先解决在核查家庭收入和贫困状况中存在的法律、技术等方面的难题，在准确评估困难家庭实际收入状况和贫困状况基础上，细化救助类型，实现分级分类救助。首先，需要特大城市明晰低收入家庭的收入核查制度和办法，建立居民收入财产信息共享机制，为低收入家庭收入核查工作提供技术保障。目前，杭州市已建立了"低收入家庭经济状况核查暨帮扶救助系统"，该系统能够连接共享工商、房管、劳动、公积金、地税、国税、车管、民政婚姻、残联、殡葬等10个部门168项涉及居民经济财产状况的信息数据，准确实现家庭经济状况、家庭人均收入和财产的核查和认定，为分层分类救助奠定了基础。其次，对出具虚假材料和骗取低保的情况予以严格的惩罚措施，并直接计入信用档案。最后，分级分类为不同贫困状况建立相应的救助圈，对不同困难程度的家庭实行分层救助，有效解决边缘困难家庭的生活困难。

（六）提高执行能力，提升扶贫救助效率

在中国特大城市应当加强反贫政策实施的行政体制建设，民政部在做好本部门承担的工作之外，还要起到对其他各部门和社会救助工作的统筹、指导、协调和监督工作。让各方面的扶贫活动融合成一个有机整体，提升扶贫救助的效率。在扶贫救助活动的绩效评估中，要重视贫困群体的反馈，加强群众监督。对部分服务性的扶贫工作，可以采取外包形式，让专业的社会工作机构承担部分社会救助工作，促进社会救助工作的专业化分工，提高工作效率。

（七）构建促进社会参与式救助模式的有效机制

社会组织和个体的广泛参与是社会救助工作健康发展的重要基础，在社会转型过程中，社会自身的组织化程度与提供资源的能力都大大提高。在城市贫困的治理方面，利用民间力量、依靠非政府组织来应对，可以和政府的体制化救助形成有益的补充。目前在中国公民参与公益活动的积极性普遍较低，诚信机制的缺失，使大家对公益活动抱以怀疑态度，一旦出现问题，更多的是批评指责。这使得民间和社会团体组织的各种救助活动难以达到预想的效果。为此，特大城市应首先带头构建促进社会参与的救助模式，通过信息系统，将所有公益活动的社会参与情况进行记录，每个人的累计参与情况会在系统中随时查询出，并让曾参与公益活动的志愿者能够在未来切实获得更好的救助保障，提升自身的抗风险能力。这样才能构建大家的公益意识和参与的积极性，调动社会资源，形成社会公众自发行动的网络化救助模式。

参考文献

Alkire S., Santos M. E.,"Acute Multidimensional Poverty: A New Index for Developing Countries," Working Paper of OPHI, 2010.

Alkire S., Foster J.,"Counting and Multidimensional Poverty Measurement," *Journal of Public Economics* 95（2011）：476-487.

Cheli B., Lemmi A.,"A Totally Fuzzy and Relative Approach to the Multidimensional

Analysis of Poverty," *Economic Notes* 24 (1995): 115 – 134.

Foster J., Greer J., "Thorbecke E. A class of decomposable poverty measures," *Econometrica* 52 (1984): 761 – 766.

Guanghua W., Iva S., "Poverty in Asia and the Pacific: An Update," Paper provided by Asian Development Bank in its series ADB Economics Working Paper Series with number 267, 2011.

World Bank, *International Monetary Fund. Global Monitoring Report* 2013: *Rural-Urban Dynamics and the Millennium Development Goals* (World Bank Publications, 2013)

Yonas A., Gunnar K., Jesper S., "The Persistence of Subjective Poverty in Urban Ethiopia," *World Development* 56 (2014): 51 – 61.

崔洁：《中美城市反贫困行动体系比较》，《劳动保障世界》（理论版）2012年第2期。

党春艳：《社区对城市贫困群体的福利服务：供给与回应——以武汉市为例的调查》，《湖北函授大学学报》2013年第10期。

封婷：《城市准贫困人群生活状况监测的指标体系构造》，《统计与决策》2011年第22期。

何深静等：《中国大城市低收入邻里及其居民的贫困集聚度和贫困决定因素》，《地理学报》2010年第12期。

蒋贵凰、宋迎昌：《中国城市贫困状况分析及反贫困对策》，《现代城市研究》2011年第10期。

吴克领：《中国城市"转型型贫困"及其治理》，《经济研究导刊》2013第25期。

魏后凯、王宁：《参与式反贫困中国城市贫困治理的方向》，《江淮论坛》2013年第5期。

阮雯：《城市贫困家庭社会救助模式创新研究》，《中共杭州市委党校学报》2014年第1期。

邹薇、方迎风：《怎样测度贫困：从单维到多维》，《国外社会科学》2012年第2期。

B.10
特大城市"城中村"与城乡接合部治理

单菁菁 耿亚男*

摘　要： 伴随城镇化的快速推进，特大城市"城中村"和城乡接合部的问题日益凸显，如空间布局混乱、生态环境差、基础设施匮乏、人口流动性大、管理难治安差、城乡文化冲突等。加快"城中村"和城乡接合部治理，已经成为提高中国城镇化质量、推动城乡一体化进程的重要内容。本文在分析特大城市"城中村"和城乡接合部存在问题和产生原因的基础上，研究总结了北京、广州、深圳等特大城市的治理经验与利弊得失，提出"积极推动社会参与式治理"、"物质形态改造与社会形态治理相结合"、"妥善解决外来人口居住问题，避免出现新的城中村"等对策建议。

关键词： 特大城市　城中村　城乡接合部　改造治理

"城中村"是中国城镇化快速推进和城乡二元结构体制下的产物，是农村社区向城市社区转型过程中的过渡形态和过渡阶段。当前中国城镇化进程中，特大城市"城中村"和城乡接合部的问题尤为突出，如何正确认识这些问题，探索有效的治理之道，对提高城镇化质量、推动城乡一体化进程具有重要意义。

---

* 单菁菁，博士，中国社会科学院城市发展与环境研究所研究员，主要研究方向为城市与区域发展战略、城市与区域规划、城市与区域管理等；耿亚男，中国社会科学院研究生院城市发展与环境系硕士生，主要研究方向为城市与区域管理。

一 特大城市"城中村"和城乡接合部存在的问题

所谓"城中村",是指在城镇化快速发展过程中,位于城区边缘的农村土地被征用或被划入城区,在事实上已经成为城市的一部分,但在户籍、土地权属、行政管理体制等方面仍然保留着农村模式的村落。而城乡接合部则是指城市和乡村边缘的过渡交界地带。在快速城镇化进程中,"城中村"和城乡接合部作为城市和乡村的缓冲,一方面为接纳大量农业转移人口特别是外来流动人口创造了条件,降低了其向城市转移的生活居住成本,另一方面也引发了用地管理不规范、基础设施建设滞后、居住环境差、安全隐患多、社会治安混乱等突出矛盾。当前,中国特大城市"城中村"和城乡接合部存在的问题尤为突出,主要表现在以下几个方面。

(一)空间布局混乱,生态环境差

由于规划滞后,"城中村"和城乡接合部的空间布局普遍比较混乱,住宅用地、工业用地和商业用地混杂在一起,违章建筑林立。为了满足外来流动人口的租房需求,获取更大的租金收益,"城中村"和城乡接合部的居民普遍利用自家宅基地私搭乱建,盲目增加楼的高度、缩小楼间距以扩大租房供给量,使"城中村"大量建筑都在6~9层,有的甚至达10层、20层,危楼、"一线天"、"亲吻楼"比比皆是。由于建筑物间距过小、密度过高,造成采光、通风和绿色空间不足,不仅破坏了城市景观和生态环境,也带来了易发生火灾、缺乏地震等灾害避难场所等安全隐患。

(二)基础设施匮乏,生活水平低

中国大部分"城中村"和城乡接合部的村庄事务实际上仍由村委会负责与管理,且村庄建设和管理费用也是由村集体支付。而由于村集体的经济财力有限,中国"城中村"和城乡接合部的基础设施建设普遍滞后,电力、通信、供水、供气、供热、排污等管线残缺不全,生活垃圾和污水无法及时有效的清运和处理,部分"城中村"仍采用明沟明渠来排水、排污,卫生条件差,环境污染严重，内涝时有发生。在用地结构方面，居住用地占据绝对比例，而教育、文化、医疗、卫生、体育、绿地等社会公益性用地比例明显偏低，公共服务设施严重不足。再加之外来人口的大量进入，基础设施和公共服务的缺口日益扩大。

（三）外来人口流动性大，管理难治安差

受廉价房租的吸引，大量外来流动人口聚居于"城中村"和城乡接合部，引发了管理难题和治安难题。首先，外来人口数量众多，甚至远远超过当地人口。例如上海"城中村"，外来人口占总人口的59.6%；深圳"城中村"，外来人口占总人口的93.6%；杭州"城中村"，外来人口和本地村民的数量比例最高为10∶1[1]；西安雁塔区后村，流动人口是常住人口的10倍以上。其次，外来人口职业构成复杂，就业稳定性差，流动性大。根据深圳市福田区的调查，在"城中村"外来人口中，从事服务业工作的约占50%，公司职员约占10%，个体户约占5%，其他职业约占10%，无正当职业或无业人员占20%左右[2]。相当一部分外来人口的职业稳定性差，工资待遇低，人员流动性较大，给人口管理带来很大困难。最后，由于村委会人力、物力和财力有限，管理能力严重不足，人口流动性大和管理滞后的矛盾十分突出，使"城中村"和城乡接合部成为犯罪高发地区，社会治安压力很大。

（四）城乡文化冲突，社会融合困难

"城中村"和城乡接合部作为"半城市化"区域，村民在思维方式和生活习惯等方面仍保留着传统村落文化的特点，对现代城市文化很难完全适应。主要表现在三个方面：一是"城中村"和城乡接合部作为集体经济利益共同体，形成了一个以血缘、亲缘、地缘为纽带的自我隔绝和相对封闭的团体，对城市具有排他性。与此同时，城市居民也担心"城中村"和城乡接合部的村民在

---

[1] 何保利：《经济快速发展地区城中村改造与管理问题研究》，博士学位论文，西安建筑科技大学，2010。

[2] 何保利：《经济快速发展地区城中村改造与管理问题研究》，博士学位论文，西安建筑科技大学，2010。

市民化后，会分享和争夺他们原有的各种社会资源、福利待遇等，从而对其持抵触情绪和排斥态度。二是"城中村"和城乡接合部的村民由于自身素质和能力都与城市居民存在一定的差距，就业竞争力不足，再加上很多村民可以从集体经济分红和出租房屋租金中获得可观的收益，在客观条件和主观意愿上都不愿意融入城市就业市场。三是城乡文化差异使得"城中村"和城乡接合部的村民很难与城市居民深入交流，两个群体之间存在文化隔阂，社会融合难度较大。

二 特大城市"城中村"和城乡接合部问题产生的原因

通常情况下，特大城市"城中村"和城乡接合部问题产生的原因主要有以下几点。

一是城市政府在建设用地扩张的过程中，只选择征用补贴成本较小的农耕地，将其转化为国有，而留下补偿成本较高的农村居民点，如宅基地和部分集体房产用地等，未将其纳入城市开发体系，使之成为城市开发进程中的"孤岛"。

二是失地农民为弥补自身的经济损失和追求个人收益最大化，往往凭借自己手中所拥有的宅基地所有权和收益权，将房屋的租金作为主要经济来源，并通过不断扩建和加高宅基地的房屋来增加租赁房的供应量，从而在"城中村"和城乡接合部兴建了大量高密度的异化建筑群。

三是城乡分割的二元制度，使相当一部分城乡接合部和城镇化推进过程中的农村改造地区，无论是在城市建设、社会管理、公共服务、建筑风貌还是社会结构等方面都明显区别于城市地区，并在很大程度上依然保留了农村特性，逐渐成为城市包围中的"农村"。

总体而言，"城中村"和城乡接合部问题的形成是城市政府、村组织和村民等在自身利益和公共利益之间选择与博弈的结果，是城乡二元体制和城乡文化摩擦碰撞的结果。因此，"城中村"和城乡接合部的治理，绝不是简单改善物质景观就可以完成的，如何创造一个有利于城市居民、村民及外来人口和谐相处的融合机制和生活环境，是治理过程中不可忽视的问题。正如李培林所述，村落终结过程中的裂变和新生"不仅充满利益的摩擦和文化的碰撞，而且伴随着巨变的失落和超越的艰难"[①]。

三 特大城市"城中村"与城乡接合部治理的主要经验

北京、广州、深圳、杭州等特大城市在"城中村"和城乡接合部的治理与实践中进行了大量的探索，摸索出了一些值得借鉴的做法与经验。

（一）广州猎德村模式：重建型整体改造

广州猎德村位于珠江新城南部，毗邻珠江，是一个拥有900年历史的岭南古村。2007年，猎德村在广州市率先启动"城中村"改造，以市、区政府为主导，以村为实施主体，将原来的旧村庄整体拆除，重新建设了一个与城市相融合的新猎德村。

猎德村的改造模式主要是通过市场化手段筹集改造资金，将改造地块分为三部分：西部地块先由集体土地转为国有土地，再以商业用地进行市场拍卖，所得资金用于旧村改造；东部地块主要用来建设安置小区，保证村民能够就地回迁；南部地块仍保留为集体土地，主要用于建设五星级酒店和商业开发，以支持村集体经济的发展。通过拍卖西部地块，猎德村获得了46亿元的旧村改造资金，按城市标准高水平复建了87万平方米的小区，完成了全部村民的就地回迁，村集体经济得到了长足发展。

猎德村在更新改造过程中，有以下几点经验值得借鉴。

一是突破农村集体产权的所有制困境，把原先无法流通、无法上市交易的集体产权土地盘活。通过出让部分土地资源，用拍卖土地所得的资金进行旧村改造，解决了一般"城中村"改造过程中普遍面临的资金难题，实现了项目资金的自我平衡，做到了"政府不花钱、村民满意"。

---

① 李培林、何述强：《透视城中村：村落何以终结？》，《广西城镇建设》2012年第10期。

二是在"城中村"改造中有效平衡村民、政府和开发商之间的利益。在"城中村"改造中，政府希望推进城市化健康发展，村民希望得到合理的安置和补偿，开发商希望获得有效的投资收益。而猎德村通过将村集体土地分为三部分：市场拍卖以募集改造资金，社区重建以安置搬迁居民，商业开发以发展集体经济，有效地平衡了政府、村集体和开发商的利益，同时满足了旧村改造、村民安置和集体经济发展的要求。

三是注重对历史文化的传承与保护。作为一个具有悠久历史的岭南古村，猎德村的改造不是简单的推倒重来，而是在改造中注重对历史文化的继承与保护，将村内重要的庙宇、祠堂、代表性民居重新规划布局，进行迁建保护或异地复建，较好地传承了猎德村的传统风俗文化。

四是突破以往单纯以政府为主导的旧城改造模式，采取"以政府为主导，以村为实施主体"的创新模式。在猎德村改造重建过程中，市、区政府发挥了规划、统筹、协调等主导作用，而村集体则承担了具体实施的主体作用，负责与开发商进行谈判、拆迁、复建等工作。这样既有效推进了"城中村"改造，又较好地体现了村民的利益诉求。

（二）北京何各庄村模式：特色型综合整治

何各庄村位于北京市朝阳区东北，温榆河生态走廊北端，是中央美院、798、大环、草场地等文化艺术聚集区和中央别墅区的中间地带。一方面，何各庄村自然环境优美，周边存在着巨大的高端消费需求；另一方面，何各庄村又是一个典型的城乡接合部，村中流动人口占85%以上，经济形态低端，出租房屋是村民的主要收入来源。

2006年，何各庄村根据自身特色和比较优势，提出了"土地+艺术"的发展思路，开始对何各庄进行整体规划和综合改造。

首先，依托地理区位优势，发展村庄文化经济。通过对村内一些老旧厂房的改造和新建，吸引画廊、美术馆、工作室等各类文化创意机构、文创人员和艺术家入驻，为他们提供诸如一号地国际艺术园区等平台进行艺术创作、交流和展示，形成集艺术创作、艺术交流、艺术展示、艺术品交易、文化体验和娱乐休闲于一体的开放式文化艺术空间，并带动一批具有文化创意元素的特色服务业发展，形成了相对完整的文化产业链。

其次，对民宅和村落环境进行改造，提升了村庄的整体价值。何各庄村根据周围的高端市场需求，以富有文化内涵、艺术水准和创意思维的规划设计，对原有民居及村落环境进行综合改造，不断提升其内在品质和文化品位，实现了村庄价值的整体提升。

最后，加强市场运作和组织化经营，推动农村房地产资本化。由乡、村集体和社会投资人三方共同组建专业运营公司，依据自愿原则，把村民手中打算出租的房屋集中起来，由专业公司根据市场需求对之进行规划、设计、改造、运营和管理，再出租给有不同需求的客户用作工作室、咖啡厅、酒吧、餐馆、私人会所、家庭旅馆、商务住宅等，实现了"居民增收、集体收益、投资者获利、政府满意"多方共赢的良性发展。

何各庄村在更新改造过程中，有以下几点经验值得借鉴：一是以房屋租赁替代农村土地流转，在保持农村房地产权不变的前提下，实现了农村房地产资产资本化后的农民增收。二是没有大规模的拆迁重建，而是在保存村落原始肌理的基础上，对乡村环境和传统民居进行改造，既保护传承了传统历史文化与乡村文明，又成功探索出一种人居文化保护式的开发模式。三是实行"政府控股、民营管理、专业运营"的创新模式，由乡、村集体和社会投资人三方组建专业公司，将社会资本、专业管理与地方政府的行政资源、村庄的土地和生态资源进行整合，实现了资源的优化配置，较好解决了集体经营主体缺失和村民分散经营的低效陷阱，突破了政府失灵和市场失灵的双重困境，取得了良好的社会效果。

（三）深圳水围村模式：以公共设施建设为突破口

水围村是深圳"城中村"改造的先行者。1992年，水围村成立居委会并组建深圳市水围实业有限公司。2000年，水围村开始推进"城中村"改造工作，拆除了600多栋、3万多平方米的旧屋村，先后完成了银庄大厦、金港豪庭、水围新家园等一批改造项目。其中，基础设施和公共设施建设是水围村改造的一大亮点。首先，以城市政府和集体股份公司联合出资的方式，对环卫设施和基础设施管线进行专项整治，提高了村庄环境卫生管理水平。其次，先后修建水围文化广场、庄子铜像、水围村历史文化长廊、雅石博物馆和水围图书馆等文化设施，形成了水围村独特的庄子文化和赏石文化。通过基础设施和公共设施建设，水围村的物质景观和居住环境都得到了很大的改善，促进了村庄与现代都市外在景观与内在品质上的协调，加速了水围村融入现代城市的步伐。与此同时，水围村的商业价值也得到了很大提升，房屋出租率和租金明显上升，增加了村民收益，实现了自身经济的良性循环。

水围村的治理改造经验主要体现在以下两个方面。

一是政府和集体股份公司分工明确，各司其职。政府主要通过审批项目规划、年度改造计划等对村庄改造进行指导，通过扶持基金等的审批、发放、监督为改造提供资金支持。集体股份公司则一方面承担基础设施建设的大部分投资，另一方面承担相应的管理职能。

二是通过加强基础设施和公共设施建设，完善社区功能，给市民、村民和外来人口提供了一个居住生活、休闲娱乐和接受文化教育熏陶的良好空间。并因此促进了本地居民和与外来人口之间的交流与联系，促进了乡村文明和城市文明的和谐共生。

（四）深圳南岭村模式：以社区文化建设为着力点

南岭村的治理始于20世纪80年代，在政府的倡导、引导和指导下，集体股份公司以组织者、管理者和出资者的身份，在原有村庄建设和工业发展的基础上，以社区文化建设为着力点对南岭村进行了进一步的升级改造。一是组建各种文化团体，形成涵盖各年龄层次、覆盖广大社区居民的多种文化团体。二是举办丰富多彩的文化活动，通过电影、电视剧、歌曲、新闻通讯、墙报等多种形式宣传、报道、介绍南岭村的发展历史和宝贵经验。三是高度重视青年一代的教育培养，将教育纳入党支部、村委会的主要工作中，制定促进教育事业发展的政策，将教育纳入村规民约，并制定相关奖惩措施。

通过社区文化建设，特别是让原村民、外来人口共同参加文化团体的组建和社区组织的各种活动等，有效促进了南岭村不同人群之间的融合，提高了社区居民的文化素养，增强了包括外来人口在内的所有居民的社区认同感和归属感。

（五）其他治理模式

各市针对实际情况，在"城中村"和城乡接合部的治理过程中采取的方式不尽相同，现将其主要做法和经验汇总如下，并进行简单的评析（见表1）。

表1　特大城市"城中村"和城乡接合部治理的主要做法与经验

主要模式	具体案例	主要做法和经验	优点	弊端
政府主导模式	太原、西安等地的"城中村"改造	"城中村"改造项目由政府统一规划，统一实施，其中资金筹集、征地拆迁、居民安置、建设管理全部由政府负责	①利用政府行政力量，推动力度大②操作相对规范，有利于"城中村"改造的全面规划和整体推进	①资金来源单一，政府压力大②农转非居民的诉求不能得到很好体现，被拆迁者的利益有时得不到充分保障
村集体自主改造模式	深圳渔民村治理改造、呼和浩特市回民区"城中村"改造	村集体注册成立股份公司，自己组织村庄改造，自筹资金，自行拆迁，自行建设，自行安置，自行管理，政府给予相应的政策支持	避免了开发商利益最大化的侵入，有利于维护村集体和村民的利益	①村集体新成立的开发公司资金积累少、筹资能力差，很难适用于较大规模的拆迁改造②村民的参与水平和参与能力有限，缺乏专业化建设、运营和管理
开发商主导模式	深圳蔡屋围村改造、石家庄东里村改造等	由政府立项，开发商成立项目公司，自行筹集资金完成所有的征地、拆迁、补偿、规划、建设、安置等工作，按市场化方式进行项目运作和整体开发	①引入社会资本，缓解政府资金难题②具有专业开发经验，能够保证开发建设的品质	①容易过分追求利益最大化而导致建筑密度或容积率过大，忽视城市总体规划②村民利益难以得到有效保障
政府主导、村组织实施模式	杭州市的部分"城中村"改造	筹资、征地、拆迁、建设、安置全部由村集体负责；管理由政府和村集体共同负责，建成后社区管理以村集体或物业为主	①操作更有针对性，征迁工作相对顺利，建设速度快②政府可减少资金投入	①资金平衡难②征迁、安置工作操作不规范，容易形成历史遗留问题
大项目带动模式	杭州市的部分"城中村"改造、昆明螺蛳湾国际商贸城片区"城中村"改造	筹资多数由大项目实施主体负责，征地、拆迁、建设、安置因项目而异，由大项目实施主体、政府或村集体负责，管理主要由政府负责，建成后社区管理以物业公司为主	①各级政府高度重视，可以充分利用资源，在一定时间内集中人力、物力、财力重点推进②改造力度大、周期短、见效快	①存在一定的不确定性，征地、拆迁量随大项目需要而变化②征迁量通常较大

续表

主要模式	具体案例	主要做法和经验	优点	弊端
政府和企业合作共建模式	杭州市撤村建居工程、广州市部分"城中村"改造	筹资一般由政府负责或由政府与企业分担，征地、拆迁、安置、管理主要由政府负责，建设主要由企业负责，建成后社区管理以物业为主	①可通过社会资金进入减轻政府的资金压力 ②有利于发挥专业公司的技术优势和管理优势，提升撤村建居工程的品质和品位	①不能实现"城中村"改造项目的社会参与，村民诉求难以得到充分体现 ②企业对资金回报要求较高，有注重短期利益和单个项目的倾向

资料来源：根据全国各地"城中村"和城乡接合部治理改造经验，以及李俊夫《城中村的改造》和陈湛《城市化进程中的城中村问题研究》中介绍的部分案例整理总结而成。

上述特大城市"城中村"和城乡接合部的治理尽管取得了较好的成果，但也存在一定问题。如：猎德村模式需要拿出一定的土地拍卖，而且这块土地必须具有很大的经济价值，才能弥补改造重建的资金需求；猎德村在改造过程中虽然注意了传统文化的保护，但整体拆迁重建模式仍然会对原有生态文化产生破坏，使岭南特色褪色不少；南岭村模式通过集体股份公司推动社区文化建设，虽然具有很高效率，但公司作为市场主体，是否能够持久地参与社区文化建设仍具有不确定性；一些"城中村"和城乡接合部的治理过程中，存在着实际操作层面政府缺位和管理层面集体股份公司政企不分的现象等。这些问题都是值得进一步讨论和探索的问题。

四 推进特大城市"城中村"和城乡接合部治理的对策建议

"城中村"和城乡接合部所引发的问题是中国城镇化过程中的过渡现象，要正确认识其存在的必然性和阶段性。既不要简单将其视为藏污纳垢的"城市毒瘤"，走过度清除和改造之路，也不要过分夸大其存在的价值和意义，而忽视其弊端，走过度保留和保护之路。

第一，要根据乡城特性、因地制宜、分类治理。由于"城中村"和城乡接合部的地理位置不同、历史文化各异、发展阶段存在差异，以及引发问题的程度不一，决定了其在治理改造过程中必须根据不同的治理目标和具体情况，因地制宜、因时制宜、分类治理。同时，也不能将"城中村"和城乡接合部简单视作城市的附属品，一切推倒重来、重新建设，而要在尊重其原有历史文化脉络的基础上，注重因势利导，推动乡城文化的自然过渡和共生共融，以最终实现优势互补、城乡融合的目标。

第二，要在注重物质形态改造的同时，加大对社会形态的治理。"城中村"和城乡接合部的治理不能仅仅局限于对房屋、道路、基础设施等物质形态的改造，还要加强文化教育、公共服务、社区组织等方面的建设，尽可能实现社会形态的改造，使"城中村"和城乡接合部真正成为城市的有机组成部分，推动城乡居民和城乡文化的互动融合。

第三，要明确各利益相关者的责权利，推动政府、市场、村集体和村民共同参与的"社会参与式改造"。"城中村"和城乡接合部的问题在一定程度上是政府、村集体和村民博弈的产物，其治理过程中必然充斥着各种利益诉求，如果平衡不好，不仅会损害各方利益，还会有损城市的稳定发展。因此，必须明确各方的分工与职责，树立政府、市场、村集体和村民共同治理的理念。城市政府在治理过程中主要起到指导、审批和监督的作用，要切实保证"城中村"和城乡接合部的规划设计能够满足城市总体规划和未来发展的要求，同时加强基础设施的建设、管理及公共服务。市场作为一只"看不见的手"，能够有效弥补政府失灵，实现资源的优化配置，当政府财力有限时，可运用市场力量进行专业化运营，或采用公私合营的模式，由政府购买服务。村集体在治理过程中，要扮演"承上启下"的角色，一方面要向村民传达政府的政策意图，保证城市发展的大局；另一方面也要将村民的意见及时反馈给政府，保障村民的基本利益。村民在努力维护自身利益的同时，也应积极配合"城中村"和城乡接合部的治理改造工作。

第四，要"城中村"改造与公租房建设并举，妥善解决外来人口居住问题，避免出现新的"城中村"。当前，大规模的"城中村"和城乡接合部的拆迁改造工作，只涉及原村民的回迁安置，而占其人口绝对比重的大量外来人员因失去原有的租赁房而流离失所。改造后，虽然城市环境得以改善，但房屋租金水涨船高，又使很多外来人口和低收入人群望而却步，不得不转而流向房租

更为低廉的地区,从而引发新的"城中村"和城乡接合部问题。为防止这种情况产生,城市政府应借鉴欧美等国家"混合收入出租公寓"的建设经验,在治理工作开始前就与开发商达成协议,要求建成项目必须配建一定比例的房屋,由开发商或政府按照低收入廉租房、公租房进行招租,而政府则为开发商提供税收优惠等方面的政策,通过公私合作共同解决外来人口和低收入人群的住房问题,避免出现新的"城中村"。

参考文献

陈湛:《城市化进程中的城中村问题研究》,云南大学出版社,2009。
李俊夫:《城中村的改造》,科学出版社,2004。
李立勋:《城中村的经济社会特征——以广州市典型城中村为例》,《北京规划建设》2005年第3期。
李培林:《从"农民的终结"到"村落的终结"》,《传承》2012年第15期。
李培林、何述强:《透视城中村:村落何以终结?》,《广西城镇建设》2012年第10期。
魏立华、闫小培:《"城中村":存续前提下的转型——兼论"城中村"改造的可行性模式》,《城市规划》2005年第7期。
谢志岿:《村落如何终结?——中国农村城市化的制度研究》,《城市发展研究》2005年第5期。
闫小培、魏立华、周锐波:《快速城市化地区城乡关系协调研究——以广州市"城中村"改造为例》,《城市规划》2004年第3期。
运迎霞、常玮:《博弈·和谐·共赢——"城中村"改造经验借鉴及其策略研究》,《城市发展研究》2006年第3期。

B.11 公众参与特大城市治理问题

盛广耀*

摘　要： 广泛的公众参与是提高特大城市治理水平的重要手段。本文分析了公众参与特大城市治理的作用和意义，对近年来中国公众参与城市治理的进展和不足进行了评价。在此基础上，针对公众参与存在的主要问题，提出转变城市管理理念、完善公众参与的法律体系、拓宽公众参与渠道、发挥社会组织作用等对策建议。

关键词： 公众参与　城市治理　特大城市

公众参与是城市治理结构中不可或缺的部分。现代的城市治理理念对城市公共事务来说，不是以政府为核心的单方管制，而是城市中各种利益主体参与的共同治理。随着中国城市的发展，传统的城市管理方式已经不能适应城市公共事务的繁杂性和多方利益诉求，公众参与城市治理的要求日趋强烈。社会公众广泛参与城市公共事务管理，是特大城市管理转型发展的必然趋势。近年来，公众参与城市治理的实践取得了较大的进展，但同时也遇到一些问题和障碍，需要在制度上加以完善和保障，以提高城市治理的水平。

一　公众参与：特大城市治理的重要手段

公众参与城市治理是指社会群体、非政府组织、公民个人等通过多种途径

---

* 盛广耀，中国社会科学院城市发展与环境研究所副研究员，主要研究方向为城镇化、城市与区域经济、城市管理。

参与城市公共事务的管理。广泛的公众参与是提高特大城市治理水平的重要手段。从传统政府管控式的城市管理，到现代公众参与式的城市治理，不仅是社会转型发展的要求，同时也是城市管理实践的需要。

首先，公众参与城市治理是城市管理理念、管理方式转变的内在要求。伴随着城市规模的膨胀、市场经济的发展、利益的分化及各种城市病的爆发，城市公共管理日益繁杂，以政府为单一主体的城市管理方式已经不能满足城市发展的需要。一方面，城市管理的复杂性对城市政府全方位的管理能力提出了挑战，在很多领域或环节，政府已明显力不从心，单纯依靠政府难以进行有效管理。另一方面，公众权利意识和民主意识的提高，对城市管理者的要求也越来越高，对政府施加的压力不断增大。在这种背景下，现代城市公共管理要求转变城市管理模式，把包括公众在内的各种利益主体引入城市管理，倡导多元主体共同参与的城市治理模式。在城市管理中，政府不是万能的，不可能包揽一切公共事务，也不可能细致到满足每个个体的不同诉求，需要包括政府、企业、公众在内的多元利益主体广泛参与、共同行动。

其次，公众参与城市治理是维护公众利益、实现社会公平的必然选择。在中国市场经济发展、社会转型的过程中，城市利益主体出现分化。在处理城市公共事务时，如何协调社会多元化的利益诉求是城市管理者无法回避的难题。在现代的治理体系，城市治理就是各利益主体在城市公共事务中不断协调并采取共同行动的过程。其中公众作为城市治理的受益者，具有维护公众利益的天然动力。公众参与到城市治理中，是协调利益冲突、保障公众利益最重要的途径。只有如此，市民才能在涉及自身利益的公共事务中，充分表达各自的意见。而政府只有在充分了解民意后，才可能在决策过程中协调各方诉求，维护公众利益，避免社会矛盾。同时，只有公众参与城市治理，才能发挥和落实监督政府行为的作用，规范政府行为，防止政府受自身政绩需要的驱使，或受某些利益集团的游说，对公众利益漠视，甚至造成侵害。

最后，公众参与城市治理是减少决策失误、提高治理水平的有效手段。在现代城市管理体系中，城市管理不仅贯穿城市规划、建设和运行等城市发展全过程，而且涉及经济、社会、环境等城市发展的诸多领域。城市管理日益繁杂，这促使政府在公共事务的决策和执行过程中，需要考虑更多利益相关方和更多环节，投入更多的人力、物力和财力，且面临管理效率越来越低下的窘境。同时，也难以完全避免"政府失灵"的现象出现。近年来，以行政手段为主的城市管理模式，决策和执行的成本不断加大，而治理的效果不尽人意，市民与管理者之间的冲突不断增多。城市的现代化建设，亟待创新城市管理的机制和方式。而公众参与城市治理，可为政策制定提供全面真实的信息，还可参与到政策制定过程中，使有关公共事务的决策更加科学、合理。同时，公众参与可以使政府决策在更大程度上获得社会的理解和支持，从而降低政策执行的成本，提高政策执行的效率。

二 公众参与特大城市治理的现状与问题

近年来，中国城市管理的理念在逐步发生变化，多元主体参与的城市治理模式已经成为城市管理体制改革的基本要求。在中国社会转型背景下，一方面，传统上以权力为中心的自上而下的管理方式已不适应日益复杂的城市管理实践；另一方面，在市场经济下，城市居民出于对自身利益的考量，参与公共事务的诉求也更加强烈[1]。这促使城市管理者在城市管理制度改革中，重视公众参与城市治理的问题。为适应城市管理的需要，近年来全国许多城市特别是特大城市，在城市规划、环境保护、拆迁改造、公共产品价格制定、社区治理等一些领域积极尝试引入公众参与机制，并取得了一定进展。部分城市还对公众参与城市治理进行了立法保障。如2013年3月南京市制定并正式实施了《南京市城市治理条例》。这是国内首部关于城市治理的地方性综合法规，也是第一部专章规定"公众参与治理"的地方性立法[2]。该《条例》把推动公众参与城市治理确定为首要的立法目的，并且具体明确了公众参与治理的诸多制度安排，如企事业单位、行业协会、志愿者组织、中介组织等公众参与主体参与治理的方式、领域、程序和保障，以及城市治理委员会的制度设计等。

目前，公众参与特大城市治理的实践虽然取得了一定的效果，公众参与的

---

[1] 盛广耀：《城市治理研究评述》，《城市问题》2012年第10期。
[2] 刘东辉：《城市治理必须强调公众参与》，《法制日报》2013年3月18日，第7版。

程度虽有所提高，但总体来看仍处于较为初级的阶段，公众在参与城市治理的过程中还存在许多不足之处，主要表现在以下几个方面。

1. 公众参与特大城市治理的认识和意识不足

尽管社会各界已逐渐认识到社会公众参与城市治理的重要意义和作用，并在城市管理实践中有所探索，但受中国传统观念的影响，不管是政府还是市民，对共同治理的城市管理模式都还缺乏足够的认知。

一方面，政府对公众参与的认识不足。首先，在中国传统的城市管理体制下，政府权力至上的意识根深蒂固，市民是作为被管理的对象，而非管理的参与主体，因此在决策中会有意无意地忽视公众参与的权利。其次，虽然各地均提出打造服务性政府的理念，但政府部门还是习惯于控制型管理方式和手段，倾向于听取专家学者等社会精英的意见，而对公众参与城市治理的能力和效果持怀疑态度，缺乏推动公众参与城市治理的主动性。即使开展一些公众参与活动，也是在政府部门掌控决策结果的前提下进行的。最后，政府部门习惯于自上而下的简单的工作方式，或者处于决策效率的考虑，或者缺乏耐心细致的工作作风，政府部门自身对公众参与城市治理的态度是比较消极的，所主导的公众参与也多是形式化的。

另一方面，市民参与的意识还是比较薄弱。同样，在中国传统的城市管理体制下，市民养成了依靠政府解决一切问题的心态，缺乏参与城市治理的热情和主动性。对关系自身利益的公共事务，多数市民存在"搭便车"的心态，非常关心事态发展，但不愿投入时间精力参与其中。同时，信息的不对称、参与能力的缺乏及参与的形式化等，也抑制了市民参与城市管理的积极性。

2. 公众参与特大城市治理的制度保障不足

在中国，公众参与城市治理受国家基本法律制度的保护。《中华人民共和国宪法》第二条规定，"人民依照法律规定，通过各种途径和形式，管理国家事务，管理经济和文化事业，管理社会事务"。但是，在城市治理的具体领域，缺乏专门的法律法规对公众参与的范围、程序、方式、途径和保障等进行明文规定。现有散见于有关领域法规中的公众参与内容，基本上都是原则性的，缺乏详细具体的硬性规定，缺乏操作性强的程序规范，更缺少政府与公众互动、反馈的机制设计。

目前在城市治理中，有关环境影响评价、城市规划的国家法律法规中有明确的公众参与的规定。其中，环境保护领域根据《环境影响评价法》，还制定了专门的《环境影响评价公众参与暂行办法》。在城市规划领域，《城乡规划法》规定，"城乡规划报送审批前，组织编制机关应当依法将城乡规划草案予以公告，并采取论证会、听证会或者其他方式征求专家和公众的意见"。但总的来看，公众参与城市治理的制度建设基本上还处于摸索阶段，制度建设滞后于城市管理的实践，公众参与的机制不健全，参与的制度渠道狭窄，制度设计对政府缺乏硬性约束。这造成目前的公众参与往往流于表面形式，公众参与治理制度的执行效果不明显。例如，相对来说，建设项目环境影响评价的公众参与有较为明确具体的规定，但在很多时候，公众参与仍只能通过非制度化的途径来实现。

3. 公众参与特大城市治理的层次较低、范围偏小

目前，公众参与特大城市治理的程度还不够，参与的渠道不畅、方式单一、范围狭窄、层次较低。一是公众参与的互动性不足，被动性参与明显。目前我国城市治理中的公众参与，基本上都是政府部门根据自身决策需要组织进行的。公众在这种参与方式下是被动的，参与的代表、议题、方式、结果等都由政府部门掌控，因此也就难有独立的立场观点。同时，由于缺乏强制性的制度约束，这种参与方式是单向的，公众可以表达其立场观点，但政府部门并无反馈或接受的义务。公众与政府之间交流和沟通渠道不畅，这种参与实质上偏离合作互动的治理理念。二是公众参与的途径较少，参与的层次较低。目前，我国公众参与城市治理的方式基本上还只是公示、咨询、征求意见等，属于公众参与梯度理论中的表面参与，距离"合作"、"授权"、"公众控制"的深度参与还相差很远。三是公众参与城市治理的领域、范围有限。现阶段，我国公众参与还只是在某些领域中的某些环节上进行，而没有做到对城市管理的全过程、全领域的参与。公众参与真正介入的多在决策后的征求意见和公示阶段，而缺少事前影响决策方向、事后监督的参与环节。

4. 公众参与特大城市治理的组织化程度较低

中国公众参与城市治理的主体比较单一，社会精英和强势利益集团参与较多，市民参与零散，只有少数几个代表，缺乏有组织的参与。从国内外公众参

与社会治理的实践来看,如果公众缺乏组织性的参与,即使数量再多,个体的声音和力量也是微弱的,其意见表达和利益诉求很难得到充分体现。市民参与城市治理必须依靠非政府组织或团体,充当某类群体的代言人维护其利益。在公众参与城市治理中,非政府组织或团体具有不可替代的作用。通过非政府组织,可以解决公众的代表性问题,降低公众参与的成本,提高公众参与治理的效率。非政府组织参与城市治理,是公众参与的主体力量。然而,现阶段中国非政府组织的发育程度不够,其在城市治理中的作用并没有体现出来。这里有两个方面的原因:一是非政府组织与政府的关系不清。很多非政府组织与政府有着各种各样的联系,其运作依靠政府的支持,实际属于半官方的性质。这样,在城市治理的过程中,其往往带有官方的立场,而很难代表公众的利益。二是有关非政府组织的法律法规建设滞后,非政府组织发展不成熟,多数非政府组织缺乏代表公众参与城市治理的能力和公信力。

三 加强公众参与特大城市治理的对策建议

提高公众参与水平是形成良好城市治理结构的核心内容。推进以人为核心的城镇化,需要公众参与到城市的全过程管理之中。针对以上所分析的现阶段我国公众参与存在的主要问题,提出以下几点对策建议。

1. 转变城市管理理念,鼓励多元主体参与城市治理

提高公众的参与程度,首先政府要转变城市管理的理念,改变政府作为唯一城市管理主体的误区,重新定位政府与公众的关系,明确公众在城市治理的主体地位,改变过去政府与公众之间"管理者"与"被管理者"的关系,提倡政府、企业、社会团体、市民个体等多元主体共同参与的城市治理。政府在城市治理中的定位,不是全能的管理者,而是更多承担组织者和协调者的角色;也不再是简单的自上而下的管控,而是更多地发挥不同利益主体之间沟通、协调、平衡的作用。因此,政府部门要正确认识公众参与的作用和意义,重视在城市公共管理中,以积极、主动、合作、平等的态度和方式引入公众参与机制,使公众参与成为城市各部门的常规工作制度。同时,政府部门不仅要开放公众参与的空间,而且要明确公众参与的领域、方式、程序和保障等工作规范，减少公众参与的随意性，形成良性互动的参与机制。

2. 完善法律法规，加强公众参与的制度保障

制度建设是公众参与的基本保障。中国涉及公众参与的法律法规多为原则性条款，需要进一步健全相关法律法规，建立保障公众参与的法律体系。首先，通过制定相关的法律法规，明确公众参与城市治理的要求、程序、内容、方式和途径等具体规定，使公众参与制度化、规范化，从而实质性保障公众参与权利的实现。其次，通过相关法律法规，建立相应的公众参与制度，如信息公开制度、决策咨询制度、民意调查制度、协商对话制度、听证会制度、社会公示制度、意见反馈制度等，畅通公众参与城市治理的渠道，满足公众参与的社会需求。最后，通过相关法律法规，制定更加有效的公众参与的决策咨询机制、政府反馈机制和社会监督机制，使公众切实参与到公共事务管理的全过程。

3. 拓宽参与渠道，增强公众参与的效能

畅通和拓宽公众参与渠道，是满足公众参与要求、保证公众参与有效性的基本条件。首先，不管实施何种公众参与方式，信息公开都是公众能够进行有效参与的前提。因此要通过各种便于公众知悉的方式，公开城市公共事务管理工作的各类信息，使公众能够掌握尽可能多的信息，理性、有效地参与城市治理。其次，要畅通和拓宽正式的公众参与方式，如专家咨询、座谈会、论证会、听证会、网络征询、问卷调查等，与公众建立常态化、畅通的交流、沟通的渠道。最后，要重视非正式的公众参与方式，特别是要重视以微博、微信为代表的自媒体，在公众参与城市治理中的作用。要尽可能地将非正式的参与渠道纳入制度化的轨道，创新参与方式，建立适应社会和技术潮流的新的公众参与平台。

4. 发挥社会组织作用，提高公众参与的组织化

引导社会组织参与城市治理，是提高公众参与水平和能力的有效途径。重视各类社会组织，如社区组织、行业协会、学术团体、中介组织、民间社团等，在公众参与城市治理中的作用。社会组织既可以弥补政府在基层管理的局限，又可以弥补市民个体在参与城市治理的能力不足。一方面，各类社会组织可以代表利益相关方，收集汇总市民分散的意见、要求、建议等，统一反映各方诉求；另一方面，各类社会组织还能向公众传递和宣传各类公共政策，理解政府决策意愿，动员市民自觉维护公共利益。政府部门应当以更加积极的态度支持和鼓励各类社会组织规范发展，完善法律法规，加强政府指导、扶持和监督，为非政府组织参与城市治理并发挥作用创造条件。

参考文献

韩晓明：《对推进我国公众参与城市管理的思考》，《中共青岛市委党校·青岛行政学院学报》2009年5期。

刘东辉：《城市治理必须强调公众参与》，《法制日报》2013年3月18日，第7版。

卢金慧：《浅析我国城市治理中的非政府组织参与》，《中共珠海市委党校·珠海市行政学院学报》2013年5期。

蒲金燕、漆佳红：《论我国城市治理中的公众参与》，《成都行政学院学报》（哲学社会科学）2006年6期。

盛广耀：《城市治理研究评述》，《城市问题》2012年第10期。

案例篇

Case Study

B.12
巨型城市交通可持续发展的上海经验

王伟 叶嵩 高岳*

摘　要：

作为世界关注的中国代表性巨型城市，上海在以往30年的城市交通建设实践中，针对不同阶段城市发展特点和面临的交通问题，采取了不同的交通供给和需求管理策略，以适应不同阶段的可持续发展要求。本文首先总结了以往30年上海城市交通不同时期的发展特征。其次，以交通白皮书、公共交通、交通政策、城市功能、空间与交通互动、区域一体化交通等作为引介案例，用"点"的方式带大家了解上海城市交通的经验与启示。最后，对未来上海迈向世界低碳绿色交通之都进行展望。

关键词：

城市交通　可持续发展　巨型城市　上海

---

* 王伟，城市规划博士，中央财经大学政府管理学院城市管理系副主任，主要研究方向为区域可持续规划理论与方法；叶嵩，城市规划硕士，中国城市规划设计研究院，工作领域为城市交通规划与设计；高岳，城市规划硕士，上海市规划与土地资源管理局，工作领域为城市更新与开发控制。

上海是一个市域面积6340平方公里、常住人口达2415.15万（2013年末）的巨型城市，地处我国海岸线的中点和长江三角洲前缘，腹地广阔，地理位置优越（见图1）。1990年吹响浦东开发开放的号角，1992年起连续三个"三年大变样"目标使上海发生了巨大变化，全市经济持续增长，城区面积不断拓展，人口规模逐步增加，城市内外交通发展的环境与条件发生重大变化。过去21年，上海实现了社会和经济的持续快速发展，城市交通建设在其中发挥了十分重要的支撑作用。

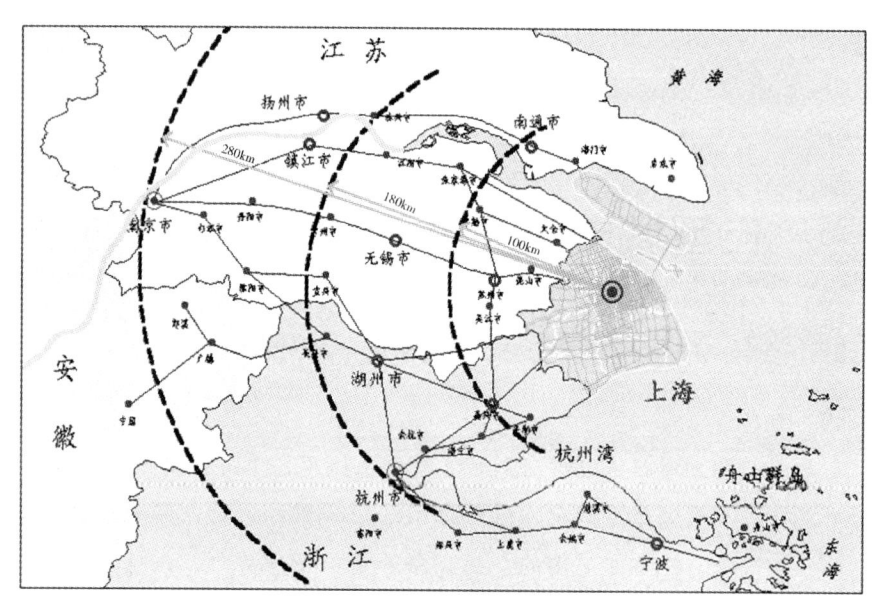

图1 上海区位及其长三角区域影响

一 改革开放以来的上海城市交通发展历程

（一）20世纪80年代：极高人口密度、小城区的慢速交通阶段

1986年上海市第一次综合交通调查显示，20世纪80年代，上海交通系统面临着居民日均通勤出行和生活出行总量约2000万人次的庞大运转需求，然而当时全市交通工具仅有23万辆机动车、600多万辆自行车和6000多辆公共汽车，全市路网仅为4700公里、中心区人均只有2平方米的地面路网，交通

供给处于被动适应阶段。

20世纪80年代的上海城市用地布局呈现单核式密集特征，人口和工作岗位在中心城区范围内高密度地分布。在这种态势下，既有的路面道路规模不足，制约了机动化水平的提高。单一的地面公交线网难以适应城市巨大的交通需求，出现居民出行乘车极度拥挤的局面，高峰时段公共汽（电）车每平方米要站立11个人以上。同时，由于缺少快速交通的支持，城市空间拓展受到制约，如仅依靠轮渡和刚刚建成的两条隧道联系黄浦江东西两侧，难以引导城市空间跨江发展，若再疏解浦西城区集聚的人口与产业，会使交通面临一种循环困局。

（二）20世纪90年代：大城区、跨江联动的准机动交通阶段

据1995年上海市第二次综合交通调查，20世纪90年代，上海全市有机动车42万辆，自行车600多万辆，公共汽（电）车11600多辆和轨道22公里，出租汽车3.5万辆，以及地面道路系统5400公里，支撑每天约2800多万人次的各种生活工作出行。

1990年国家提出"开发开放浦东"，全市城镇化区域逐步扩大，集中建成面积达400平方公里：（1）从浦西跨江至浦东，先后建成南浦大桥、杨浦大桥、延安东路隧道复线等越江设施，改变长期以来越江的困难，为浦东开发创造基本交通条件；（2）从中心区拓展至外围区，初步形成由3条环线、10条射线，以及延安路高架、南北高架构成的"十字加环"、"申"字形中心区快速道路骨架网络，总长约308公里。

经过这一时期大规模的城市交通设施建设，交通引导城市发展的作用初步显现，但客观地讲，仍属于偿还"历史欠账"、被动适应，在满足新增快速机动交通需求的同时，也带来一些潜在矛盾。拥堵矛盾逐渐严重，中心城区交通流集聚，高速公路对外围区镇发展的支撑力度不够。轨道交通仅建成通车地铁1号线，公共交通服务滞后，无法满足城市发展需要。

（三）2000年以后：全市域、轨道交通引导的快速机动交通阶段

进入21世纪，上海提出建设经济、金融、贸易、航运四个中心，同时又有世博会这一重大事件驱动，全市社会经济快速发展，人口与用地规模不断扩

大，2013年全市常住人口达2415.15万人，集中建成区面积超过900平方公里，交通需求进一步增长，每天有产生超过5000万人次的各种生活工作出行。与此同时，这个时期也是上海城市交通供给能力增加最快的阶段。（1）地面公交覆盖面日益扩大，服务人群不断增加。至2012年底，全市公共汽车运营线路1257条，运营线路长度23190公里，基本形成了覆盖全市的地面公交网络。全市以"枢纽站、首末站、中途站"为主体结构的三级公交站点体系逐步完善，建成地面公交站点近两万个，站点密度3.1个/平方公里，内环以内公共汽车站点300米半径服务覆盖率达94%，500米半径服务覆盖率100%。郊区乡村除不具备通车条件外，公交线路通达率100%。（2）轨道交通网的框架已经形成，大流量交通的优越性越加明显。截至2012年底，全市轨道交通线路（含磁浮、不含金山铁路支线）共有13条，运营线路长度468公里，内环以内轨道交通线网密度达1.14公里/平方公里，运营车站达289座，平均站距1.6公里，轨道站点600米半径服务覆盖率内环内达68%，轨交服务逐步向外围新城延伸，辐射范围不断扩大。（3）市域范围内高速公路网络建成。至2011年底，全市公路和城市道路总里程16792公里，公路网总长度已近1.2万公里，其中高速公路通车里程达776公里（含外环线），基本形成了两环、九射、一纵、一横、两联的格局，不仅将上海郊区的主要新城和中心镇连接了起来，同时通过7条通道与长三角的高速公路网连接成区域性的快速交通网，形成了4小时交通圈的区域概念，有利于推动长三角的一体化进程。中心城道路总里程超过3212公里，中心城道路网密度达4.8公里/平方公里，浦东两环一道快速路主线建成通车，快速路总长达193公里（不含外环线）。其中放射干路从中心城向外以环路状扩展，快速环路从郊区起向城市内部延伸，连通了郊区和城市干线，干路的内网组成了一个对中心城区的保护壳，避免过多的过境交通涌入（见图2）。

2000~2010年，是上海城市交通取得跨越式发展的10年，交通基础设施实现了从单一的地面道路为主，向高架系统、地下隧道、地面道路网络、轨道交通网络、水上轮渡交通等相结合的立体化体系转变。城市交通建设已由过去以偿还历史欠债为主的"还债型"建设，过渡到了以优化功能、引导需求为主的"优化型"建设，满足了广大市民日常生活所需的交通出行需求，也促进了上海"四个中心"的建设（见表1、图3）。

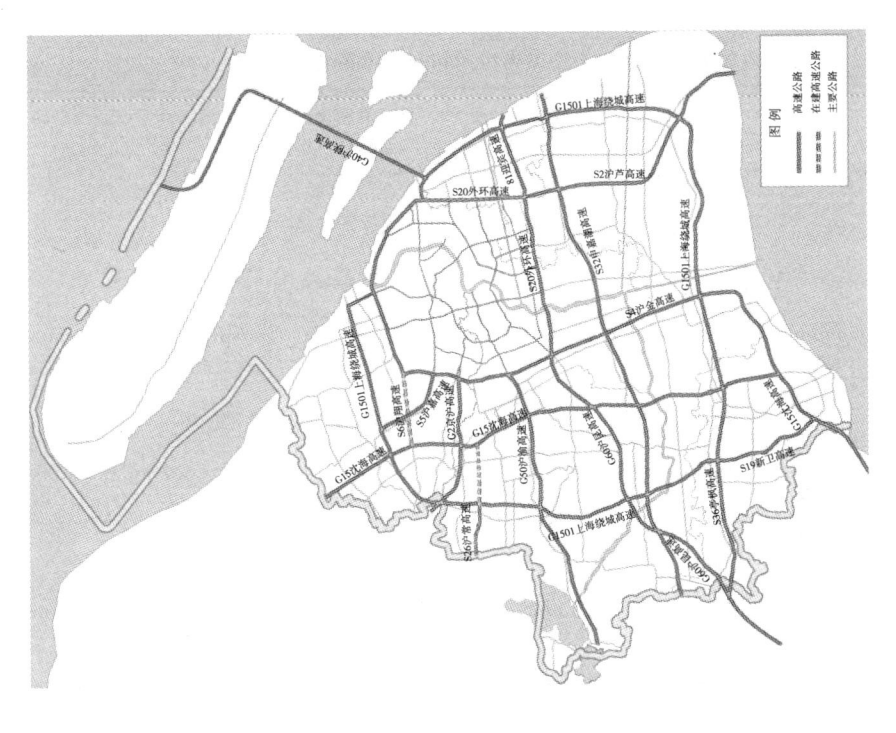

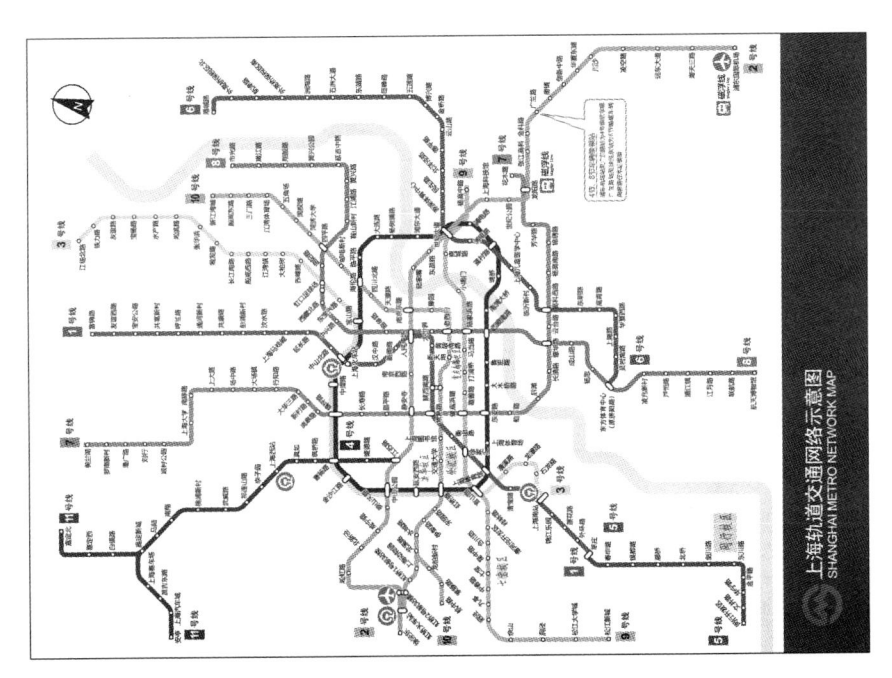

图 2　上海城市轨道交通与快速路网示意

表1　近30年上海城市空间和交通体系特征比较

	态势	大型超高密度城市空间（20世纪80年代）	特大高密度城市空间（20世纪90年代）	巨型高密度城市空间（21世纪初）
城市空间和交通设施特征	城市形态			
	城区面积（平方公里）	260	400	800
	城区人口（万人）	600	700	970
	郊区人口（万人）	600	700	700
	出行量/(万人次·d^{-1})	2000	2800	4100
	交通设施/公里	道路:4400	道路:5400	道路:12000 轨道交通:120
交通体系特征	网络与车流量			
	主要出行方式结构	公共交通24% 个体机动3% 慢行交通73%	公共交通30% 个体机动8% 慢行交通62%	公共交通25% 个体机动17% 慢行交通58%
	交通模式特点	公共汽车+自行车	公共汽车+机动两轮车（如摩托车、轻便摩托车等）	公共汽车+轨道交通+私人小汽车

资料来源：陆锡明、顾煜，《上海综合交通模式及发展战略规划》，《城市交通》2009年第5期。

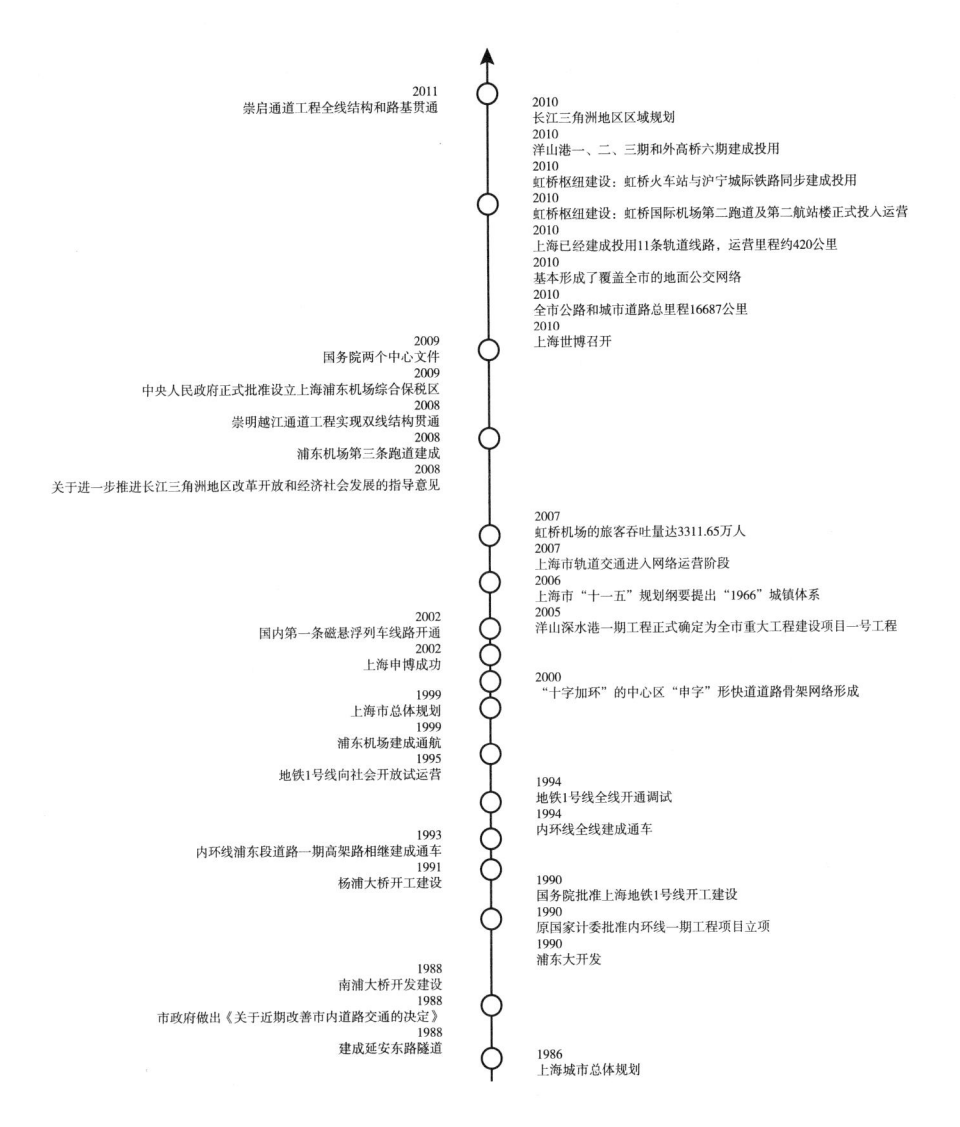

巨型城市交通可持续发展的上海经验

2011
崇启通道工程全线结构和路基贯通

2010
长江三角洲地区区域规划
2010
洋山港一、二、三期和外高桥六期建成投用
2010
虹桥枢纽建设：虹桥火车站与沪宁城际铁路同步建成投用
2010
虹桥枢纽建设：虹桥国际机场第二跑道及第二航站楼正式投入运营
2010
上海已经建成投用11条轨道线路，运营里程约420公里
2010
基本形成了覆盖全市的地面公交网络
2010
全市公路和城市道路总里程16687公里
2010
上海世博召开

2009
国务院两个中心文件
2009
中央人民政府正式批准设立上海浦东机场综合保税区
2008
崇明越江通道工程实现双线结构贯通
2008
浦东机场第三条跑道建成
2008
关于进一步推进长江三角洲地区改革开放和经济社会发展的指导意见

2007
虹桥机场的旅客吞吐量达3311.65万人
2007
上海市轨道交通进入网络运营阶段
2006
上海市"十一五"规划纲要提出"1966"城镇体系
2005
洋山深水港一期工程正式确定为全市重大工程建设项目一号工程

2002
国内第一条磁悬浮列车线路开通
2002
上海申博成功
1999
上海市总体规划
1999
浦东机场建成通航
1995
地铁1号线向社会开放试运营

2000
"十字加环"的中心区"申字"形快速道路骨架网络形成

1994
地铁1号线全线开通调试
1994
内环线全线建成通车

1993
内环线浦东段道路一期高架路相继建成通车
1991
杨浦大桥开工建设

1990
国务院批准上海地铁1号线开工建设
1990
原国家计委批准内环线一期工程项目立项
1990
浦东大开发

1988
南浦大桥开发建设
1988
市政府做出《关于近期改善市内道路交通的决定》
1988
建成延安东路隧道

1986
上海城市总体规划

图3　改革开放以来上海交通发展关键事件梳理

二　上海城市交通典型策略引介

改革开放特别是1990年中央做出开发开放浦东的战略决策以来，上海综合经济实力显著提升，城市功能从单一的工商业城市向经济中心城市转

变，城市集聚辐射能力不断提升，成为以较强经济聚集功能的金融、贸易、航运为支撑的多功能经济中心城市。上海城乡交通建设也从最初偿还历史欠账，解决城市生产和生活突出矛盾，到按照建设现代化国际大都市和"四个中心"要求基本建成枢纽型、功能型、网络型城市建设体系，为加快建设"四个中心"，实现"四个率先"的战略目标打下坚实的硬件基础，也为上海的长远发展创造了良好的设施环境和管理经验。分析不同时期交通建设的重点或可成为了解不同时期上海变化的注脚，比如从1986年开始，上海完成了四次翔实的全市性综合交通调查，每次都有明确的主攻目标，立足于充分的调查，使交通规划与决策更加科学，有序指导与推进了全市交通的建设工作（见图4）。

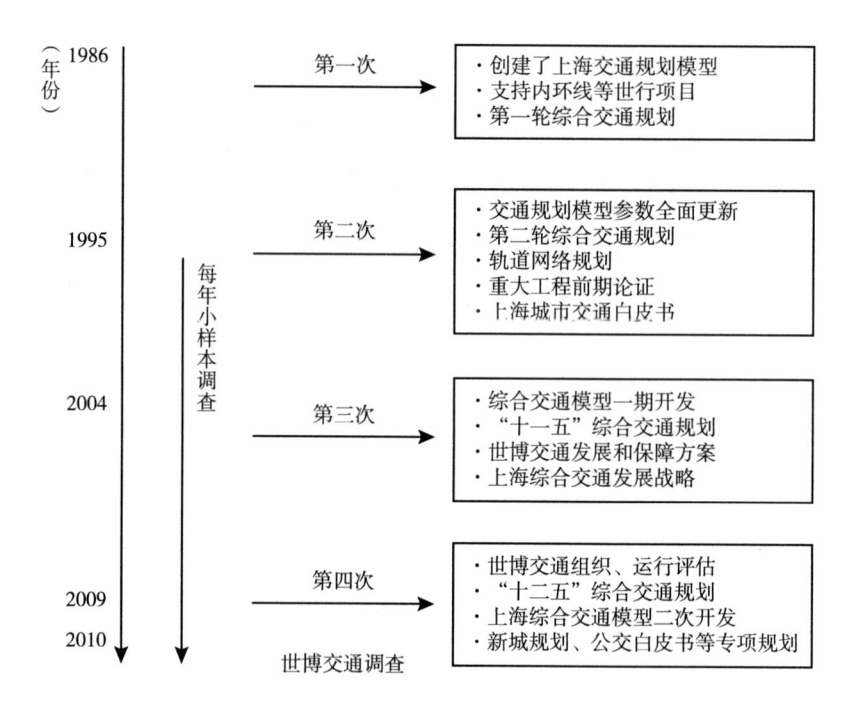

图4 上海市四次全市性综合交通调查

年份	调查	主要内容
1986	第一次	·创建了上海交通规划模型 ·支持内环线等世行项目 ·第一轮综合交通规划
1995	第二次	·交通规划模型参数全面更新 ·第二轮综合交通规划 ·轨道网络规划 ·重大工程前期论证 ·上海城市交通白皮书
2004	第三次	·综合交通模型一期开发 ·"十一五"综合交通规划 ·世博交通发展和保障方案 ·上海综合交通发展战略
2009 2010	第四次 世博交通调查	·世博交通组织、运行评估 ·"十二五"综合交通规划 ·上海综合交通模型二次开发 ·新城规划、公交白皮书等专项规划

（每年小样本调查）

在此，笔者希望以上海几则或大或小的城市交通建设成果与做法为引介，用"点"的方式带大家了解上海城市交通管理的经验与启示。

（一）强化顶层设计，前瞻统筹规划，全国首发城市交通白皮书

上海明确的交通政策导向和各部门的共识对上海城市的发展和交通系统的建设起到非常积极的指导作用。其中《上海市城市交通白皮书》（2002版，以下简称《白皮书》）成为全国第一部系统阐述城市交通发展的公共政策性文件，是一部集长远规划、近期计划、政策措施于一体的具有首创意义的综合性交通政策文本。围绕国际大都市一体化交通这条主线，构筑"集约化、信息化、人性化和生态化"的交通体系，实现"畅达、安全、舒适、清洁"的交通发展目标，为此提出三大核心战略：公共交通优先、交通区域差别、道路车辆协调。实践证明，《白皮书》成为上海市政府推进城市交通发展的纲领，有效指导了上海新世纪的交通发展，为2010年上海世博会的成功举办提供了交通政策保障（见图5）。

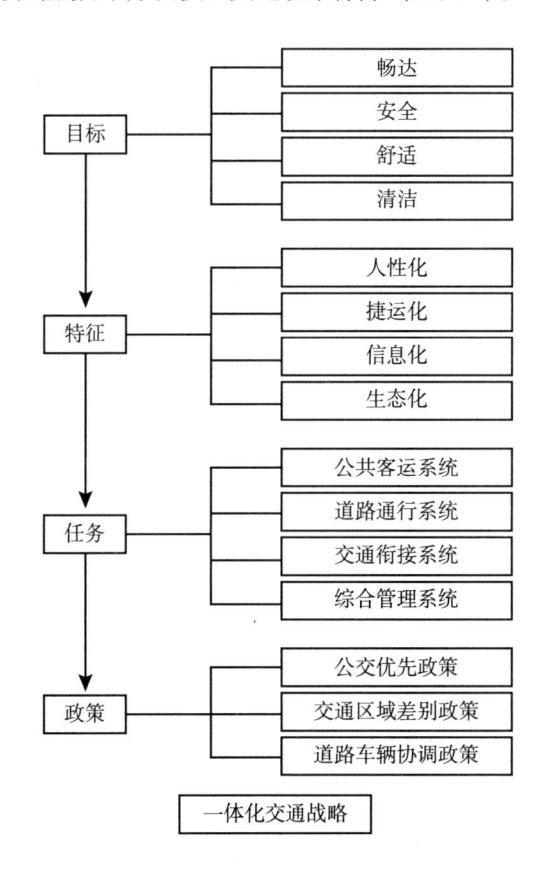

图5　2002年以来上海一体化交通战略

2014年3月，上海市政府发布新一轮交通发展《白皮书》，共15章，涉及176项具体行动。与2002版《白皮书》相比，新版《白皮书》关注范围从以中心城为主扩展至上海全市域并着眼于长三角世界级城市群，关注对象由以城市客运交通为主拓展至对外交通、货运交通等综合交通，关注重心由设施规划建设转向更加强调政策和管理导向，更加突出交通与城市功能、交通与生态环境、交通安全与文明、交通精细化管理等相关内容。新版《白皮书》延续了上一版构筑国际大都市一体化交通的总体目标，同时又增加了加快将上海建成国际海空枢纽城市的目标，具体包括五个方面分目标（见表2）。

表2 上海城市交通发展目标

目标	内涵
总体目标	构筑国际大都市一体化交通,加快把上海建成国际海空枢纽城市
分目标一:安全	交通运行安全、可靠,道路交通事故万车年死亡率比2012年下降25%
分目标二:畅达	交通出行更加方便快捷,实现公共交通"45-60-90"目标。即中心城内平均出行时间在45分钟以内,新城平均60分钟可达中心城;长三角主要城市与上海中心城之间平均出行时间在90分钟以内
分目标三:高效	交通系统有机整合、高效运行,力争全市公共交通客运量达3000万乘次,较2012年增长75%。中心城公共交通出行比重达60%,新城公共交通出行比重力争达30%。拥挤路段的公交优先道高峰时段运行车速高于相邻车道社会车辆的运行车速
分目标四:绿色	全市公共交通、步行、自行车等出行比重不低于80%,新能源与清洁能源公交车比例不低于50%,城市客货运碳排放强度明显下降,交通污染排放得到有效控制
分目标五:文明	交通决策更加公开透明,交通参与者安全意识、法治意识、环保意识显著增强,全社会交通文明程度明显提升

资料来源：上海市人民政府，《上海市城市交通白皮书》，2013。

（二）优先公共交通，借助世博契机，推动轨道交通网络化发展

1. 基于道路的公共交通系统

上海公共交通系统基于道路包括常规公交和辅助公交系统，共有43个公交公司在运营。到2009年底，上海市共有公共汽车16513辆[①]，座位118万

[①] 上海市统计局，2010。

个，公交线路 1129 条①，总长度 5903 公里，每天运送乘客 2.28 亿人次。

上海已经建设公交专用道 109 公里②。全市 18% 的主干道上布设有公交专用道。但由于管理不到位，实际效果有待进一步检验。

郊区的公交线将在政策上享受和城市中心区公交线同等的待遇。原来只有在中心城区享有的公交优先政策，现在在郊区同样适用。

由于燃料价格不断上涨，公交系统补助政策自 2004 年开始实行。具体实施办法是，如果汽油价格超出平时价格，政府将通过降低公司营业税的方法补贴公交公司产生的额外成本。

公交收费采取"区域+距离"费制。在中心区域，空调车是 2 元/次，非空调车 1 元/次。在郊区，公交费用随着出行距离的增加而增加，基准价是 1 元，距离费用是 0.2~0.25 元/公里。公交费主要通过投币箱和公交一卡通收取，公交卡可以广泛用于地铁、出租车和轮渡。此外，超过 70 岁的老年人乘公交车免费。同时，对于公交或地铁之间换乘的乘客同样具有优惠政策。

上海市的辅助公交系统主要是指出租车。每天有 58260 辆已注册的出租车承载着 346.6 万名乘客出行，平均每次出行距离是 6.1 公里。每辆出租车日平均行使 358 公里。

除常规地面公交与轨道交通之外，社区巴士与大卖场巴士也在满足居民出行机动性需求方面发挥了应有的作用，目前，上海市在浦东、闵行等地区已有多条社区巴士开始运营，这些社区巴士主要由各区县负责运营，亏损将由政府财政予以补贴。根据 2009 年上海第四次综合交通大调查统计，上海目前共有 910 辆大卖场班车，日均客运量达 31.9 万人次。

2004~2009 年，上海市机动车出行方式比重从 42% 提高到 45%，其中公共交通比重从 24% 提高到 24.6%，非机动车比重从 28% 上升到 28.7%。③ 2009 年上海市通勤出行比例和非通勤出行比例见图 6、图 7。

---

① 上海市统计局，2010。
② 上海市统计局，2010。
③ 上海市城市综合交通规划研究所，2010。

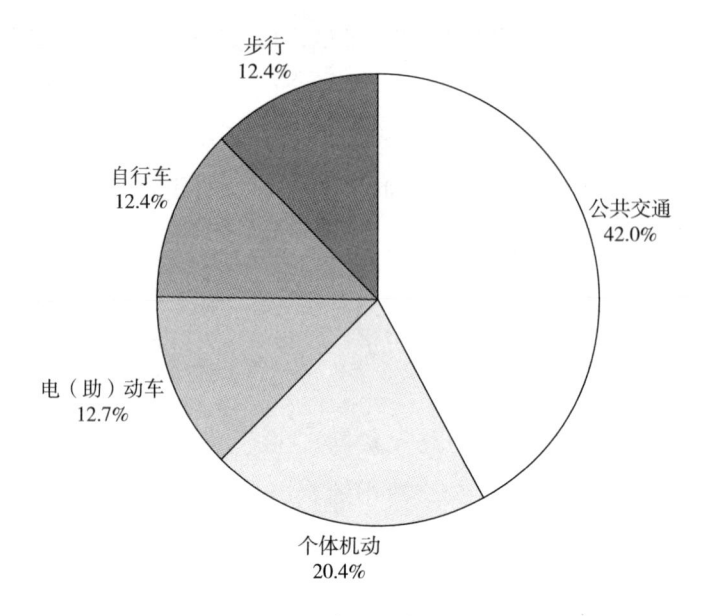

图6　2009年通勤出行比例

资料来源：上海市城市综合交通规划研究所，2010。

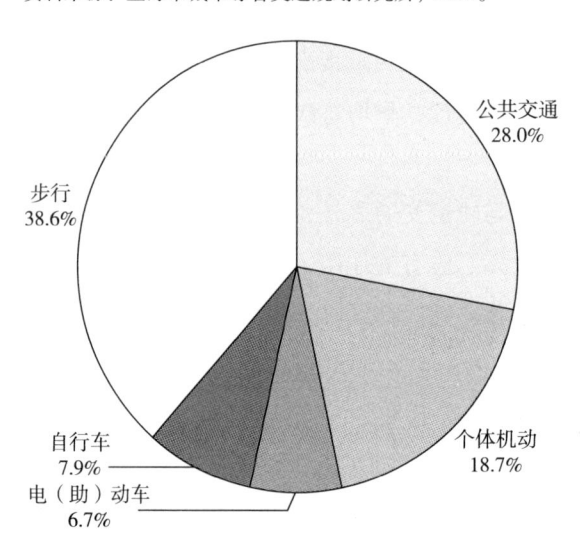

图7　2009年非通勤出行比例

资料来源：上海市城市综合交通规划研究所，2010。

2. 基于轨道的公交系统

上海轨道交通发展模式在世界上是独一无二的，从1995年地铁1号线正式向社会投入运营至2013年底，修建开通13条轨道交通线路（含磁浮、不含金山铁路支线），运营线路长度468公里，用了不到20年的时间，上海的轨道交通"从无到有，从线到网"，走过了西方发达国家城市百年发展历程。特别是2000年以后，借助世博契机，每年新增线路长度近40公里，成为中国首个轨道交通运营里程突破400公里的城市，在世界大城市中位居前列（见图8）。其中，上海率先在国内提出轨道交通基本网络概念，推动轨道交通建设网络化，同时探索建立符合实际市情的轨道交通发展体制与机制，更好地保障轨道交通网络建设和运营效率。

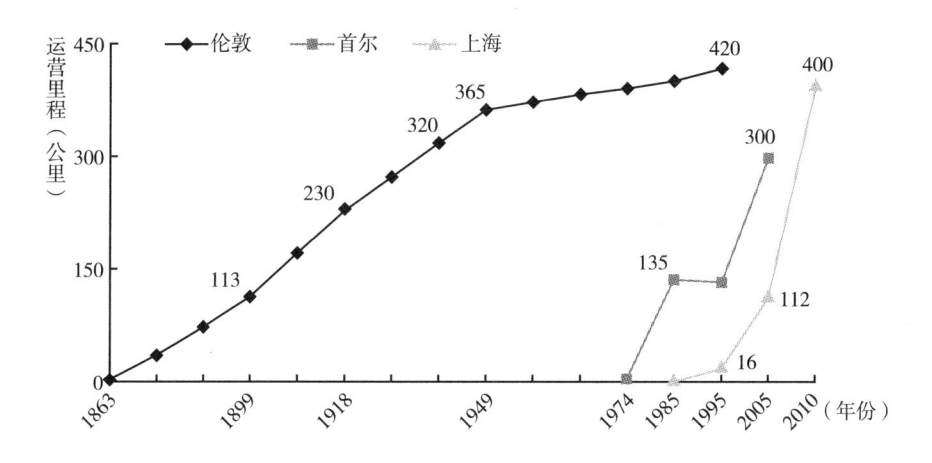

图8 上海与伦敦、首尔的轨道交通建设进程对比

资料来源：薛美根、顾煜，《上海城市交通供需策略实践》，《城市交通》2012年第5期。

虽然轨道交通建设是一项复杂系统工程，投入人力、物力、财力巨大，但上海充分借助2010年世博会契机，将线路设计、站点选址、土地征迁补偿等诸多环节进行统一处理，在全社会合力办世博的共识下，节约了大量的经济成本与时间成本，轨道交通建设突飞猛进，服务区域与水平大幅度提升。按600米服务半径计算，2004年中心城轨道车站的面积覆盖率为9%，人口覆盖率为16%；2009年中心城轨道车站覆盖约26%的土地面积，约42%的人口和岗位；2012年轨道交通客运量占全市公共交通客运量的比重为42.3%。轨道交通提高了居民出行效率，将2000年与2009年相比，中心城居民使用轨道交通和公共汽车的平均出行时间从62分钟下降至58分钟，人均单次出行距离从6.6公里延长至9.7公里，平均出行速度提高50%以上（见图9-1、图9-2）。

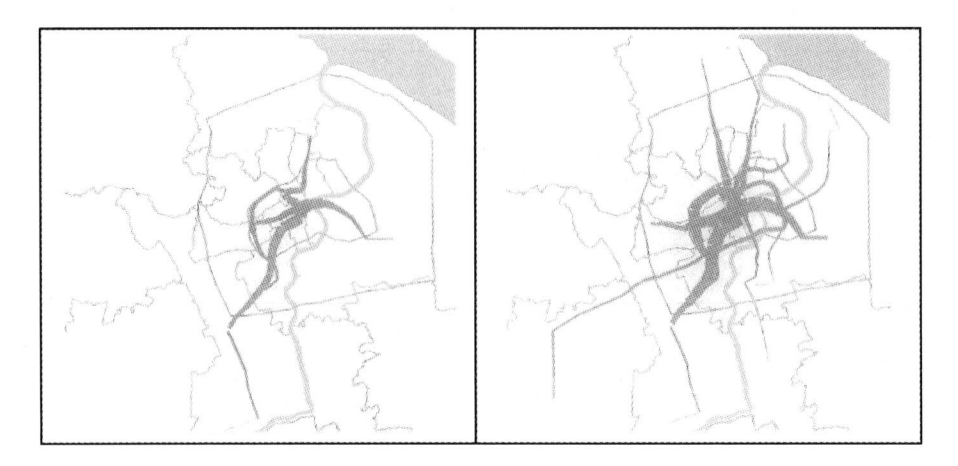

图9-1　2004年轨道交通客流分布　　图9-2　2009年轨道交通客流分布

资料来源：上海市城市综合交通规划研究所，《上海市第四次综合交通调查总报告》，2010。

随着公共交通的大力发展，引用2009年第四次综合交通调查结果，上海全市公共交通日均客流量1407万乘次，2009年轨道交通、地面公交、出租汽车客运分担率分别为25%、53%、22%。

2004~2009年，轨道交通拉动公共交通客运量稳步增长，2009年公共交通日均客运量达1407万乘次，较2004年增长17%。其中，轨道交通为361万乘次/日，增长176%，地面公交为741万乘次/日，减少4%，出租汽车为305万乘次/日，增长3%（见表3）。

公共交通客运结构发生显著变化，轨道交通客运分担率由2004年的11%迅速提高到25%，地面公交则从64%下降到53%，出租汽车客运分担率也有所下降，从25%下降到22%（见表4）。

表3　1995~2009年上海公共交通客运量增长情况

单位：万乘次/日

交通方式	1995年	2000年	2004年	2007年	2009年
轨道交通	23	42	131	223	361
地面公交	865	724	775	726	741
出租车	140	209	295	288	305
合计	1028	975	1201	1237	1407

资料来源：上海市城市综合交通规划研究所：《上海市第四次综合交通调查总报告》，2010。

表4　1995~2009年上海公共交通客运结构变化

单位：%

交通方式	1995年	2000年	2004年	2007年	2009年
轨道交通	2	4	11	18	25
地面公交	84	74	64	59	53
出租车	14	22	25	23	22
合计	100	100	100	100	100

资料来源：上海市城市综合交通规划研究所，《上海市第四次综合交通调查总报告》，2010。

3. 立足供需共调，创新交通政策，硬软结合提升综合交通效率

虽然上海的城市交通基础设施建设取得了很大的成就，但是在交通需求和供给方面仍然还存在很多问题，诸如交通拥挤、交通事故等。

为了解决以上问题，上海市政府制定了许多交通需求管理的政策和方法，在一定程度上缓解了问题的严重性。《白皮书》制定了上海交通发展的三个重要政策，分别为公共交通优先政策、交通区域差别政策、道路车辆协调政策，其中前两项与公共交通发展直接相关，后一项是提高公交系统使用率的有力保障。

在这些政策中，公共交通优先、执照拍卖、停车收费和限制摩托车等政策已经取得了较大成效。

（1）公共交通优先政策

上海按照公众利益优先和效率最优原则，实施公交优先政策，即优先保证合理的公交用地、优先保证公交资金投入、优先保证公交高效运营、优先保证公交的换乘方便。通过积极的引导，不断提高公交方式出行比重，稳步提高交通机动化水平，发挥慢行交通短距离出行和接驳公交的功能，逐步形成以公共交通为主、个体交通为辅的交通模式。

按照"公交优先"战略目标要求编制的《上海市2007—2009年优先发展城市公共交通三年行动计划》已经付诸实施，上海投入约1100亿元资金推进这一计划。根据该计划，到2010年，上海将实现公共交通站点500米服务半径在中心城和郊区城镇的全覆盖，中心城两点间公共交通出行在1小时内完成；郊区将会享受到更多的公共交通服务。计划完成后，全市公交客运量占机动车出行比重超过60%，占出行总量比重超过33%。

除了大力进行轨道交通网络建设，上海也采取了其他很多扶持公共交通措施。包括优化调整公交线网，逐步调整与轨道交通线路重复的公交线路，通过枢纽来建设优化公交线路之间及其与轨道交通站点的衔接；大力推进公交优惠政策，2006年11月推出票价优惠措施，包括轨道交通、地面公交在内的换乘优惠措施，70周岁以上老人非高峰时段免费乘车、轨道交通车站"P＋R"停车换乘优惠和轨道交通乘客持公交卡每月在轨道交通消费70元以上部分享受9折优惠等；改善公交车辆装备，逐步投放高标准和新能源公共汽车车辆；建设公交专用通道，改造公交站点信息发布系统，显著改善公共汽车整体设施水平。

（2）汽车牌照拍卖政策

伴随中国经济持续增长，私人汽车日益普及，成为城乡居民出行选择的重要交通工具，然而不断增加的私人交通对城市良性运行带来巨大压力，道路拥堵、停车难、尾气污染成为中国许多城市的共性挑战。有鉴于此，上海从1994年就开始对私人拥有小汽车采取限制措施，2000年实行国产车牌照额度无底价、公开拍卖，2002年引入类似新加坡的汽车牌照拍卖政策（上海的这一政策不同于新加坡的政策，牌照一旦竞标成功即可使用终生，而且可以转让给其他人）。采取车牌额度拍卖的调控措施，有序控制小汽车总量增长，据统计，通过坚持"路车协调"发展的小客车控制政策，私人小客车年均增幅始终控制在10万辆以内，到2011年底，全市共有252万辆机动车，其中私人小客车仅为119万辆，增速明显低于国内同类城市（见表5）。

表5　上海私车牌照拍卖历史价格

时间	投放数量(个)	最低中标价(元)	平均中标价(元)	投标人数(人)
2002－01	1400	13600	14735	3718
2003－01	3000	18800	24267	9442
2004－01	5000	38000	39516	8663
2005－01	5500	28500	32520	6208
2006－01	5000	26900	31220	5907
2007－01	6000	38500	40974	6587
2008－01	16000	8100	23370	20593
2012－10	—	65200	66708	—
2013－03	9000	90800	91898	23589
2014－04	8200	74000	74113	94241

上海的这项地方政策与国家鼓励汽车工业发展政策有差异，所以一直备受争议。但这项政策的确有利于减少机动化的快速增长，并且增加了财政收入，为上海城市公共交通的改善赢得了时间窗口。对于如何使用这笔资金，有人提出应该用来改善城市小汽车出行条件的城市快速路建设，但上海城市交通建设最终没有被这种观点所主导。

(3) 停车收费政策

从2006年开始，上海市以交通区域差别政策指导停车设施规划、建设与管理。其具体措施是：中心商务区提供少量的停车设施，实施较高的收费，控制车辆进入；中心区其他地区提供适度的停车位，允许车辆适量进入；外围区着重解决住宅区停车矛盾，并在外环线附近的枢纽点规划收费优惠的公共停车场，鼓励小汽车乘客换乘公交进入市中心；郊区结合城镇建设，提供充足的停车位，与小汽车宽松的使用政策相配套。停车设施按不同类型有居住地停车、工作地停车、野外公共停车、路内停车和公交专业停车等，根据不同的特点，制定不同的策略。比如，居住地停车，根据"一辆车一个停车位"的原则，保证每户都有停车位；工作地停车，根据工作地旁的道路容量设置停车位；不能沿路停车的地区则依靠政策和经济手段严格控制停车；对公共汽车场站给予优先建设权。

(4) 限制摩托车政策

摩托车具有灵活、方便、迅速等特点，因而增长较快。但是大量摩托车的行驶，将扰乱正常的交通秩序，进而威胁到道路交通的安全，降低城市交通的运转效率，对城市整体环境造成较大的危害。

因此上海制定政策逐步减少摩托车，对摩托车的使用实行区域控制，并加强对摩托车的管理。具体措施是：中心城区道路逐步禁止摩托车通行，逐步扩大禁止摩托车通行的道路与区域范围；实行到报废年限的摩托车不得更新的措施逐步减少摩托车出行；制定并实施摩托车牌照转换小汽车牌照的相关政策；加大摩托车排污费的征收力度，逐步提高收费标准；对摩托车的违章行为加大处罚力度，减少摩托车对交通秩序的影响。

(5) 交通区域差别政策

上海城市交通呈现需求高度集中、区域间道路利用水平差异明显的特征，为此，针对不同区域交通供求的不同状况，实施积极的交通区域差别政策。中心城区依托大容量轨道交通网络，完善道路等级配置，控制机动车流量，力求实现公交方式与个体机动方式之比为3∶1；外围过渡区则以地面公交和轨道交通相结合，加快快速路建设，并适度放宽小汽车等个体出行方式的选择，实现公交方式与个体机动方式之比为2∶1；郊区重点建设高速公路网，鼓励小汽车使用，支撑城市空间有序拓展，公交方式与个体机动方式之比为1∶1。

三个区域中，中心城区交通为重中之重，上海采用了一系列交通需求管理措施来调控道路交通流量，特别是针对早晚上下班高峰时段的道路交通拥挤。如为确保高峰时段高架快速路的通畅，周一至周五7∶30～9∶30和16∶30～18∶30实施"禁止外省市号牌小客车在高架快速路上通行"；同时沪C牌照摩托车全日禁止驶入内环线以内；沪C牌照小汽车全日禁止进入中心城区；每日7∶00～20∶00（周日、有通行许可证车辆、特殊车辆除外）禁止货运车辆进入中心区等规定。

4. 优化空间结构，功能调节流量，交通互动土地集约开发拓展

在上海城市空间结构拓展的过程中，注重土地使用与交通建设的协调关系是城市可持续发展的关键。按照"双增双减"的原则，严格控制建筑容积率和功能布局，以交通设施资源的容量作为土地开发的约束条件。在多中心结构有利于疏解中心城交通压力的指导下，新一轮的上海城市总体规划提出了发展多中心城市空间格局的设想——"1966"计划，希望通过新城建设，疏散部分人流、物流来缓解单中心发展所导致的城市问题。在该思想的指导下，上海城市总体规划、郊区城镇体系规划、轨道交通线网规划中提出建设8条服务于中心城区的市区地铁M线、5条连通外围区的市区轻轨L线和4条贯通市域的超长市域轨道交通R线，借此引导形成中心城区、外围过渡区和远郊区3个圈层的拓展格局。城镇规模布局、各等级公路网络布局、轨道交通网络布局三者间相互协调，共同支撑郊区新城的发展。

轨道交通促进中心城区人口疏散，加快人口郊区化进程。整体来看，上海近20年的人口也确实显示出空间分布上内减外增态势，由内向外逐层迁移的规律。2009年，各地带日均人员出行发生量全面增长，中心区日均人员出行发生量1244万人次，较2004年增长4%，但占全市人员出行总量比重从2004

年的29%下降到27%；内外环人员出行发生量较2004年增长12%，达1525万人次，占全市人员出行总量的比重在33%左右；近郊区作为主要的人口导入地区，人员出行发生量增长较快，达858万人次，增长16%，占全市人员总出行量的比重也从18%提高到19%；远郊区人员出行发生量增长9%，达912万人次，占全市总出行量的比重在20%左右[1]。

浦东开发促使上海城市空间东扩，跨江交通需求日益增加。2004～2009年，黄浦江越江设施建设和浦东开发刺激了越江需求的增长，中心城区越江日均出行量从180万人次增长到200万人次，增长11%。在人口向外迁移的过程中，中心区与外围区、郊区和中心城区的交通联系越来越密切。2004～2009年，进出中心区日均出行量从720万人次增长到746万人次，增长3.6%（见图10～图14）[2]。

5. 目标长三角一体，打造区域同城，虹桥枢纽城际交通协同发展

作为2010年上海世博会的配套工程，虹桥综合交通枢纽于2009年底竣工，该枢纽成为包括高速铁路、城际和城市轨道交通、公共汽车、出租车及航空港为一体的国际一流的现代化大型综合交通枢纽。

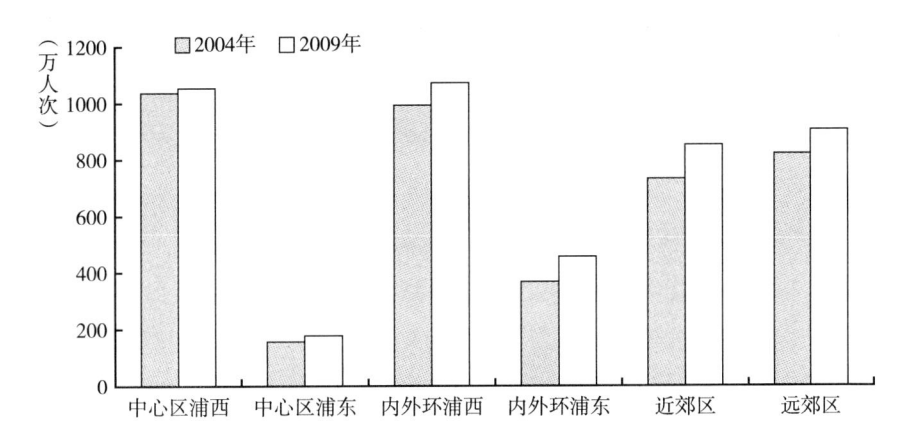

图10 上海各地带居民出行总量

资料来源：上海市城市综合交通规划研究所，2010。

---

[1] 上海市城市综合交通规划研究所，2010。
[2] 上海市城市综合交通规划研究所，2010。

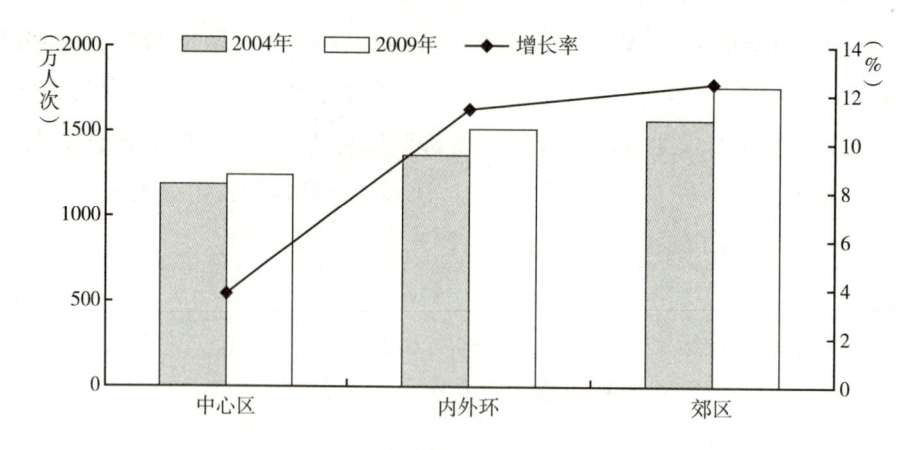

图 11　上海各地带出行总量增长情况

资料来源：上海市城市综合交通规划研究所，2010。

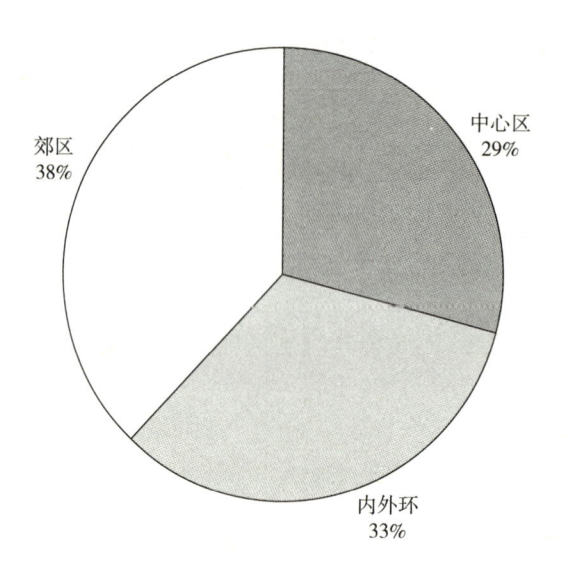

图 12　2004 年不同区域的出行分布

资料来源：上海市城市综合交通规划研究所，2010。

虹桥枢纽用地规模 26.26 平方公里，铁路客运方面已建成虹桥铁路客运站，并包括京沪、沪宁、沪杭城际高速铁路，站场规模为 30 股道，高铁客运规模为年发送旅客 6000 万人次，日均 16 万人次；虹桥国际机场进一步扩容，规划到 2020 年旅客吞吐量为 4000 万人次/年；在轨道交通方面，目前已有 2

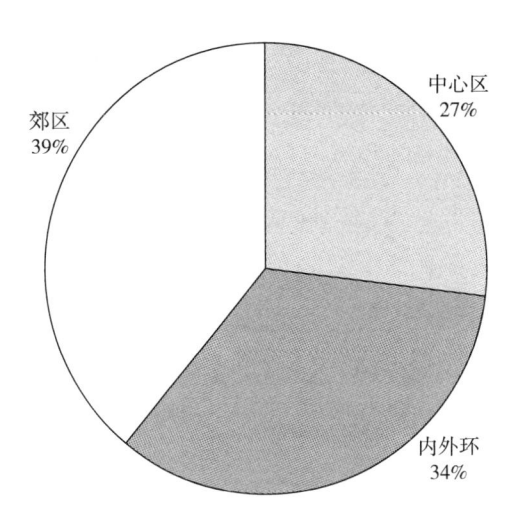

图 13　2009 年不同区域的出行分布

资料来源：上海市城市综合交通规划研究所，2010。

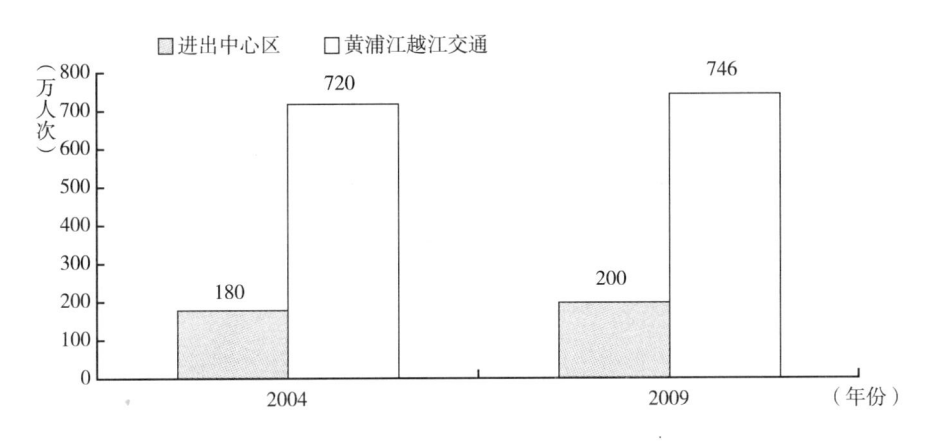

图 14　不同地带之间出行量增长

资料来源：上海市城市综合交通规划研究所，2010。

号线、10 号线与虹桥综合交通枢纽接驳，未来规划 5 号线、13 号线及低速磁浮线和机场快速线，形成"4 + 2"的六线汇聚布局。

在虹桥枢纽的带动下，上海市与长三角各城市共同启动了城际铁路客运专线的建设和改造工作，长三角城际轨道交通不同于沪宁、沪杭铁路线，也不同于城市内的地铁和轻轨，其功能定位是运送城际旅客和区域性快速运输专网，真正实现公交化运行。城际交通条件的改善使得长三角同城化效应日益显现，

235

上海对外客运快速增长，日均对外客运总量由2004年的80万人次/日增至2010年的126万人次/日，增长58%。其中，上海与邻近江浙两省日均客运需求为75万人次，占对外客运总量的68%（见图15）。

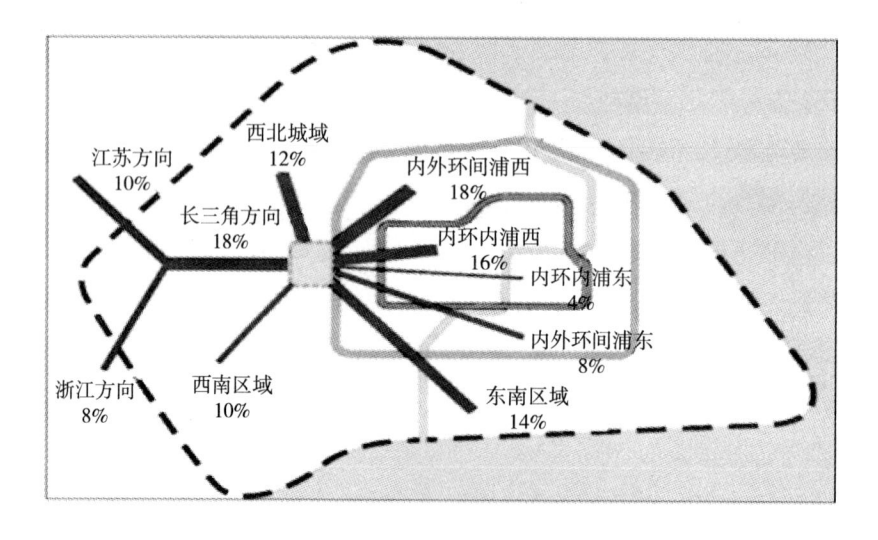

图15 虹桥枢纽客流分布预测

资料来源：陆锡明、顾煜，《上海综合交通模式及发展战略规划》，《城市交通》2009年第5期。

能够尽早从区域层面谋划交通建设，可谓明智之举，值得中国其他城市群区域借鉴。虹桥枢纽与城际轨道的规划建设，一方面更好地发挥上海作为长三角区位核心城市的辐射带动作用，提前为未来区域一体化带来的大量周边交通压力做好应对；另一方面，避免了大量周边人口向核心区域的涌入，使他们能够觉得由于城际铁路的建设，在外围新城、苏州、嘉兴等城市可以获得发展契机，并选择在这些城市居住，这变相化解了上海需要面对的大量交通需求压力。

（三）结语与展望

对上海城市交通过去30年发展经验的回顾，对我们最大的启发是逐渐成形的"一体化"理念。其外在主要表现为：交通与土地使用互相结合，交通与经济互相适应，交通与环境互相协调，交通与社会互相促进，以及城市交通与对外交通紧密衔接；其内在主要表现为：设施平衡，在保持轨道和道路快速平衡发展的同时，重视换乘、停车和管理设施的建设；运行协调，所有交通方式彼此协调，紧密衔接，安全运行；管理统一，交通各相关部门协同运作，共享信息资源，实现高效管理（见图16）。

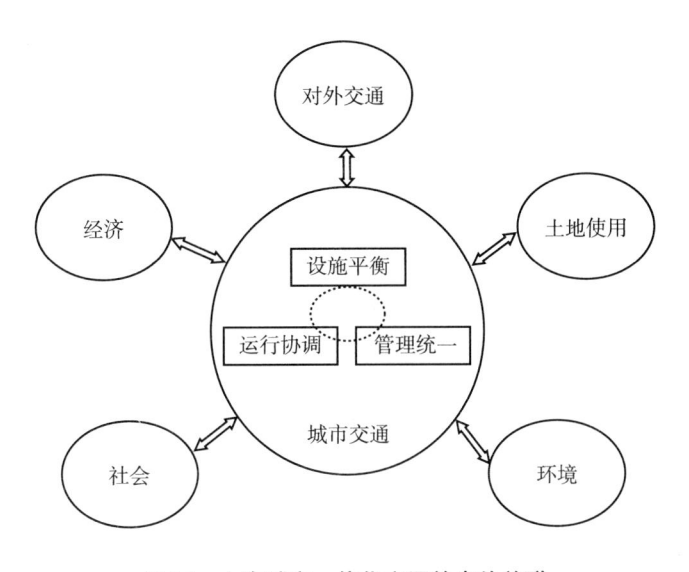

图16 上海城市一体化交通的内外关联

当前，上海正处在加快"四个中心"建设和迈向全球城市的关键时期，未来的20～30年，要实现社会-经济-生态的可持续协调发展，交通如同城市之筋骨和血脉，无疑既要审慎综合交通发展历程中的成就和问题，又要不断满足更高、更新的趋势要求。新的持续增长的人员与货物流动的需求，交通发展将成为城市发展中的主导力量之一。上海需要更加密切地关注交通发展中人、资源、环境三者协调的相关问题，促进交通的可持续发展。有学者提出上海综合交通未来30年发展战略：①陆海空国际枢纽战略——支持城市进入世界经济空间；②公路、铁路均衡战略——支持城市融入国家经济区活动空间；③公交优先战略——引导构筑组团式城市空间形态；④综合交通协调战略——强化交通系统持续整合。

城市，让生活更美好。"后世博"的上海，以构筑全球城市——区域为目标，强调兼顾交通系统规模和效能，通过空间规划、价格政策、信息技术和需求管理建立多模式平衡的、集约、智能、绿色、低碳型综合交通体系,向世界低碳绿色交通之都迈进。

参考文献

陈必壮、朱洪:《上海市城市空间发展的交通战略研究——兼谈交通对上海城市空间发展的引导作用》,《城市交通》2003 年第 1 期。

郎益顺:《世博会推动下的上海城市对外交通格局》,《上海城市规划》2010 年第 2 期。

陆锡明、顾煜:《上海综合交通模式及发展战略规划》,《城市交通》2009 年第 5 期。

潘海啸:《上海城市交通政策的顶层设计思考》,《城市规划学刊》2012 年第 1 期。

上海市城市综合交通规划研究所:《上海市第四次综合交通调查总报告》,2010。

上海市统计局:《上海市统计年鉴》,http://www.stats-sh.gov.cn/data/toTjnj.xhtml?y=2010。

上海市人民政府:《上海市城市交通白皮书》,2002。

上海市人民政府:《上海市城市交通白皮书》,2013。

薛美根:《上海城市交通政策的演变与展望》,《交通与运输》2013 年第 1 期。

薛美根、顾煜:《上海城市交通供需策略实践》,《城市交通》2012 年第 5 期。

杨立峰:《上海城市交通的制约因素与"后世博"解困策略》,《上海城市管理》2010 年第 6 期。

B.13
公众参与社会治理的深圳经验
——基层自治的制度建设案例分析

龚建华[*]

摘　要： 本文以深圳市为案例，对居民立规自己做主、公民参与社会治理等基层自治案例进行了剖析，指出当前基层自治普遍存在的相关法律法规制度性缺失、政府主导型的公众参与内生动力不足、公众参与的程序设计缺陷、公众参与意识不足和水平较低等问题，并提出相应的治理对策。

关键词： 公众参与　社会治理　基层自治

一　深圳基层自治的制度建设案例剖析

近年来，中国的城市社会治理模式正处于由"街居制管控"向"社区自治"转变的过程中，国家控制的固有惯性思维加上基层社会大量他者群体涌入带来的矛盾冲突使得"基层不稳，地动山摇"，并不断强化着政府"进入"基层社会的动力。正如斯科特所说，"国家从自己的视角，以简单化、清晰化和小型化为标准来认识和改造社会。"各类条块部门无一不以进社区为己任，突出强调对城市基层社会的管理与改造，政府资源的强势进驻势必迟滞社区自治的良性发育。如何在政府治理目标实现与社区自治间实现良性互动成为城市社会治理模式转变的关键，深圳文华社区和怡锦社区进行了有益的探索，获得了宝贵经验。

---

[*] 龚建华，深圳行政学院副教授，主要研究方向为社会学。

（一）案例一：社区的事居民立规自己做主——罗湖区文华社区探索自治新通道

深圳市罗湖区黄贝岭街道文华社区面积约0.85平方公里。辖区总户数10252户（其中：户籍3106户，流动7146户），辖区总人口30703人（其中：户籍6221人，流动24482人）；社区综合党委，分设五个支部，党员人数152人，其中退休党员33人。社区服务中心占地1200平方米。社区组建了老年协会、社区舞蹈队、社区粤剧团、夕阳红队伍等社会团体。

2014年2月，罗湖区黄贝岭街道文华社区居民按照新的选举流程，选出新一届居民委员会，即依据《文华社区居民自治章程》（以下简称《章程》）来实施。文华社区的楼长都是由各自所在楼栋小组的居民票选出来的，正式的名称是"居民代表"。依《章程》，文华居民正变凡事求"政府做主"为"自己做主"，开辟新的自治通道。

1. 立规自治

作为文华社区居民自治"基本法"的《章程》，社区代表们给予了十足重视。召开社区代表大会时，主持人逐条把《章程》草案读出，代表们逐条辩论表决。不少代表表达了对某一条或某一款的修改意见。《章程》的制定与修改完全开放。如第四十七条规定，修正案可以在任何一次决议会或居民代表大会上提出，代表们也确实这么做了。翻看会议记录可以发现，在《章程》制定出来半年时间内，大的增删已有两次。

2. 新决议会享有公共事务决策权

2014年1月16日，文华社区居民代表大会选出了新的决议会成员。按照《章程》，居民代表大会由全体居民代表组成，代表全体社区居民的权利，有权决定社区所有与居民公共利益相关的事务。居民代表大会从报名参选的居民代表中选出决议会成员，并将社区公共事务的决策权授予决议会。截至开会前，共有46名居民代表报名参选，根据《文华社区2014年决议会选举规则》，他们当中将最多选出31位进入决议会。经公开唱票，共有29位代表成为新决议会成员。

3. 自主协商、自主票决

决议会具有实在的权力与效应。前届决议会虽然只有短短半年的任期，但他们用罗湖区政府资助的 2 万元,加上居民的自愿资助和社区企业资助的部分资金,成功举办了美食嘉年华、长者生日会和首届社区运动会等让居民们"点赞"的活动。这些活动必须依据《章程》来举办,即首先要提出提案,上决议会辩论表决;其次活动所用经费使用必须依章而动,《章程》把社区公共服务和公益事业所需的资金定义为"幸福资金",虽然《章程》中对于"幸福资金"的使用范围有规定,但具体到每一项活动中要花多少,总是细细辩论一番,"大家的钱不能乱花"。原居民代表蒋上珍提的"举办美食嘉年华"提案,就曾在决议会上被代表们不留情面地压缩了近 20% 的预算;而由居委会和决议会秘书联合提出的"补选居民代表工作"提案,希望能得到预算 2825元,因多数决议会成员认为超出资金使用范围而被否决……没有人认为这种"较真"不应该。蒋上珍说:"每个人提出的动议都要接受大家的辩论的,因为每个人的想法不一样。"她和 10 个热心居民代表用这 5815 元的经费办的"美食节",引来居民们的热情参与。《章程》规定决议会对"幸福资金"的使用有监督之责,而由居民代表林壮滨提案发起的文华社区首届运动会,在决议会上通过后,得到了文华社区综合党委和工作站的支持。居民和社区企事业单位的人员一起参与,既有激烈的竞赛,也有亲子游戏。不少获奖选手把油米、毛巾、肥皂等奖品又捐赠给了社区"义仓"。"通过很多活动,更多邻居不那么陌生了。感觉是亲切的,不至于出了自己那个房子,都是陌生的、不安全的,都是要提防警惕的。"社区居民唐楠竹如是说。

4. 崭新自治架构

按照《章程》,文华社区正在形成一种崭新的居民自治架构。在这个架构中,居民通过每户一票选出本楼小组的居民代表;然后居民代表大会从报名参选决议会成员的代表中选出决议会并授予其社区公共事务的决策权,从报名参选居委会成员的居民中选出居委会并授予其社区公共事务的执行权;决议会监督居委会的执行情况,以及居民代表、决议会成员、居委会成员的履职情况;居民代表大会监督决议会和居委会的工作并可罢免决议会成员及居委会主任;任何人不得在决议会和居委会交叉任职。而这一切,也合乎《中华人民共和国城市居民委员会员组织法》的规定。

5. 规则先行——社区议事引入"罗伯特议事规则"

针对社区居民反映强烈的相关问题，社区将组织相关各方代表座谈对话。参照罗伯特议事规则，对话会分五个环节进行，依次为陈述与对话、现场调查、问题汇总、成立监督委员会和执行，参会人员必须宣誓承诺遵守议事规则，尊重对方，以实际行动维护公平正义。核心内涵是大家围坐在一起，用平等理性的方式对话，经由既定程序形成决议。由此，任何社区问题都可以从理性对话开始，相互理解和信任后再进行谈判，最终形成统一决议。

按照罗伯特议事规则，凡持不同意见者，必须都能被分配有发言机会；所有发言人都是对会议主持人发言，而不是对辩论对手发言。在会议主持人一定会给予任何一方发言机会的前提下，禁止不同意见者之间直接对话，避免伤了和气还不能解决任何问题。同时只能有一个议题，一旦一个提议被提出来以后，它就是当前唯一可以讨论的议题，必须先把它解决了，或者经表决同意把它先搁置了，然后才能提下一个提议。反对人身攻击，必须制止脱离议题本身的人身攻击。禁止辱骂或讥讽的语言。

6. 公众参与的激励机制

为鼓励居民参与社区公共事务，文华社区建立了一套居民自治激励机制，该机制已被写进最新版的文华社区居民代表手册。社区居民参与居民代表大会，就会获得一次出外唱歌、爬山或喝茶的机会。该机制全称为文华社区"社区参与激励机制"。这里的"社区参与"是指，文华社区居民在文华社区地理范围内志愿、无偿参与居民代表大会、决议会及社区培训的行为。社区参与积分依据居民个人参与社区公共事务的时间计算。当居民的社区参与积分达20分，且同时至少有3人提出兑换申请时，提出申请的居民可兑换一次，并扣除20分积分，社区幸福资金为参与该团队的居民提供每人100元的活动经费，多不退少不补。从2014年开始，每年年末，该社区居委会将组织大团队建设活动，所有本年度总积分20分以上的居民均可报名参加。大团队建设活动总预算不超过5000元，活动形式由全体居民代表大会议定。

（二）案例二：怡锦社区以"一会六共"推进居民参与社会治理

深圳市龙岗区横岗街道怡锦社区成立于2006年8月，属城市化社区，辖区总面积约 0.73 平方公里，总人口约 11400 人，其中常住人口 7043 人，流动人口约 4400 人。近年来，横岗街道怡锦社区积极创新服务管理手段，充分整合社区各类党群组织、社团组织资源，形成了"幸福社区共建联合会"等组织。"幸福社区共建联合会"是怡锦社区特有的工作创新模式，承担着几乎全部有关社区管理、服务的职能，社区 24 个协会组织分列其下，让社区居民齐心参与社区事务，以大事共议、党群共建、平安共管、环境共治、服务共享、文明共创"六共"模式为抓手，形成了"一会六共，多方联动"的社会治理运行模式，逐步把怡锦社区打造成了民主自治、幸福共享的宜居社区。

1. 融合集体智慧，推进"大事共议"

怡锦社区常住人口比例较大，在职和离退休的知识分子较多，法律意识和基层观察能力较强，对社区管理事务的关注度、灵敏度、参与度很高。2007年，怡锦社区建起了自己的网站，社区大小服务管理事项全部上网公开，社区居民也通过社区网站活跃地灌水、拍砖，为社区服务管理建言献策。5 年来，社区居民通过社区网站共提出建设性的意见建议 167 条，街道、社区也做到了件件有落实、事事有回音，解决了一些关切居民利益的民生问题，如协调自来水公司为小区进行水网的全面改造；为业主争取加建隔音板等。社区组建了由党代表、人大代表、政协委员、业委会代表、管理处代表、知名人士代表和德高望重的居民代表组成的"社区居民议事会"，推行居民议事的民主决策方式，还决策权于社区居民，提高了居民群众参与社区事务的积极性。居民议事会定期不定期召开，主要任务是研究和修正社区当前工作思路，提出社区近期工作任务和未来发展方向，同时搜集居民普遍关心和迫切需要解决的问题，凝聚集体智慧进行决策部署。通过多次集中商议，怡锦社区工作站得以重新规划定位，社区行政事务中心、社区服务中心、社区文体教育中心三大功能区并行开展特色服务管理。目前，社区行政事务中心已经很好地运转，服务中心和文体教育中心正在紧锣密鼓地装修改造，建成后将为居民提供更全面、更贴心、更多样化的服务。

2. 聚合党员力量，推进"党群共建"

党组织和党员是落实党的路线方针政策和各项工作任务的战斗堡垒和先锋

模范，具有密切联系群众的独特优势。怡锦社区在发挥党组织和党员的桥梁纽带作用上做足文章下足功夫，积极联合辖区行政事业单位和"两新组织"党组织，动员发动驻社区的市、区党代表、兼职委员和机关在职党员力量，于2010年组建了社区党员志愿者服务分队，分队创立之初只有13名队员。经过两年多的发展，党员志愿者已经增加到185名，社区党员志愿者服务分队也更名为党员志愿者协会。党员志愿者们与群众打成一片，热心组织各类文体活动，广泛收集社情民意，并在关爱困难党员、关爱妇女、关心下一代、助老助残、调解居民纠纷等方面做了大量工作。每年的春节、七一、中秋等重大节假日，社区都会为困难党员、困难居民、重大疾病居民和残疾儿童送去党的温暖与关怀；关爱妇女儿童的身心健康与家庭幸福，每年结合计生工作开展不少于10次的生殖健康义诊、宣传、普查普治及专项服务等活动；社区党员志愿者协助受理各类纠纷5宗，受理率达100%，成功调解率达95%；接信访12345电话投诉6宗，成功处理6宗。充分显示了政府传声带和民情运输桥的重要作用。其中，主要由党员志愿者协会参与服务的"四点半学校"项目，于2012年被评为"龙岗区党员志愿者优秀服务项目"。

3. 整合社会资源，推进"平安共管"

社区稳，则社会稳；基层安，则全局安。怡锦社区广泛整合社会资源，组建平安志愿者协会、兼职消防志愿者协会，推动成立物业管理处、调委会、业委会等组织，共同推进平安社区创建工作。社区的兼职消防志愿者协会每周三在网格班子的带领下到小区巡查安全隐患，同时了解社情民意，及时发现隐患及时上报，5年来社区未发生一起重大安全事故；2014年还积极参加街道组织的各种培训和演练，增强业务能力的同时也为保卫社区的消防安全打下坚实的基础。调委会和各小区业委会密切合作，运行良好，针对小区各方面的问题、纠纷等，共同协商，把矛盾化解在基层，调解率达95%；遇到不能解决的问题及时向社区或上级部门反映，共同维护了居民的利益。社区2009年组建的平安志愿者协会，涵盖辖区民警、工作站管理人员、管理处保安员、离退休老同志、外来人口治安积极分子，是社区综治维稳的中坚力量。协会每月召开治安联席例会，通报研判社区治安形势，研究存在的突出治安问题，提出改进对策。平安志愿者经常佩戴"红袖章"、穿着"红马甲"自行组织治安巡逻，并深入居民家庭和工商门店发放治安宣传资料，传授安全防范和法律知识，提醒居民做足安全防范措施。自成立以来，协会累计召开治安联席例会40余次，组织治安巡逻90余次，志愿参加人数达2400人次，有力保障了社区居民生命财产安全，有效维护了社区治安大局稳定。近年来，怡锦社区未发生一起重大恶性事件和刑事案件，未发生群体性事件，先后被省、市、区授予"六好平安和谐社区"荣誉称号。

4. 推进特色服务，推进"服务共享"

人性化特色服务是怡锦社区的品牌，其鲜明的服务理念让社区独树一帜。怡锦阿顺居家养老服务社成立于2008年，是非营利性社会组织，登记在册的服务社员35人。四年来，共为295位残疾人、优抚对象、80岁以上老人等弱势群体提供了包括家政服务、心理咨询、生活用品代购、按摩康复等居家服务。社区"四点半学校"作为全市首批试点，由社区工作站组织管理，由11名"五老人员"、2名社工和一批义工轮流担任义务教师，每周一至周五下午四点半到六点向辖区青少年开放，无论是常住人员还是外来流动人员的子女，均享受同等服务，社区"四点半学校"有效解决了居民小孩放学后无人看管这一难题，也让外来人员的归属感和家园意识与日俱增。目前，怡锦社区"四点半学校"有180多名学生，组织有书画比赛、兴趣小组、亲子活动、儿童影院、动漫制作、电脑培训等多种活动项目，寓教于乐，受到家长的一致赞扬及上级关工委、文明办、社会各界的充分肯定。怡锦青年志愿者协会于2014年成立，刚一成立就通过现场、网络和电话报名招募到31名青年志愿者，青年志愿者在忙于工作和照顾家庭之余，牺牲休息时间在社区组织各类文艺演出、亲子活动、电脑免费维修与应用技能培训、青年联谊等社区活动，为丰富居民生活、融洽居民关系做出了突出贡献。

怡锦社区在"一会六共"的服务管理模式下，继续深化社会治理创新，持续扩大协会组织规模，引导居民积极参与各种协会组织，力争"一人一协会"，全员参与社区服务治理，同时探索建立社区"幸福指标体系"，确定服务管理的数据目标，最大限度地增加民生福祉，最大限度地让发展成果惠及全体社区居民。

二 深圳公众参与社会治理引发的思考

1. 相关法律法规的制度性缺失

改革开放以来，中国公众参与政府行为的基本制度框架已初步形成，主要包括政治协商制度、监督制度、直接民意表达制度等。有的已及时纳入宪法和法律的范围内。公众民主权利在法律上的存在，并不意味着这种权利在事实上的实现，只有民主权利保障制度健全的情况下，才有行使权力的可能性。公众参与社会治理需要靠一整套健全的制度来保障实现。深圳公众参与社会治理虽然创立了一些公民参与政府行为的具体形式，但往往由于缺乏制度化规范化，这些好的形式常常变成"走过场"或"一阵风"，无法收到实效。由于公众参与社会治理制度体系碎片化，公众参与社会治理缺乏可以依据的法律规则和程序，难以对公共政策施加影响。《文华社区居民自治章程》是文华社区居民参与治理的根基所在，但这份章程仅仅是社区居民的"乡规里约"，并不具备法律效力，必须在城市基层社会治理的法律条文中得以体现其治理实质，使其不至于成为点缀。

2. 政府主导型的公众参与内生动力不足

从政府方面讲，应切实从官本位向民本位理念转变。一方面，各级政府官员必须尽快走出管理认识误区，真正把吸收公众参与看成一种责任和义务，看成优化政府行为的必由途径，怡锦社区的治理改革是一种初始尝试，但这种尝试依然是政府给予式的；另一方面，公众必须确立强烈的参与型思想观念，努力培育公民的参与意识，提高公民参与的自觉性和主动性。文华社区的居民们在《章程》的指引下开始逐渐激发出参政议政的热情，但必须看到的是目前为止所遇到的事例都是相对有利于社区居民的，如何在譬如兴建垃圾焚烧厂、公共设施修建等有损居民自身利益的情况下正确的表达公民性尚存在疑问。

3. 公众参与的程序设计存在缺陷

中国公众参与社会治理机制建设，最基本的形式和效果要求就是公众参与是社会治理的必经环节，缺少此环节，意味着公众参与的缺位或丧失，其中的核心和关键在于公众参与有效性的体现。包括深圳在内的国内众多的听证会就已然演化成一个反面案例———一听就涨、专业听证户等。相较而言，文华社区的公众参与有效性得到了较好的保证，居民在收获正面回馈的同时加深了对该社区公众参与程序的认同，并进行维护。怡锦社区则在程序设计方面并未表现出太多的创新内容，也因此限制了其更好地发挥公众参与的效果。

4. 公众参与的载体即社会组织发育不全

在现有数以万计的组织和团体中，属于政治制度内部的有人大、政协、党组织、青年团、妇联、工会等。属于政治制度外部的有各种学会、协会、大众传播媒体等。应该说，这些组织在公共决策过程中起到了表达、协调、综合公众意愿的举足轻重的作用，但它们更多的是发挥在党组织和政府与人民群众之间的沟通信息、反映情况的"桥梁"和"纽带"作用，因此，作为公众参与的团体表达功能较弱。市场经济呼唤与其市场机制相协调的多元化社会团体模式，要求建立与政府组织相对独立的民间群众团体。文华社区的公众参与载体依然是依托于既有的群团组织平台，居民自发性草根组织只是扮演了一个"路人甲"式的看客，并未起到如同发达国家城市治理主体作用。怡锦社区虽然成立了一些社会组织，但普遍存在资源短缺、力量弱小、主体作用不突出等问题，还不能起到引领居民有组织地公众参与社会议题的作用。

5. 公众的参与意识不足，水平较低

中国公众参与的自觉性、主动性及理性化程度较低，参与意识薄弱，在涉及自身利益和集体利益时，虽然明确知晓民主权利，但总是怕麻烦、碍于面子而不愿参与；同时，不能与各种学会、协会、大众媒体打交道，表达能力、沟通能力的不足也影响了参与的积极性。

B.14 特大城市中心街区旧城改造的机制与经验

——以北京市东城区东四街道为例*

李国庆 赵凌云**

摘 要: 以申办北京奥运会为契机,北京市编制了《北京旧城25片历史文化保护区保护规划》,东四街道三条至八条作为胡同系统保留的最为完整的传统居住区被列入首批历史文化保护区。随着申奥成功,东四地区实施了西部片区历史文化保护区改造、东部片区危旧房改造工程、胡同整治与煤改电工程及奥林匹克社区绿色空间建设工程。这些工程不仅保护了街区的历史风貌、提升了城市景观,而且改善了环境质量及基础设施条件,提高了居民生活质量。作为特大城市中心街区,重大事件与城市政策是实施旧城改造的重要契机与动力。与此同时,把国家活动与社区改造有机结合起来,街道政府与社区居民自主参与是旧城改造顺利展开的重要保障。

关键词: 特大城市中心街区 历史文化保护 危房改造 煤改电 奥林匹克社区建设

---

* 本文为中国社会科学院城市发展与环境研究所国情调研北京市东城区东四街道基地2014年研究成果之一。
** 李国庆,社会学博士,中国社会科学院城市发展与环境研究所研究员,城市政策与城市文化研究中心主任,主要研究方向为城市社会学、环境社会学、日本社会论;赵凌云,中共北京市东城区东四街道工委书记。

北京市东城区东四街道是首都北京最为古老的中心城区之一，位于北京内城的朝内地区、东城区中东部，东起东二环路西侧，西至东四北大街，北至平安大街东四十条，南到朝内大街北侧，地域基本呈长方形，辖区面积 1.53 平方公里。东四街道所在区域是北京"四城九门"的四城之一，东四西片的三条胡同至八条胡同是老北京城区基本布局的重要组成部分，地域极具中国传统文化底蕴。东四得名建于明朝的四座牌楼，俗称东四牌楼，清文渊阁大学士崇礼住宅、孚王府及明、清两代贮粮仓库南新仓等珍贵历史建筑文物坐落于东四街道辖区，中华民族传统文化特色鲜明，具有重要历史、文物和学术价值，展示着北京厚重的传统文化，构成了东四地区可持续发展的文化资源。

东四街道辖区主要包括大街 4 条，胡同 31 条，分为 7 个社区居委会。2013 年末，全地区常住人口为 4.5 万人，17000 余户，是北京市少数民族人口的聚居区，民族有汉、回、满、蒙古等 22 个，总数达 4517 人，占总人口的 10%，其中以回、蒙、满族居多。2014 年 2 月末，全地区共登记流动人口 14663 人，出租房屋 1901 户。东四街道辖区驻地法人单位多达 1032 家，其中中央、市属单位 34 个，包括中国保利集团、中国电信集团、中国海洋石油总公司、中国人民保险公司等，构成了东二环交通商务区的重要组成部分。辖区内有中小学校 4 所、医院 4 所、托幼园所 1 个，其中最为著名的是全国首屈一指的史家小学。

21 世纪初，东四街道又凭借"奥林匹克社区"称号再度享誉京城。随着申奥成功，东四街道实施了西部片区历史文化保护区改造、东部片区危旧房改造工程，开展了胡同整治与煤改电工程。与此同时，东四街道实施了奥林匹克社区建设，建设了活动广场和体育场馆等公共设施，为居民的社区公共活动提供了公共空间。东四街道工委的基本思路是积极推进街道工作由政府主导向公众主导的转化，政府、社会共同参与公共资源治理，取得了显著成效。

一 东四街道西部片区历史文化保护区改造

北京市规划委员会在北京市政府批准实施《北京市区中心地区控制性详细规划》和《北京旧城历史文化保护区保护和控制范围规划》的基础上，自

2000年7月起，组织中国城市规划设计研究院、清华大学、北京市城市规划设计研究院等12家单位，共同编制了《北京旧城25片历史文化保护区保护规划》，东四三条至八条被列为首批25片平房保护区之一。

东四三条至八条与西四北头条至八条、南锣鼓巷地区三片保护区建于元代，分布在旧皇城外的内城是胡同系统保留最为完整的传统居住区。东四街道以朝阳门内北小街为界分为东西两个部分，西片修建于元朝的三条至八条胡同已有七百多年的历史，是具有鲜明中国民族特色的四合院建筑群落，胡同规矩整齐，严格按照大街24步、小巷12步的规格。

2000年东四三条至八条被北京市政府列为首批25片平房保护区后，实施了民居院落改造工程、胡同整治工程、煤改电工程、街头花卉展、垃圾分类等一系列环境治理与美化活动，其中最主要的是"煤改电"、"解危工程及平房院落微循环改造"与"胡同整治"三项工程。

（一）"煤改电"工程

"煤改电"工程是东城区按照北京市政府关于控制大气污染的工作要求，2003年在东四三条至八条率先实施了燃煤改蓄热式电采暖示范工程，"煤改电"工程的主要工作原则是政府支持，群众自愿参加。直管公房院落居民户数以承租户数为依据，单位自管房院落居民户数以实际居住的承租户数为依据，私房院落居民户数以产权户数为依据。居民承担蓄热式电采暖器设备费用的1/3，居民享受每度0.30元的峰谷电价政策。与此同时，参加煤改电工程的居民可以享受《北京市居民住宅清洁能源分户自采暖补贴暂行办法》、《北京平房煤改电示范区采暖补助办法》中的有关补贴政策。项目投入1.1亿元，推进清洁能源的使用，有效缓解了平房四合院社区冬季烧煤取暖造成的大气污染。

（二）"解危工程及平房院落微循环改造"工程

2005年上半年，东四街道被列为东城区"解危工程及平房院落微循环改造"工程试点单位。实施微循环工程的第一目的是要切实改善居民的居住条件。2005年，街道解危办公室对300余户的居民进行了摸底调查，完成了12个院落的搬迁工作。2005年街道配合东四住宅分中心完成了育芳1号院楼房解危工作。育芳1号院是一处平房和楼房混合院落，共有居民21户，整座院落占地约550平方米。其中，居住面积最小的为11.7平方米，最大的为42平方米；每户按照11000元/平方米补偿（补偿款为129000元~460000元），不计院落公共用地人均补偿256000元/平方米。微循环工程的第二个目的是为了增加开发可利用房源。由于东四地区区域狭小，房屋资源有限，为了随时掌握房源动向，街道通过"微循环"工作了解居民意向，掌握院落情况，为拓展社区发展、公共服务设施建设等提供可利用资源。

（三）"胡同整治"工程

东四街道"胡同整治"工程项目始于2006年。胡同是北京历史文化名城的重要组成部分，是世界上独一无二的城市格局。特别是在"文化大革命"期间，北京的胡同没有得到充分保护，失去了往日舒适恬静的环境风貌与清晰齐整的建筑格局，保护胡同的原有格局成为保护传统历史文化风貌的重要组成部分。东城区目前共有胡同581条，2006年，东城区本着"朴素、大方、整洁、美观"，逐步提升胡同居民生活环境质量的原则制定了《东城区百条胡同整治方案》，既要改善平房家庭的生活环境，又要对文物进行保护，以便在奥运会期间向国际友人展现中国的传统建筑风格。

胡同整治工作严格依据《北京历史文化名城保护条例》和《北京胡同环境整治指导意见》进行，本着"修旧如旧"的原则，在不拓宽胡同宽度、保留原有胡同肌理的基础上，拆除违法建设，完善基本市政基础设施，对现有的市政设施进行升级改造，对街巷景观、房屋进行整治、修缮，使道路系统和胡同肌理变得规矩和完整。第一，将严重影响胡同景观的现有电力、电信、有线电视等公共设施的线路进行入地扩容，并对其地箱进行适当的拆除、改造和移动。第二，对路灯进行更换，使之与胡同总体风格相协调。第三，对现有破损的路面、步道进行重新铺筑。第四，对胡同两侧年久失修、严重影响胡同景观的居民房屋进行与传统风貌协调一致的修缮整治，确保居民居住的安全和胡同整体的美观、整洁。第五，对胡同两侧的破损墙面进行统一修补和粉刷。第六，对胡同中的古树进行挂牌和整体保护。第七，依照相关法律法规拆除严重侵占道路的违章建筑，使胡同中部分路段恢复到原有宽度，保证交通顺畅，还原胡同风貌肌理。

东四四条胡同全长726米、平均宽7米，在胡同整治工程中，东四地区先后投入3600万元，修缮老旧房屋投入3300万元，修缮房屋面积达20676平方米，改造具有文化价值的四合院，创建"和谐精品院"。通过对老胡同的保护性修复，再现了四条的原有风貌。

中国著名的环保组织"北京地球村环境教育中心"在街道开设社区环保项目办公室，由专职人员指导社区的环保活动，"地球村"创始人廖晓义[①]被聘为社区形象大使。这些活动标志着环境教育和环境保护在社区建设中被放在重要位置上，在改善街道景观的同时，创造出了新的人文旅游资源，成为绿色奥运、人文奥运的代表地区，迎来了大量国内外游客嘉宾，展示了古都的新风貌。

在后奥运时代，街道依然把胡同环境治理作为工作重点。2013年，街道对东四四条胡同、东四六条胡同各投入资金100万元，大力推进重点胡同环境整治。2014年街道计划投入资金约2400万元，完成包括1条区域重点道路——朝内北小街，8个重点背街小巷，2个校园周边，4个老旧小区等在内的18项环境工作任务。

二 东四街道东部片区危旧房改造

据不完全统计，解放初期北京旧城内共有房屋1700万平方米，其中住宅1100万平方米，绝大多数是平房。当时危房只有80多万平方米，仅占房屋总量的5%左右。几十年来，由于产权制度、住房政策发生了变化，致使各方利益和责任不清。大量的公有住房，由于房租很低，房管部门不能保证其最基本的维护，更谈不上住房条件的改善更新和建筑风貌的保护。[②] 随着城市人口的大量增加，往日一家一院、作为家庭再生产空间的四合院已蜕变为大杂院，由

[①] 1996年著名民间环保人士廖晓义的"地球村"成立以后，实施了一系列环保计划，成为国内外有较大影响的环保组织。2000年6月廖晓义获得了有"诺贝尔环保奖"之称的2000年度苏菲奖。2001年获澳大利亚"班克西亚国际奖"，并当选"2001年《中国妇女》时代人物"。

[②] 《加快北京市历史文化保护区平房改造》，http：//www.gmw.cn/content/2010－01/15/content_1038844.htm。

于其文物保护的性质，供暖、下水及洗浴设施的增建受到严格限制，长此以往失去了舒适温馨的意境。随着外来流动人口大量涌入城市中心街区，群租群住现象严重，安全隐患突出，危房比例不断上升。

（一）危房改造工程

南门仓社区、豆瓣社区是新型的现代化危改回迁小区，改造之前朝阳门西北角旧有的老胡同有朝阳门北顺城街、烧酒胡同、南弓匠营胡同、宝玉胡同、吉兆胡同、吉兆东巷、墨河胡同、铁匠北巷、仓南一巷、仓南二巷、仓南胡同、南门仓胡同、福夹道胡同、南利民胡同、后石道胡同、豆瓣胡同、南豆芽胡同、罗家大院、梁家大院、南沟沿胡同、北豆芽胡同、豆嘴胡同、东门仓胡同、椅子胡同、东门仓横胡同等。东四危改小区，东至东二环，西至朝阳门内北小街，南至朝阳门内大街，北至东四十条，总占地面积40.9公顷，建设用地为21.26公顷，拆迁居民6876户，有各类单位68个。

根据人文建筑学家陈君远先生的调查研究，改造前的东片地区，民宅90%以上始建于清末民初，大部分为碎砖头破瓦片和黄土泥修建而成的，这是北京贫穷百姓建房的一个"绝活儿"。因年代久远，多数房屋漏雨、墙体下沉、阴暗潮湿。再加上人口密度大，拥挤不堪，居民自建违章建筑，使原本狭窄的街巷、院落更显拥挤，建筑密度超过80%，基本没有了院子，只剩下连接各家屋门蜘蛛网般的窄道。有的平房是由1976年搭的抗震棚改建的，夏天漏雨，冬天灌风。居民居住条件十分恶劣。群众的居住环境差，生活质量不高。因此，对东片的平房区，采取"危改加房改"的形式，把平房区基本上是"推倒重建"。[①]

2001年东部危房改造工程正式启动，2003年11月首批28万平方米的回迁楼正式竣工。经过危房改造的东片成为现代化花园式楼房生活小区和沿东二环商务区东四段具有国内一流水平的企业总部。南新仓为明清时期京都储藏粮米的皇家粮仓之一，于明永乐七年（1409）在元代北大仓的基础上始建，距今有600年历史，几乎与故宫同龄。南新仓文化休闲一条街恢复了古粮仓的建

---

① 参见陈君远《朝阳门内北小街地区》，http://blog.sina.com.cn/s/blog_4aba1d6f01018cn9.html，2012年10月27日。

筑格局，建设了新的休闲文化设施，成为向全世界展示北京古代建筑、漕运文化、商务文化的新窗口。改造后史家小学、166中学的入住更直接提升了东四地区的文化含量。改造后的小区住宅楼，高低错落有致，生活配套设施齐全，绿地面积30%以上。小区总建筑面积约40万平方米，危改回迁居民约4000户，居民户均住房面积由14平方米增加到72平方米。东四地区东片以"东四奥林匹克社区公园"和"东四奥林匹克社区体育文化中心"两个公共建筑为支撑点，显示了现代服务意识的社区公园文化，并且是全国第一个奥林匹克社区公园。[①] 东四地区西部片区的古都风貌与东部片区的现代化大都市气息和谐共融，交相辉映。

（二）新城区的社会治理

在完成了建筑与空间改造之后，新城区的社会治理成为东四街区的新课题。由于管理机制不健全、历史遗留问题与现存管理难题等矛盾相互交织，老旧回迁小区的物业管理纠纷不断升级，小区环境日益恶化，严重影响了和谐社区的建设和发展。2013年，东四街道工委选择物业矛盾突出的南门仓社区第三网格（A区）作为试点，以党建联建为突破口，开展小区的治理工作，明确责任主体，理清权责定位，健全组织体系。

首先，明确各个主体的权责分工和定位，建立以街道和社区党委为组织核心，多部门共同参与的"6+X社区物业管理党建联建联席工作会议"制度，作为组织协调机构，联席工作会议的成员由街道办事处、社区党委、居委会、派出所、小区业主自管会和物业公司六方共同组成，根据商议事项，随时邀请相关职能部门参加，形成长效工作机制。构建以物业公司为基础，以社区党员为先锋，依托"小区居民自管会"这一准物业性质的自治组织，带动促进社区居民共同参与的社区工作格局。借助联席会议实现多方协调，多方参与，分工协作，相互监督，共同制定相关规章制度，共同行动，共同落实，使各个部

[①] 参见陈君远《朝阳门内北小街地区》，http://blog.sina.com.cn/s/blog_4aba1d6f01018cn9.html，2012年10月27日。东四街道东部片区危房改造工程开发和建设单位是北京东方康泰房地产开发经营有限责任公司，国家一级房地产开发资质企业。该公司成立于1995年，隶属于北京东方文化经济发展集团有限公司，拥有多家全资、控股子公司，主要从事房地产开发建设。

门从独立的"单体"转化为责任"共同体",从"好事多磨"向"好事多谋"转变,统筹协调和解决住宅小区综合管理涉及跨部门、跨单位地带中的问题,确保各方责权分工明确,不缺位、不错位、不越位。

其次,推动成立社区物业管理类自治小组,如环境卫生自管会、文明养犬协会、外来人员管理小组、停车自管会等,时机成熟时培育成社区社会组织或整合正式登记成社会企业——社区环境建设协会。

与此同时,深入推进社区物业党建联建工作,初步形成了街道党工委领导,以社区党组织为核心,以社区党员为先锋,物业公司、居委会、"小区居民自管会",以及社区居民共同参与的社区党建新格局,巩固了危改回迁小区的和谐稳定。

三 绿色奥运与社区空间建设

东四街道是北京著名的奥林匹克社区,在奥运社区建设过程中提出了"绿色社区"、"人文社区"建设理念。2002年9月28日,以北京第二十九届奥林匹克运动会组委会入驻东四地区青蓝大厦为契机,东四街道创造性地提出了建设东四奥林匹克社区的构想,即以体育文化活动为平台,吸引群众参与社区建设,将奥林匹克理念融入社区生活,以人为本,重在参与,倡导科学、文明、健康的生活方式,促进人与自然、人与社会协调发展的理念,最终实现人的全面发展和社会的全面进步。东四街道的奥林匹克社区建设成为以奥林匹克运动促进社会发展,将奥林匹克运动与社区建设相结合的新型城市社区建设的新模式。

(一)街道社区公共空间建设

2004年东城区政府先后投资3100万元建成占地10800平方米的东四奥林匹克社区公园,2005年投入使用建筑面积为4731平方米的东四奥林匹克社区体育文化中心。东四奥林匹克社区体育文化中心是全国第一家以奥运为主题的体育文化中心,中心设有篮球馆、羽毛球馆、乒乓球馆、电子阅览室、图书馆、心理咨询室、早教中心等,为居民提供了开展文化体育活动的场所,成为

社区居民休闲、健身、交往的好去处，吸引了社区居民的晨练、晚练活动，让居民走出家门，走进社区文化生活。

（二）社区公共活动的组织机制与形式

奥林匹克社区建设的一个重要理念是将健康与社区活动紧密结合起来，通过社区体育文化平台，吸引、带动社区群众参与社区文化活动。社区形成了"人人有组织、组织有活动、活动有特色"的组织方式。特别值得强调的是，在奥林匹克社区建设过程中，建立起了"楼门院"居民动员组织体系。东四街道社区东部已经改造为商品楼住宅小区，住宅楼和单元是街道发放各种事务通知、组织居民参与街道活动的基本单位。而朝阳门北小街以西地区依然保留着北京的传统建筑平房和胡同，四合院和胡同是这里的社区居民参与社会活动的组织单位。以楼门院为组织体系，以兴趣为纽带，100多个组队团活跃在大街小巷、胡同院落，社区体育人口占总人口的比例约为70%。

东四街道利用"6·23"国际奥林匹克日、"7·13"申奥成功纪念日、"9·28"社区日先后组织了千人太极表演、千人长跑、千人合唱、千人抖空竹、千人英语秀、"奥林匹克运动会"、"民族民俗运动会"、"残疾人运动会"和"趣味家庭运动会"等大型体育活动，丰富了居民的文化体育生活。文化团队是居民文化生活的重要载体，为进一步改善居民文化生活质量，提升文化品位和修养，近年来东四街道加大街道及社区文化团队的指导和扶植力度，不断加强团队日常活动及表演的经费投入，使团队能够结合自身需求购置服装、道具等用品。同时以东城区创建国家公共文化服务体系示范区为契机，积极推进社区文化活动室改造工作，改善团队活动场地条件。目前在提供物质保障的同时，街道还充分利用区文委及区教委资源从专业角度加强团队的指导，提升团队的艺术水准，提高居民参与的兴趣，使大家能够更加深入感受文化的魅力。目前，街道文化团队涉及舞蹈、声乐、戏曲、太极、手工等多个领域，多年来，这些文化团队排演出了一大批经典节目，并为广大居民带来了新春游乐会、社区大舞台等形式多样的文艺演出，同时这些团队还多次代表东四街道参加市区及全国大赛，并多次取得了优异的成绩。目前有近百个体育文化团队活跃在社区，居民自觉锻炼，健康生活的意识不断增强，科学专业的体育活动得到进一步发展，2010年，东四六条社区被评为全国体育先进社区。2012年,东四街道被评为全国体育先进街道。

奥林匹克社区建设成功的秘诀在于大众健身的口号抓住了居民的兴奋点,得到了群众的积极响应和参与。居民的生活观念发生了重大变化,从花钱买健康转变为运动保健康,建立了"科学、文明、健康"的新型生活方式。居民素质随之显著提高,加深了亲情、友情、邻里情,社区凝聚力和向上心提高,形成了热爱社区、建设社区的公共意识。可以说,奥林匹克社区建设的深层意义是促进了新的社区文化的形成,这一社区文化的形成与后来的乐和社区建设项目的开展有着密切的内在关联。

"奥林匹克·体育生活化社区"建设是对东四奥林匹克社区建设的升华和延展,它以居民健康为引领,以体育活动为平台,以居民需求为导向,以群众参与、共驻共建共享为目标,在充分调研论证、广泛征求民意的基础上,紧密结合地区的文化底蕴、资源优势和居民特色,突出"民族性、传统性、养生性、人文性、知识性、贴近性"等六大建设理念,为居民带来丰富多彩、科学有效的健康生活方式,进一步提升居民的生活质量,提升社区的和谐指数,探索出了一条把体育文化的内涵更完整地向外展示出来的道路,充分体现了问需于民、问计于民的群众路线工作方法。

四 中心街区旧城改造的主要经验与新目标

(一)旧城改造的主要经验

将旧城改造与社区文化建设有机结合起来,是增强城市中心街区社会活力的重要保障。经过街道及社区文化干部多年的努力,街道已形成东四奥林匹克社区大舞台、东四奥林匹克新春游乐会、"忆家训、谈家风、促和谐"清明节主题教育活动、东四街道报春活动等多个品牌活动,在发扬传统、展示交流、丰富居民文化生活的同时,也成了东四的名片。东四奥林匹克社区大舞台经过多年的打造也已成为东四街道乃至东城区的精品文化活动,多年来为社区居民进行了百余场精彩的文艺演出,同时也成了文化团队和社区居民交流展示的平台。在中心街区恢复端午节、中秋节等中华民族传统庆典节日,开展社区居民

百家宴等各类文化活动，在丰富百姓文化生活的同时，通过对传统节日文化内涵的挖掘、教育引导，进一步弘扬中华民族传统文化。

与此同时，街道政府与社区居民善于抓住机遇、自主参与同样是旧城改造顺利展开的重要保障。东四街道把奥林匹克运动与社区建设结合，坚持以人为本、重在群众参与的原则，把奥运社区建设作为街道开展社会工作的抓手，通过这一代表时代主题的群众活动的开展，以独特方式凝聚社区各个阶层，影响和带动居民关注社区，提高生活质量，改善生活居住环境，提高了生命质量和生活质量。这一社区建设模式的创新性在于成功地把政府的行政工作转变为以生活为中心的社会活动，代表着中国社区运转机制的未来方向。

（二）中心街区建设的新目标

2011年1月，东城区发布了《北京市东城区总体发展战略规划（2011年—2030年）》。这一为期20年城市发展规划明确了"政府主导、多方参与、多元突破、品质提升"发展思路，强调大力加强旧城整体风貌保护，加快人口疏散、居民住房改善及综合环境整治，积极引入适宜旧城发展的高端产业，显著提升区域环境品质，形成以保护历史文化名城实现科学发展的格局，把东城区建设成为中国传统文化的集中展示区，成为"首都文化中心区，世界城市窗口区"及最富魅力的区域。

东四街道正在努力按照东城区总体发展战略规划，以"统筹解决人口问题，促进人的全面发展"为主线，建立人口发展与调控长效机制，积极调控人口规模，优化产业结构，促进宜居宜业水平的全面提升，逐步实现人口与经济、社会、资源环境协调发展的良好局面。

（三）实现新目标的主要任务

实现这一目标需要切实做好两项工作。第一，平房区商业设施流通业态要符合"首都文化中心区、世界城市窗口区"的总体定位，符合"高端商业发达、特色商业彰显、社区商业便利、市场环境优化"的国际商贸中心示范区要求，全面坚持平房区有效保护和适度开发利用，保障居民生活和推动经济发展的统筹兼顾。第二，有效控制常住人口规模是东城区总体发展战略规划的重要任务。按照历史文化名城保护要求，通过与郊区县建立疏散人口安置合作机制，以行政办公和公共服务等城市功能疏解引导人口外迁等途径加快旧城人口疏散力度；通过拆除私搭乱建建筑，加强对腾退四合院的功能引导，推动产业高端化升级等降低旧城流动人口规模；严格控制高密度住宅项目建设，防止出现因二次改造带来的大量居住人口涌入。

东四街道旧城改造的经验表明，重大事件与城市政策是特大城市中心街区实施旧城改造的重要契机与动力。北京奥运会的申办成功为旧城改造提供了重要契机，成功实现了历史文化名城保护、危旧小区拆迁改造与社区新空间建设。与此同时，把国家活动与社区改造有机结合起来，街道政府与社区居民自主参与是旧城改造顺利展开的重要保障。东四街道在奥运社区建设的成功实践基础上，正在努力探索后奥运时代的城市治理经验，巩固已有成果，挑战建设"首都文化中心区、世界城市窗口区"的新课题。

参考文献

北京市"2008"环境建设指挥部办公室、北京市社会科学院编《现代城市运行管理》，社会科学文献出版社，2007。

陈幽泓主编《社区治理的多元视角：理论与实践》，北京大学出版社，2009。

埃莉诺·奥斯特罗姆：《公共事务的治理之道：集体行动制度的演进》，余逊达、陈旭东译，上海三联书店，2000。

埃莉诺·奥斯特罗姆等：《规则、博弈与公共池塘资源》，王巧玲、任睿译，陕西人民出版社，2011。

李国庆：《从社会到生活：确立"生活主义"的社区文化原理》，中国社会科学院文献信息中心编《中国城市化》2005年第1期。

李国庆：《社区类型与邻里关系特质——以北京为例》，《江苏行政学院学报》2007年第2期。

李国庆：《生活共同：居民参与环保的动力机制》，《低碳世界》2011年第7期。

孙永红主编，东四街道办事处编《东四——胡同里的故事》，中国工人出版社，2002。

万通公益基金会编《生态社区行动指南》，2010。

袁燕生、袁海鹏主编，北京市东城区东四街道办事处编，《建筑创作》杂志社承编，《东四名人胜迹——讲述京城胡同的故事》，天津大学出版社，2007。

Abstract

The National New Urbanization Plan (2014 – 2020), published in 2014, offers a strategic arrangement for the construction of the new urbanization of China. The plan was a major in-depth comprehensive reform initiative—a landmark in China's modernization process. The plan was especially concerned on the development of China's megacities, pointing out some of the serious problems in developing these megacities, and other typical problems, enumerated as follows: existence of population pressure, industrial structure optimization, intensive utilization of land is too low, and spatial structure is not optimized. These problems remind us that further studies in the field of megacities are still needed. The Third Plenary Session of the Eighteenth Central Committee explicitly approved the decision that social governance systems should be innovated, social governance patterns should be improved, and social governance abilities should be strengthened. This decision provides a basic idea that could promote a balanced, coordinated and sustainable development of China's megacities; which demonstrates that urban management governance should be transformed. However, governing megacities is a complex and systematic problem, and many issues, such as policies, patterns, methods and effectiveness, needs to be studied with more insight.

"China Urban Development Report No. 7" focuses on megacity governance. Closely related to the objective requirements of the new urbanization of China and the scientific discourse on the new urbanization strategy delivered by the Third Plenary Session of the Eighteenth Central Committee, the report was based on comprehensive reports, special reports and case studies. Analyzing historical data, the current situation and problems that occurred during the development of these megacities were studied in a multi-dimensional angle. The ideas and strategies of Chinese governance in megacities were explored, such as large urban social governance issues, traffic congestion governance, poverty governance, environmental governance, functional ease and population governance, housing price governance, urban-rural and urban fringe governance of megacities, participation of citizens in the current governance of the city, and city-function-easing governance-which are specially important studies. This report is useful in generalizing ideas from current megacity governance theories, which significantly guides the improvement of the rational and orderly development of China's new urbanization.

The report believes that the drastic expansion of these big cities, especially the megacities, is a prominent feature of Chinese urbanization. The number of megacities in China has been increasing rapidly with expanding of population, the rise of economic output, and the improvement of employment contribution. Meanwhile, the megacities were troubled by problems, such as dual structure aggravation, environmental degradation, traffic congestion, rising housing prices, and increasing vulnerability. The authors point out that China has entered into a high incidence of urban disease, and strengthening governance in megacities is an imperative. Megacity governance needs a strengthened strategic vision, global awareness, integrated tools and targeted initiatives. The governance should adhere to the guideline, as "scientific assessments, market-lead, government regulation, comprehensive support, multi-component governance, and multi-measure development." For specific problems encountered in during the development of mega-cities, the report focuses on these following aspects.

On social governance transformation in megacities; the report considers that the structural problems of urban industrial structure, population structure, social structure, spatial structure and governance structure are interrelated. The problems below serves as a driving force for social governance transformation in megacities, which has a close relationship with the enhancement of social governance capability. The report believes that urban governance structure reform, improving demand-oriented public service capacity, raising public awareness participation, and fostering social organization are main strategies that promote social governance transformation in megacities.

On function-easing governance; the report introduces the difficulties of the characteristic and organization functions in China's megacities, the current mode of population governance and future trends. On the basis of analyzing the mode and experience of function organization and population governance in countries, such as, the United States of America and Japan, the article put forward the basic principle and realization pathway for the organizational function and population governance for China's megacities.

On traffic congestion governance; the report summarizes the various factors and types of traffic congestion, and analyzed the main ideas, implementation effects and difficult issues of traffic congestion, in domestic and foreign countries. Based on these analysis—combined with the development trend of China's economy and society—the report proposed innovative programs and policy recommendations for the traffic congestion governance in China, evaluated the potential risks in implementation, and raised some related coping strategies.

On haze pollution governance; the report summarized the experience of China's major cities in terms of haze governance, and proposed six recommendations; which includes accelerating the optimization of industrial structure, strengthening environmental law enforcement supervision, implementing third-party environmental pollution governance, promoting the upgrading of oil, and exploring regional joint prevention and control mechanisms.

On poverty governance; the report believes that poverty alleviation should shift its focus from rural areas to urban areas, especially the megacities. The report analyzed the main reasons for poverty in megacities, and made recommendations for innovating anti-poverty policies in megacities, taking the current problems of anti-poverty policies into account.

On housing price governance; the report believes that the primary countermeasure against the fast rising prices of housing in megacities is stability, and the second countermeasure is complying with the market rules of the economy. In essence, a good real estate policy should focus on the use of market correction mechanisms. The third counter measure is adjustments. The principle should be, "compliance is first, adjustment is second". We believe that the direction of real estate regulations should be market-oriented.

On urban villages and urban-rural fringe governance; based on the analysis of causes and problems in urban village and urban-rural fringe in megacities, the report summarizes the governance experience, as well as the pros and cons in Beijing, Guangzhou and Shenzhen. Some suggestions and advices were put forward, which include active participation in governance, combination of physical and social transformation, and proper living solutions for the migrating population—in the case of new urban villages.

On the participation of the public in megacity governance; the author made an opinion that public participation is an important means for improving the governance of megacities. The paper analyzes the roles and significances of public participation in governing megacities, and evaluating the progress and deficiency of public participation in the urban governance of China. To deal with the public participation problem, the report proposed some suggestions, such as transforming the city-govern idea, completing the jurisprudence with public participation, broadening of the ways for public engagement and the proper use of social organizations.

Contents

B I   General Report

B. 1   The Chinese Road to Megacity Governance Annual Report
       Editoral Committee   *Research Group of General Report* / 001
     1. Concept of Megacity   / 002
     2. Analysis of the Development Status and Characteristics   / 005
     3. Facing Problems on Development of Chinese Megacity   / 010
     4. The Thinking and Countermeasures to Strengthen Megacity Governance   / 019

Abstract: Based on the definition of megacity, this report conveys a brief analysis on the characteristics of the developing Chinese megacities, looking at the expanding of its numbers, the growth of urban population, the rising of total economic output, its enormous contribution to employment and relatively high – level of construction. The report further addressing the problems facing Chinese megacity development, such as dual structure in cities, poor air quality, serious traddic congestion, fast rising real estate price and the vulnerability of mega cities, etc. it concludes that China has entered an era of heavy urban diseases, especially in mega cities, and it is high time to act to strengthen city governance. To strengthen megacity governance, we need strategic vision, global awareness, comprehensive measures and targeted means, and adhere to the policies which entails "scientific assessment, market – oriented, administrative regulation, comprehensive supporting, multi – subject governance, multi – means governance". In order to promote megacity governace, we have proposed 9 approaches.

Keywords: Megacity; Urban Diseases; Urban Governance; Governance Strategies

Ⅱ Monographic Study

B. 2 Evaluation of Healthy Development in Chinese Cities

Shan Jingjing, Wu Zhanyun and Geng Ya'nan / 032

Abstract: In recent years, along with the rapid development of urbanization, there has been a series of urban sub-health problems to be solved. Therefore, establishing a systematic and scientific evaluation index system on urban healthy development has both theoretical and practical significance, further to guide and promoteurban development in a healthy way. Based on the idea to promote economic, social, cultural, ecological and management progress, this paper establishes an evaluation index system on urban healthy development and makes a comprehensive evaluation of 287 prefecture-level cities. The results point out four major features. Firstly, the level of healthy development in Chinese cities is generally low and the proportion of sub-health cities is large. Then, cities in east area have higher healthy development level, while in west area are lower. What's more, the development gap among different provinces is obvious large. Third, large cities enjoy better healthy development but their ecological quality is bad. At last, the healthy development of medium-developed cities exhibits a relatively balanced state compared with the economically developed cities. In conclusion, the overall healthy development of Chinese cities is not optimistic; it is an urgent task to promote transition from sub-healthy to healthy development for all cities.

Keywords: Healthy City; Healthy Development Index; Evaluation System; Sub-Health

B. 3　International Experience on the Governance of Urban Diseases

Huang Shunjiang / 071

Abstract: Based on analysis in London, Mexico City, and Singapore, this research examines international experiences in dealing with urban diseases . Urban diseases are negative effects of unbalanced development. Foreign practices have proven that that urban diseases can be cured whentaking appropriate and persisiting measures, and it will be more effective if comprehensive approaches are applied, including political, economic, cultural, technological, legal, and administrative measures. It is key to establish a treatment and prevention mechanism against urban diseases, the core of which is to enhance social force and to remediate market forces. Domestic big cities are currently threathened by high morbidity of urban diseases. It is better for them to bring in sound and advanced international experiences and take effective measures to combat urban diseases.

Keywords: Urban Diseases; Disease Control Mechanism; Traffic Jams

B. 4　Social Governance of Megacities

Zhang Haidong, Tan Yifei / 107

Abstract: The transformation of social governance in the Megacity society is an important issue in modernizing national governance ability. The development process of Chinese Megacities not only reflects the general law of urbanization in other countries, but is also embeded in the context of Chinese l social transformation . Structural problems concerning national economy, population, social stratification, space and governance institutions in megacities are closely related to each other , which is the direct consequence of the original urban management system in China. All of these structural problems are playing　essential role in improving social governance ability as actual questions which need to be solved as soon as possible. This paper summarizes the new features of the structural problems and their impact on the transformation of social governance system in megacities. Furthermore, the paper introduces successful developmenl experience of other international metropolises and analyses the connotation of the concept "governance". In addition, several policy recommendations are proposed for the transformation of the social governance institutions in megacity at the end of the paper.

Keywords: Megacity; Social Governance; Structural Problem; Multiple Subjects; Social Organization.

B. 5　Relieving Traffic Congestion: Governance Strategies in Megacities　　　　　　　　　　　　　　　*Liu Zhiyan* / 125

Abstract: This paper systematically analyzes the influence factors and typology of traffic congestion in megacities, with a concern to distinguish different model of global traffic congestion governance according to its main approach, effect and problem emerged. The author has proposed innovative plans and insightful policies to advice on relieving traffic congestion in megacities as consistant with the future economical and social trends in China. Furthermore, the paper also evaluates the risk for implementing the plans, thus provides strategies and solutions to hedge the risks.

Keywords: Megacity; Traffic Congestion; Governance Strategy

B. 6　Eliminating Haze and Fog in Megacities　　　　　*Li Yujun* / 139

Abstract: Haze and fog have caused great concern recently and their countermeasures in megacities have been regarded by central government as a top priority environmental protection work. Much as been done in Beijing, Shanghai and Guangzhou that emissions of air pollutants have been cut down. However, although air quality continues to improve, it is still not up to standard. This paper is to put forwards six countermeasures to deal with haze and fog.

Keywords: Megacity; Haze and Fog; Countermeasures

B.7　Governance of the House Price Rising too High
　　　and too Fast in Megacities　　　　　　　　　*Luo Yong* / 151

Abstract: It seems no doubt that the housing price in megacities is rising too high and too fast, however it is still too harsh to make the conlusion. Regarding the cause of housing price rising, some researches attribute it to the classification of urban administrative regime, and on macro-level, due to unbalanced development. It is necessary to distinguish between normal housing price rising and real estate bubble and clearify the accuracy of data. Forgein economists worry there is bubble, yet hesitate to predict whether it will be collapse. Researches have suggest that classification of real estate policy and break government monopoly on land will be the solution. We believe the real estate regulation policy should be stable and market-oriented.

Keywords: Megacity; House Price; Governance

B.8　Functional Dispersal and Population Governance in
　　　Chinese Megacities　　　　　　*Li Hongyu*, *Chu Chengshan* / 160

Abstract: Introduces the difficulty of functioncharacteristic and function organization for China's megacities, the mode of current population governance and future trend. On the basis of analyze the mode and experience of function organization and population governance in countries such as the United States, Japan and so on. The article put forward the basic principle and Realization pathway tofunction organization and population governance for China's megacities, which will supply an useful exploration to solve the kind of difficult in in China.

Keywords: Megacity; Function Organization; Population Governance

B. 9　Addressing Poverty Issues in Chinese Megacities

Jiang Guihuang / 181

Abstract: As more and more attention was paid on the problem of poverty, the rate of absolute poverty has been declining significantly. Adequate food and clothing is no longer a critical issue that troubles us, however, in many large cities there are some new phenomenon of poverty, including transformational poverty generated by the transformation of the social basic institutional system and revenues shrinking with expenses arising poverty generated by long-term economic growth exceeded income growth, which caused a growth rate of relative poverty and subjective poverty. With the future of urbanization and Urban-rural integration, rural poverty will continue to reduce, while poverty in large cities will become increasingly prominent, the focus of pro-poor policies should gradually shift from rural to urban areas, especially large cities. The study researches on new types of poverty in megacities, exploring multidimensional poverty indicators; measuring the poverty levels of some typical megacities; analyzing reasons and mechanisms of the poverty arising in megacities; and then combined with the problems of existing anti-poverty policies proposing some recommendations of anti-poverty policy for megacities.

Keywords: Megacities; Urbanpoverty; Povertymeasures; Povertymechanism; Anti-poverty policy

B. 10　Urban Village Renovation and Urban-rural Fringe Transformation: Issues in Megacity Governance　　*Shan Jingjing, Geng Ya'nan* / 195

Abstract: With the rapid development of urbanization, the issue of urban village and urban-rural fringe in megacities has become increasingly prominent, such as disorder of spatial layout, bad ecological environment, shortage of infrastructure, large population mobility, poor management and public security, conflicts between urban-rural culture and so on. What's more, speeding up the governance process of urban village and urban-rural fringe has become an essential part in urbanization quality improvement and urban-rural integration. Based on the analysis of causes and problems in urban village and urban-rural fringe in megalopolis, this article summarizes governance experience, pros and cons in Beijing, Guangzhou and Shenzhen. At last, some suggestions and advice are put forward, which include active participation in governance, combination of physical and social transformation, proper living solution to migrating population in case of new urban village.

Keywords: Megacities; Urban Village; Urban-rural Fringe; Transformation and Governance

B. 11　Public Participation in Megacity Governance in China

Sheng Guangyao / 207

Abstract: Wide public participation is an important means for improving governance of megacities. The paper analyses the roles and significances of public participation in megacities governance, and evaluates the progress and deficiency of public participation in urban governance of China. Meanwhile, in the aspects of transforming the city-govern idea, completing the jurisprudence with public participation, broadening of the ways for public engagement and the proper use of social organizations, the paper also proposes countermeasures and proposals to deal with the main problems of public participation.

Keywords: Public Participation; Urban Governance; Megacities

ⅠB Ⅲ　Case Study

B. 12　Shanghai Case: Exploration of Megacity Sustainable
　　　　Transport Development　　*Wang Wei, Ye Song and Gao Yue / 215*

Abstract: As a world-known Chinese megacity, Shanghai carries out different strategies in the past 30 years to manage transportation supply and demand, according to the substantial needs of different sustainable development stage. This paper first reviews and summarizes the feathers of the shanghai transportation; second, it demonstrates the experience and inspirition that Shanghai obtained in the field ofthe White Paper on transport, public transport, transport policy, urban functions, spatial interaction with traffic, transportation and other regional integration . Finally, It is prospected that Shanghai will transform and grow to be a globalgracityforf low-carbon green transportation.

Keywords: Urban Transportation; Sustainable Development; Megacity; Shanghai

B. 13 The Experience of Shenzhen on Public Participation in
Social Governance *Gong Jianhua / 239*

Abstract: this paper, taking Shenzhen city as a case, analyzeresidents autonomy, citizen participation in community governanceand other basic autonomous case , put forward that the basic level autonomous is lack of relevant laws and regulationsystem. Government dominant public participation recedes because of endogenous power shortage, public problems in participation program design , low-level public participation , and the correspondingcountermeasures.

Keywords: Public Participation; Social Governance; Grass-roots Autonomy

B. 14 Mechanisms and Experiences of the Old City Reconstruction
in the Center blockof Megacity *Li Guoqing, Zhao Lingyun / 248*

Abstract: Taking bidding for the Olympics as an opportunity, Beijing Municipal Government published " Beijing 25 films historical and cultural city protection plan in the old city zone " . As the best conservation alley area, the third to eighth Hutong of Dongsi Sub-district was included in the first batch of the traditional residential protection area. With the successful Olympic bid, Dongsi implemented the historical and cultural protective project in western area, the dangerous houses renovation project in the eastern area, and the green Olympic community construction project. They also launched the alley rectification and changed the sources of energy from coal to electricity. These projects not only protected the historic district, enhanced the city landscape, but also improved the quality of environment and the level of infrastructure. Being the center city of megalopolis, great event and urban policy creates opportunity for community development. Meanwhile, the combination of the social forces of the national activities and community transformation is also important. The local government and the community residents autonomy participation is an important safeguard for the smooth transformation of the old city.

Keywords: The Center City of Megalopolis; Historical and Cultural City Protection; The Dangerous Houses Renovation Project; To Change the Sources of Energy from Coal to Electricity; Olympic Community Construction

权威报告　热点资讯　海量资源

当代中国与世界发展的高端智库平台

皮书数据库　www.pishu.com.cn

皮书数据库是专业的人文社会科学综合学术资源总库，以大型连续性图书——皮书系列为基础，整合国内外相关资讯构建而成。该数据库包含七大子库，涵盖两百多个主题，囊括了近十几年间中国与世界经济社会发展报告，覆盖经济、社会、政治、文化、教育、国际问题等多个领域。

皮书数据库以篇章为基本单位，方便用户对皮书内容的阅读需求。用户可进行全文检索，也可对文献题目、内容提要、作者名称、作者单位、关键字等基本信息进行检索，还可对检索到的篇章再作二次筛选，进行在线阅读或下载阅读。智能多维度导航，可使用户根据自己熟知的分类标准进行分类导航筛选，使查找和检索更高效、便捷。

权威的研究报告、独特的调研数据、前沿的热点资讯，皮书数据库已发展成为国内最具影响力的关于中国与世界现实问题研究的成果库和资讯库。

皮书俱乐部会员服务指南

1. 谁能成为皮书俱乐部成员？
- 皮书作者自动成为俱乐部会员
- 购买了皮书产品（纸质皮书、电子书）的个人用户

2. 会员可以享受的增值服务
- 加入皮书俱乐部，免费获赠该纸质图书的电子书
- 免费获赠皮书数据库100元充值卡
- 免费定期获赠皮书电子期刊
- 优先参与各类皮书学术活动
- 优先享受皮书产品的最新优惠

3. 如何享受增值服务？

（1）**加入皮书俱乐部，获赠该书的电子书**

第1步 登录我社官网（www.ssap.com.cn），注册账号；

第2步 登录并进入"会员中心"—"皮书俱乐部"，提交加入皮书俱乐部申请；

第3步 审核通过后，自动进入俱乐部服务环节，填写相关购书信息即可自动兑换相应电子书。

（2）**免费获赠皮书数据库100元充值卡**

100元充值卡只能在皮书数据库中充值和使用

第1步 刮开附赠充值的涂层（左下）；

第2步 登录皮书数据库网站（www.pishu.com.cn），注册账号；

第3步 登录并进入"会员中心"—"在线充值"—"充值卡充值"，充值成功后即可使用。

4. 声明

解释权归社会科学文献出版社所有

卡号：6357454033048555

皮书俱乐部会员可享受社会科学文献出版社其他相关免费增值服务，有任何疑问，均可与我们联系
联系电话：010-59367227　企业QQ：800045692　邮箱：pishuclub@ssap.cn
欢迎登录社会科学文献出版社官网（www.ssap.com.cn）和中国皮书网（www.pishu.cn）了解更多信息

法律声明

"皮书系列"(含蓝皮书、绿皮书、黄皮书)由社会科学文献出版社最早使用并对外推广,现已成为中国图书市场上流行的品牌,是社会科学文献出版社的品牌图书。社会科学文献出版社拥有该系列图书的专有出版权和网络传播权,其LOGO( )与"经济蓝皮书"、"社会蓝皮书"等皮书名称已在中华人民共和国工商行政管理总局商标局登记注册,社会科学文献出版社合法拥有其商标专用权。

未经社会科学文献出版社的授权和许可,任何复制、模仿或以其他方式侵害"皮书系列"和LOGO( )、"经济蓝皮书"、"社会蓝皮书"等皮书名称商标专用权的行为均属于侵权行为,社会科学文献出版社将采取法律手段追究其法律责任,维护合法权益。

欢迎社会各界人士对侵犯社会科学文献出版社上述权利的违法行为进行举报。电话:010-59367121,电子邮箱:fawubu@ssap.cn。

社会科学文献出版社